陪审员参与民事案件事实认定研究

PEISHENYUAN
CANYU
MINSHI ANJIAN
SHISHI RENDING YANJIU

高翔＿＿著

人民法院出版社 People's Court Press

图书在版编目（CIP）数据

陪审员参与民事案件事实认定研究／高翔著．--北京：人民法院出版社，2021.9
ISBN 978 - 7 - 5109 - 3214 - 4

Ⅰ．①陪… Ⅱ．①高… Ⅲ．①陪审制度－研究－中国
Ⅳ．①D926.204

中国版本图书馆 CIP 数据核字（2021）第 124185 号

陪审员参与民事案件事实认定研究

高　翔　著

责任编辑　张　艺
出版发行　人民法院出版社
地　　址　北京市东城区东交民巷 27 号（100745）
电　　话　（010）67550667（责任编辑）　67550558（发行部查询）
　　　　　65223677（读者服务部）
客 服 QQ　2092078039
网　　址　http://www.courtbook.com.cn
E - mail　courtpress@ sohu.com
印　　刷　保定市中画美凯印刷有限公司
经　　销　新华书店

开　　本　890 毫米 × 1240 毫米　1/32
字　　数　253 千字
印　　张　10.375
版　　次　2021 年 9 月第 1 版　2021 年 9 月第 1 次印刷
书　　号　ISBN 978 - 7 - 5109 - 3214 - 4
定　　价　35.00 元

序

初识高翔，是他打算到我门下攻读民事诉讼法博士研究生之时。之前听闻他在重庆法院系统算个司法调研方面的高手，有较强的研究能力，在全国法院也有一定声誉。师生结缘，至今也有七八年光阴。

高翔博士从攻读博士学位开始，就面临着工学矛盾。他当时担任重庆高院研究室副主任，工作任务较重，一边读书，一边工作，但博士一年级课程学习期间他保持着较高的课堂出勤率，从课堂主题发言到与师生互动的点滴细节，能看出他认真严谨的课前准备；从博士论文选题、开题、预答辩、答辩，都能做到提前准备，妥善应对，体现出较强的学习计划性与学术严谨性。通过博士期间的学习，他的民事诉讼理论的系统性和学术研究规范性明显提升，与他的司法实务部门工作经验结合起来，形成了明显的学术生产力。

高翔博士从就读博士开始，就延续着在实务部门工作期间一直保持的学术旨趣与研究热情，通过民事诉讼法学科系统的知识训练与学习，也使他突破实务部门研究可能存在的理论深度相对不足、知识体系不够完备的瓶颈，取得长足进步，发展到新的高度。博士一年级上学期即在《法制与社会发展》发表论文，博士期间共发表 4 篇 CLSCI 期刊论文、1 篇 CSSCI 论文，在全国范围也算高产的法学博士生。他一鼓作气用三年时间顺利完成博士学业，较在职博士四年培养周期提前一年毕业，也殊为不易，背后有辛勤的付出与汗水。我曾问他："平时工作比较忙，博士论文写作时间怎么保障？"他的应对方法是在博士论文写作时每天早上六点半赶到单位，用两个小时进行研究与写作。据说这种学习工作方式一直延续至今，现在也一般是七点半前到单位，用一个多小时学习和工作。日积月累的尺寸之功，使我这位弟子得到了学术能力提升与学术成果收获的回报。

博士论文选题是读博期间师生之间讨论最多的话题，我鼓励他立足实务部门工作实际与民事司法改革发展趋势，选择既与实践联系密切、又有较强理论张力和理论基础的题目，运用民事诉讼法理进行分析，探索如何解决民事司法改革技术"空心化"问题。多次讨论后，最终确定以"陪审员参与民事案件事实研究"为题。此选题是党的十八届四中全会确定的人民陪审员制度改革对理论界提出的命题，同时民事诉讼法学界对事实认定理论研究相对较少，尤其对事实问题与法律问题的区分等问题欠缺深入的理论研究。此选题具有一定难度，但高翔博士的研究具有一定深度与创新性，主要体现在：

其一，研究了陪审员参与民事案件事实认定的内在机理。陪审员参审在民事司法体系居于次要地位，但外行参审仍是历久弥新的话题。民事案件事实认定结构由主体、对象、依据、路径、标准构成，事实认定作为诉讼行为需与诉讼主体、诉讼程序一并考量，审判主体与事实认定行为的内在联系体现为一种"主体—行为"分析路径。"主体设置有利于行为合理化，行为模式与主体相适应"，是陪审员参与民事案件事实认定的基本原理。

其二，对大陆法系国家民事参审制作了较全面的比较分析。根据通常见解，大陆法系民事诉讼实行职业法官审理制，但德国州法院商事庭以及德国、法国、瑞典、比利时、挪威等国劳动法院、农事租赁法院等专门法院实行民事参审制，局部领域适用虽并未改变大陆法系民事诉讼职业法官审理制的标准配置，但他的分析使我们对民事陪审制有了更全面认识。

其三，对民事诉讼事实问题与法律问题的区分进行了较深入探索。英美法系事实问题与法律问题呈区分与交错状态，大陆法系法规出发型民事诉讼同区分论存有冲突。他试图从厘定最狭义的事实问题、根据裁判主体认知规律及裁判对象酌定混合问题等方面确定事实问题与法律问题区分的最低限度，如感观直接感知的事项、小前提的回溯式涵摄、事实判断中的非法律评价等，这些理论探索具有积极意义。

其四，在分析利弊基础上对陪审员参审民事案件作了制度展望。他认为，陪审制对事实认定合理化的意义并非泛化为民众常识与生活经验融入审判的空洞表达，而需对陪审员常识判断如何融入民事诉讼程序进行精细技术分析，从活化经验法则在事实认定中的运用、辩论全趣旨判断的具体化、证明度的合理化、专业知识的补充、公共案件事实认定的合理化等方面予以具体考量。权衡陪审员参与事实认定的正负因素，结论不是取消而是规范适用范围、设置集中高效程序，将程序成本、时间成本等降至最低，根据其认知规律采取适度参审方式。他提出，在参审案件范围方面，限于公益诉讼的准强制适用、公共型私益诉讼及专业型案件的选择性适用、常规案件的例外适用；参审阶段方面，限于参加口头辩论主期日程序，不参与准备程序；参审职权方面，限于实质性判断权，排除诉讼指挥权、除人证外的证据采纳决定权、调查取证权等。这些观点均具有较强的原创性。

其五，对陪审员参与民事案件事实认定程序进行了精细化设计。他提出，在陪审员参与事实认定的启动方式上，结合陪审员参审适用案件类型，建立"当事人申请为主＋法院职权发动为辅"的启动机制。陪审员参审的案件原则上将准备程序作为必经阶段，职业法官在准备程序进行争点整理，对书证等非人证进行证据调查。庭审活动以集中迅速进行为要，法官与陪审员共同进行人证的证据调查，共同听取诉讼两造对证据调查结果的辩论，在整理各项证据调查及辩论结果基础上形成混合型心证，注重混合型心证的动态公开。评议阶段注重对陪审员评议权利的保护，使陪审员与法官整体上居于均衡。适度参照英美法系法官指示与大陆法系问题列表制，建立符合我国实际的由指示阶段、指示启动、指示内容、指示效力、指示救济等构成的法官指示体系。

高翔博士的博士论文获评重庆市 2017 年优秀博士论文、陈光中诉讼法优秀博士论文、西南政法大学 2017 届优秀博士论文。根据博士论文研究成果，就陪审员参审民事案件事实问题与法律问题的区分、陪审员参与民事案件事实认定程序构建论形成的论文分别在《法律科学》《现代法学》发表。答辩后，还结合博士论文研究成果，成功申报中国法学会 2017 年部级一般项目"《人民陪审员法》立法研究"、司法部国家法学理论与法治建设部级项目"民事诉讼中事实审与法律审的界分"，课题结项成果获得好评。据悉，最近他还参与了时任重庆市高级人民法院院长杨临萍女士主持的最高人民法院司法研究重大课题"人民陪审制下的法官指示机制"研究，将博士论文研究成果不断拓展。本专著的出版，也是高翔博士在博士论文基础上，结合后续研究完善而成。

高翔博士在博士毕业后，依然保持勤奋的工作、学习、研究状态，一直利用工作之余从事法学学术研究，从 2014 年就读博士以来已在 CLSCI 期刊发表 10 余篇论文,多次被权威刊物转载,主持多项国家级、省部级课题,2017 年成为 CLSCI 期刊高产作者,在司法实务界并不多见。近年来,高翔博士关注民事电子诉讼、民事智能司法等前沿交叉问题研究,取得较突出研究成果,对于民事电子诉讼规则、民事智能司法的法律知识图谱研究具有一定开拓价值。我想,这些成果的取得,得益于他数年如一日对学术研究的坚守与坚持,得益于他强烈的问题意识尤其是中国问题意识,以及较敏锐的学术敏感性与学术洞察力,使他在学术之路上不断精进。

习近平总书记在视察中国政法大学时指出,要加强法学教育、法学研究工作者和法治实际工作者之间的交流,抓好法治人才培养。高翔博士作为重庆高院研究室主任,他所在的部门也是重庆高院确定的院校合作联系部门。他在司法实务部门与法学院校之间充当桥梁纽带,落实重庆高院部署的院校合作工作,在推进院校合作、共同培养新时代法治人才方面做了一些有益工作。我想,落实习近平总书记加强新时代法治人才培养的重要指示,推动新时代司法实务部门与法学院校良性互动,也需要我们共同努力,付诸一个个具体行动。

值高翔博士著作付梓之际,衷心表示祝贺。也希望高翔博士在学术之路上继续前行,为法治建设多做贡献!

中国民事诉讼法学研究会副会长、西南政法大学副校长

唐　力

2021 年 9 月

目　录

第一章 人民陪审员参与民事案件事实认定的中国实践

3

绪　论

第一节　研究缘由

从古希腊时期埃利阿伊亚法院陪审制的萌芽，到英美法系陪审团制度、苏联人民陪审制、一些欧陆国家的参审制以及我国的人民陪审员制度，人类社会在专业司法与民主司法之间不断求索，形成了不同的民众参与司法方式，成为人类司法文明史的重要组成部分。就民事诉讼而言，民事诉讼的日益复杂化需要职业法官审理，民事案件事实认定又需要常人经验，从而形成一种矛盾，多数国家的民众参与民事司法制度均在这一矛盾乃至争议下发展变化。作为与司法专业化相悖的制度，陪审员参审在民事司法体系居于次要地位，但外行参审仍是全球性话题，某种意义上揭示了司法的规律和隐藏在司法制度背后的文化因素，"同类人审判"观念驱动国家治理者在司法制度设计与实施时关注司法的民主性和常人认知在民事司法中的体现。几经起伏的人民陪审员制度，在我国民事诉讼中具有司法民主标识、审判权力配置、审判组织构造等多重符号意义。一方面，作为一项体现地方知识性质的诉讼制度乃至司法制度，陪审员参审与一国政治传统、司法制度相关从而极具本土性，各国陪审员参审的具体方式呈现相当差异性；另一方面，陪审员参审原理在于发挥常人认知在案件裁判中的作用，这一共通原理使得各国陪审员参审的程序技术上又在局部环节呈现一定共通性。共性规律与个性特征交织下的求解，是本研究的初衷。更重要的是，"陪而不审"成为我国人民陪审员制度实施存在的问题，除了实践中错综复杂的各种因素，人民陪审员参审理论不够切实是深层次的重要因素。

党的十八届四中全会决定将人民陪审员审判权由与法官同权调整到仅与法官共同负责事实认定而不负责法律适用，系对人民陪审员审判权重大调整。《人民陪审员法》是我国历史上首部关于人民陪审员制度的专门法律，《人民陪审员法》公布实施是建设中国特色社会主义法治体系、建设社会主义法治国家的大事，是中国司法民主发展的里程碑事件，具有人权司法保障重要意义，能引领全球公众参与司法制度的发展。《人民陪审员法》以法律形式固化党的十八大以来人民陪审员制度改革的成果，对人民陪审员选任、参审、管理等进行系统规范，也为人民陪审员制度研究提供了更广阔空间。学术研究具有独立性，人民陪审员审判职权改革并非必然真命题，但至少揭示了问题源——如何让人民陪审员发挥认知优势的作用，我国民事诉讼中人民陪审员审判权运行形态成为需要研究的问题。

一、研究的理论缘由

陪审员参与民事司法的功能包括两方面：以事实认定合理化为主的工具功能和以司法民主标识为主的政治功能。[1] 法理学、法社会学甚至政治学学者从司法民主、政治民主、国家治理层面

---

① 参见苏永钦：《司法改革的再改革》，我国台湾地区元照出版公司1999年版，第64页。

出发，对陪审制存废、宏观运行及陪审员选任进行了较广泛深入探讨，主要关注以司法民主标识为主的政治功能。鉴于大陆法系国家及地区民事诉讼主要采取职业法官审理制，民事诉讼法学界对陪审员参审的研究主要集中于英美法系民事陪审团以及我国人民陪审员制度的实践运行，研究内容体现为英美法系经验的介绍与我国人民陪审员制度实践的描述，缺乏从诉讼法视角对陪审员事实认定职权的准确定位与参审机制的技术分析，对以事实认定合理化为主的工具功能关注不足，使陪审员参审理论及机制不够切实，影响人民陪审员制度功能实现。

这也一定程度导致《人民陪审员法》立法过程中关于整体运行、主体制度等方面的理论研究较为充分，但在参审范围、程序运行方面的理论准备不足，对事实问题与法律问题的区分等问题理论准备较少，使得《人民陪审员法》在参审程序机制方面仅能作出较为原则性规定。

我国民事诉讼理论研究及制度构建，正在围绕民事诉讼的价值要求，构建其原理体系以及制度框架，进而对其进行精装修，从而形成价值、逻辑、技术自洽的规范体系。① 在专业化渐浓的民事诉讼思维及程式前，对司法专业化形成补充的常人思维、同类人审判，同样应技术性融入民事诉讼程序。陪审员参与认定民事案件事实的首要价值在于将非法律方式之评价及观点带进事实认定，增进法官对人性的健全理解，以促成贴近民众的判决；让职业法官能以一般人得以理解的方式呈现自己的观点及评价，达

---

① 参见唐力、高翔：《我国民事诉讼程序事项二阶化审理构造论——兼论民事立案登记制的中国化改革》，载《法律科学》2016 年第 5 期。

到判决能为一般民众理解的目的，从而实现说服力的控制。① 陪审员作为普通人的人性特征有助于事实认定合理化，素来是支撑陪审员参与民事司法的重要论证，至于如何有益于事实认定合理化则缺乏精细化分析，以致受到质疑。在民事诉讼日益精密化下，陪审员常识判断的认知优势若欠缺融入民事诉讼过程的程序与技术，仅停滞于概括性的理念宣示，陪审员参与民事司法的空间将愈发狭小甚至失去存在价值，仅具象征意义而已。我国并未对人民陪审员参审的诉讼程序作出有针对性的设置，而与职业法官审理制下的诉讼程序等同，深层折射的是将陪审员认知规律、应有作用与职业法官等同起来的逻辑，这种思维一定程度上体现了对陪审员参与事实认定规律欠缺深刻认知。学术研究不应以保留或发展一项制度为预设前提，需从制度价值及规律出发，分析其存在价值及完善方向。深入探索陪审员参审的何去何从与技术构建，形塑我国人民陪审员参与民事案件事实认定体系，具备一定的理论价值。

二、研究的实践缘由

党的十八届三中全会决定提出，"广泛实行人民陪审员、人民监督员制度，拓宽人民群众有序参与司法渠道"，开启新一轮人民陪审员制度改革。党的十八届四中全会决定进一步明确，"完善人民陪审员制度，保障公民陪审权利，扩大参审范围，完善随机抽选方式，提高人民陪审员制度公信度。逐步实行人民陪

---

① 参见曹鸿南：《违背经验法则之研究——以事实认定为中心》，载我国台湾地区民事诉讼法研究会编：《民事诉讼法之研讨（四）》，我国台湾地区三民书局 1993 年版，第 129 页。

审员不再审理法律适用问题，只参与审理事实认定问题"。① 人民陪审员制度改革成为全面深化司法体制改革的重要内容。全国人大常委会、最高人民法院相继通过授权在部分地区开展人民陪审员制度改革试点工作的决定及改革试点方案、实施办法，从2015年5月起在全国50家法院进行为期两年的试点，推进新一轮人民陪审员制度改革（鉴于改革较为疑难，全国人大常委会决定将试点期间延长为三年）。改革内容涵盖选任条件及程序、参审案件范围、参审方式及职权、保障与惩戒、解任情形等人民陪审员制度各方面各环节。最疑难的改革体现为参审职权改革，即将人民陪审员与职业法官具有同等职权调整为仅与法官共同负责事实认定，这在民事诉讼领域体现尤为明显。

对于新生法律而言，修改完善是复杂的长期过程，就此意义而言，《人民陪审员法》立法研究并未因为《人民陪审员法》的出台而终结，而是一个新的研究起点。新法实施后，其适用系当务之急与首要任务。鉴于《人民陪审员法》规范的原则，其适用规则主要由司法解释予以调整，而司法解释就其定位而言系最高司法机关对法律适用的解释，属于法律"立改释"中"释"的范畴，因此《人民陪审员法》的适用也成为重要研究对象。基于以上论述，人民陪审员参与民事案件事实认定需和《人民陪审员法》的"立改释用"即《人民陪审员法》的适用、人民陪审制度的发展走向、今后《人民陪审员法》的修改完善相结合。

学术研究对于诉讼制度的重大改革事项应保持基本的中立客观立场，甚至具有"理论反对实践"的学术勇气。学术研究应秉

---

① 参见《中共中央关于全面深化改革若干重大问题的决定》第33条、《中共中央关于全面推进依法治国若干重大问题的决定》第四部分第4项。

持独立、批判、建设品性，不宜将论证改革政策合理性作为学术目的，遑论改革政策本存试错过程，中国问题导向不等于被现实障碍牵着鼻子走，关注实践不同于盲从实践，学术研究应为改革试错提供批判与建设指引，通过实践观察发现"中国问题"并在规范解释学背景下中立客观解构，由此抽象而成中国化理论。

　　基于此，面对人民陪审员制度改革实践对理论的需求，首先，应当从诉讼法理层面对改革方案进行理性分析，并对改革试点情况进行实证考察，分析改革方向是否具有合理性，如果存有尚待修正之处，如何予以调整完善；分析实践对改革可行性的检视以及需要进一步解决的理论与实践问题，提出人民陪审员参与民事案件事实认定的发展方向与规则体系，为人民陪审员制度改革试点结束后的制度定型与立法完善提供些许参考。其次，如果改革整体可行或经过调整完善后可行，则需根据民事诉讼法理与陪审员认知规律进行精细的程序设计，从人民陪审员参审范围及职权、参与事实认定的流程、法官对人民陪审员的指示等方面，为人民陪审员如何认定民事案件事实及其程序作出指引，真正形塑实践可操作的人民陪审事实认定操作技术。此外，人民陪审员仅负责事实认定的前提是事实问题与法律问题的分离，民事诉讼中事实问题与法律问题的区分在我国理论和实践中涉及较少，如何解释该问题，需进行深入研究。

第二节　基本立场

一、陪审员参审机制构建的法系意识

近年来，我国民诉学人提出法系意识论，对我国民事诉讼理论体系化、域外民事诉讼理论中国化具有重要价值。法系意识论，是通过梳理和解释我国民事诉讼法理论及实践的发展沿革，以认识和解决现行民事诉讼法制及其理论存在的问题为指向，以服务于现代民事诉讼理论中国化为根本学术目的且立足于此学术方法指导一贯之研究，从而不同于通常意义的比较研究方法。[①]某一域外民事诉讼制度究竟对我国有无意义或如何影响我国民事诉讼法制的具体问题，须在法系意识下予以考量，而不可想当然地任意搭配。鉴于陪审员参与民事案件事实认定，既涉及主体权限问题，又涉及程序技术领域，具有极强的关联性，往往成为一国诉讼制度受法系影响的缩影。法系意识就陪审员参审机制而言具有决定性意义，首先，法系意识决定我国民事诉讼的走向，而陪审员参审机制只能在民事诉讼整体格局中寻找定位，亦不可避免深受其影响。我国民事诉讼法制的现代化，是立足我国国情，以规范出发型民事诉讼为主干，适度融合英美法系经验进行体系化构建的过程，职业法官是常态裁判主体，陪审员与职业法官组成的混合主体并非规范形态，陪审员参审应服从于规范出发型民

[①]　陈刚：《法系意识在民事诉讼法学研究中的重要意义》，载《法学研究》2012年第5期。

事诉讼结构，而不可能沿袭移植以法庭二元结构为内核的英美法系民事诉讼制度。其次，陪审员参审机制本体亦有深厚的法系意识烙印。在漫长的历史进程中，全球民众参与民事司法曾出现英美法系民事陪审团、大陆法系参审制、苏东国家人民陪审制等形态。我国人民陪审员制度源于苏东国家人民陪审制，在六十余年的实践演进中逐渐接近于大陆法系参审制，党的十八届四中全会改革方案又吸纳了英美法系民事陪审制的元素，使我国人民陪审员制度呈现出复杂性。陪审制素与一国文化、传统、民主亲缘极深，我国人民陪审员制度亦需置于国家背景考量，从而形成突出的中国问题、中国现象，制度设计应当契合我国特定的时空结构与文化结构。在法系意识、中国语境双重话语体系下形成自身逻辑。

二、围绕陪审员认知规律进行机制构建

引入陪审员参与民事案件事实认定的价值在于利用陪审员认知规律在发现真实中发挥作用，这是本书研究的主线。陪审员参审体现一种"主体—行为"关系，为达致事实认定行为合理化目标，需配置何种审判主体、审判主体的何种特质有利于促进事实认定行为合理化，程序设置应有利于审判主体发挥作用，均系陪审员参与民事案件事实认定机制的内核。英美法系尤其是美国民事诉讼活动总是在可能接受民事陪审团审判的阴影下进行，便于陪审团理解是英美法系民事诉讼系列程序设计的起点。我国人民陪审员制度仅为公众参与民事司法的方式并非民事诉讼基本制度，同时我国采职业法官审理制以及接近大陆法系的诉讼结构，在遵循审理逻辑性的前提下，我国人民陪审员认定民事案件事实

的核心价值在于发挥人民陪审员认知规律的优势、在发现真实中发挥作用。陪审员认知优势体现在两方面：通过普通民众的参与把生活常识和社区观念融入事实认定；专家或特定团体与法官共同对专业事实作出科学合理的认定。

三、陪审员参与事实认定机制构建的精细化

陪审员集生活经验优势与司法技能劣势于一体，形成"悖论性契合"，如何设计一套扬长避短的机制是本书关注的问题。陪审员可以行使判断权的逻辑起点在于其常识、常理、常情等认知规律，参审价值在于利用生活经验、伦理法则或专业知识促进事实认定合理化，但均是概括性、经验性判断，在依循民事案件事实认定过程作出精细解释与设置上有所欠缺。在职业法官审理制的标准形态之外，对陪审员与职业法官作为混合主体的非标准形态的内部结构进行体系化构建，有助于形成具有法系意识、充分借鉴比较法经验且理性中国化的陪审员参审理论体系。尤其是鉴于陪审员的认知规律及民事诉讼机理，陪审员参审之案件类型、认定之事实范围、所享之认事职权，是粗放式地与职业法官等而划之，还是有所区别甚至适当限缩，需予以重点研究。在参与事实认定具体机制上，需精细化设置陪审员参审的启动程序、准备程序、庭审程序及评议程序，构建法官对陪审员的指示机制以及陪审员与法官冲突意见的解决机制，使陪审员参与事实认定权得到有效保障。

第三节　基本范畴

一、事实认定

裁判制度系人类社会生活机制之产物，目的在于解决私权纷争，民事审判以事实认定为活动中心，使事实认定更接近于真实，是现代法治国家诉讼制度的共同目标。[①] 日本的法律实务家们认为，诉讼活动的中心和真正困难之处是证成和确认案件事实问题，地方法院90%的疑难问题是事实问题，高等法院80%的疑难问题是事实问题。[②] 民事案件事实认定，是事实认定主体依据经验与逻辑法则对事实真伪与否自由心证的过程，系动态、过程性概念，事实认定过程即裁判者心证形成过程。[③] 自由心证是对法院认定事实阶段加以作用之审理原则，指对所有证据依相互关系整体观之，以达成实现案件真实目标。[④] 事实认定的性质是一种判断权，是裁判者判断权的重要组成部分。事实认定的直接目

[①] 参见雷万来：《民事证据法论》，我国台湾地区瑞兴图书股份有限公司1997年版，第1页。

[②] ［日］小林秀之：《民事裁判的审理》，有斐阁1987年版，第59页。

[③] 如《德国民事诉讼法》第286条明文规定，法院必须在顾虑辩论全部内容与调查证据结果之前提下，根据自由心证认定一项事实之主张为真实抑或不真实；《韩国民事诉讼法》第202条规定，法院应当斟酌辩论全旨趣和证据调查结果，立足于社会正义及衡平理念，根据逻辑和经验法则，依据自由心证判断事实主张的真实与否；我国台湾地区"民事诉讼法"第222条第1项规定，法院为判决时，应斟酌全辩论意旨及调查证据之结果，依自由心证判断事实之真伪。

[④] 参见姜世明：《证据评价论》，我国台湾地区新学林出版股份有限公司2015年版，第5页。

的为发现真实，两大法系尽管在民事案件事实认定主体、证据能力判断标准、程序结构上存有差异，但就事实认定的原理及性质而言并无实质差异，均是通过庭审活动对当事人提交的证据资料进行逆向思维，以发现已经发生的案件事实真相的过程。尽管有学者质疑民事诉讼应以形式真实而不是实质真实为要，如同对自认的事实不能进行证据调查，民事诉讼调查案件真相的色彩并不浓厚，相反过于追求真实可能妨碍当事人自主解决纠纷。防止过分强调发现真实有其合理性，但作为证据法甚至是民事诉讼法理念而言，发现真实无论如何也是其内容之一。① 更为重要的是，尽管基于事实认定主体的差异，英美法系设置精细的证据可采性规则以防止证据能力欠缺的证据"污染"民事陪审团，裁判者在证据能力上的自由评价受到限制，但两大法系在证据证明力评价方面都是自由心证主义者，从而在事实认定原理上具有共通性。当然，事实认定结果与当事人收集证据的权利与方式、法庭上的证明以及事实裁判者的职能等相关，两大法系由于诉讼模式不同在事实认定结果上仍会出现差异。但两大法系在自由心证原理上具有共通性，自由心证主义同口头主义、公开主义、直接主义等民事诉讼原则具有内在联系。自由心证主义以发现案件真实为目标；公开主义提高了防止伪证和发现潜在证据的可能；直接主义要求口头辩论和证据调查直接在法官面前进行，使裁判者获得较直接心证，从而有利于法官更好地发现案件真实。

二、事实认定的主体

事实认定主体可分为职业法官与作为外行人参与民事司法的

---

① ［日］伊藤滋夫：《事实认定的基础》，有斐阁 1996 年版，第 19 页。

非职业法官。最古老的非职业法官可追溯至公元前 6 世纪至公元前 4 世纪的古希腊时期，雅典执政官梭伦构建的国家制度包括陪审制度。允许公民不分等级地担任陪审员的埃利阿伊亚法院，尽管更多地被视为市民大会，仅在为裁决纠纷召开会议时被称为埃利阿伊亚法院，但仍具有非职业法官的雏形。在相关行政官员组织当事人进行相应准备程序后，治安法官有义务将案件引入陪审团公开审判，陪审员根据当事人在法庭中提出的证据投票决定原告或被告胜诉，治安法官不对投票作出任何指示，裁判结果以超过半数的票数为准，若票数相等则被告胜诉。① 法庭二元结构系英美法系诉讼制度的重要标志，决定着英美民事诉讼基本逻辑，民事陪审团与法官分别行使事实认定权与法律适用权。根据通常见解，英美法系适用民事陪审制，大陆法系刑事诉讼领域适用参审制、民事诉讼领域实行职业法官审理制。我国民事诉讼与大陆法系狭义的民事诉讼（普通法院审理的民事案件）存有区别，德、法等大陆法系国家设有复杂的专门法院体系，除普通法院审理一般民事案件外，劳动法院等专门法院均适用该国民事诉讼法审理相关专门事件，专门法院主要采取非职业法官参审制。通常观念中不适用民事参审制的德国，外行法官参审不仅存在于劳动法院、社会保障法院等专门法院的部分案件中，还适用于州法院的商事法庭审判。大陆法系国家专门法院、法庭审理的商事、劳动争议等事件，在我国显然归入民事案件范畴。不得不指出，将大陆法系民事诉讼不适用非职业法官参审绝对化系一种误读，是在未精细考察大陆法系国家民事案件结构及法院组织体系下做出

---

① 参见陈刚：《民事诉讼法制的现代化》，中国检察出版社 2003 年版，第 245 ~ 248 页。

的判断。当然，在较小局部领域适用民事参审制，并不能改变大陆法系民事诉讼采职业法官审理制、由职业法官进行事实认定的底色与标准配置。

三、事实认定的对象

在大陆法系语境下，事实认定对象包括主要事实、间接事实与辅助事实。[①] 通说以为，主要事实是构成法律规定之权利发生、变更、消灭等直接原因的事实，除此之外的事实为间接事实，辅助事实为对明确证据的证据能力或证据力有所作用的事实。[②] 事实认定对象主要是主要事实。根据通说，主要事实即要件事实。[③] 要件事实分为权利发生事实、权利发生障碍事实、暂时阻止权利行使的权利阻止事实以及权利的消灭事实四类。[④] 在主张责任发挥作用的情况下，当事人以"主张—抗辩—再抗辩"进行对抗，案件事实按照实体法的"效果—要件事实"框架被架构起来，并作为审判对象呈现给法院。[⑤] 需注意的是，根据通说主张，责任仅限于要件事实（主要事实）而不包括间接事实，间接事实和证据具有等质性，在事实认定中属于法官自由心证的对象，即法官事实认定的终局对象是要件事实。法官可不待当事人主张而通过

[①] 参见［韩］孙汉绮：《韩国民事诉讼法导论》，陈刚译，中国法制出版社2010年版，第225页。

[②] 参见［日］三月章：《日本民事诉讼法》，汪一凡译，我国台湾地区五南图书出版公司1985年版，第85页。

[③] 参见［日］高桥宏志：《民事诉讼法制度与理论的深层分析》，林剑锋译，法律出版社2002年版，第340页。

[④] 参见段文波：《规范出发型民事判决构造论》，法律出版社2012年版，第71页。

[⑤] 参见王亚新：《对抗与判定：日本民事诉讼的基本结构》，清华大学出版社2002年版，第102页。

证据评价直接认定间接事实，理由在于若主张责任适用于间接事实，法官将无法自由认定证据及事实，有违自由心证主义原则。[①]在英美法系实用主义与经验主义哲学的思维方式以及法庭二元结构影响下，并未对事实认定对象作出大陆法系般精细的划分，事实出发型的诉讼结构及欠缺成文法的传统也使其不具备大陆法系以要件事实为主体的事实分类方法的生存土壤。英美法系对事实认定对象的理解通过按诉讼证明与事实认定的自然过程予以表达，如证据直接证明的事实可被称为"证据性事实"，若干"证据性事实"通过推理获得某个"中间事实"，若干"中间事实"再经推理获得"最终事实"。[②]

四、事实认定的路径

法官认定事实即心证形成有两条路径，依据证据原因认定或依经验法则从间接事实推认要件事实且形成内心确信。[③] 前者系根据证据原因直接认定，后者系以经验法则为大前提，以间接事实为小前提，经另一层面的三段式演绎推理出要件事实。前一情形属于事实认定路径自不待言，后一种依经验法则之三段论法推定要件事实的过程，其性质仍是法官自由心证，属于事实认定范畴，而非法律适用。

达马斯卡教授在事实认定路径上曾有原子主义与整体主义的

---

① 参见［日］高桥宏志：《民事诉讼法制度与理论的深层分析》，林剑锋译，法律出版社 2002 年版，第 340～341 页。

② 参见封利强：《司法证明机理：一个亟待开拓的研究领域》，载《法学研究》2012 年第 2 期。

③ 参见段文波：《一体化与集中化：口头审理方式的现状与未来》，载《中国法学》2012 年第 6 期。

论述。基于原子主义，事实认定过程可分解为相互独立的若干部分，证明力取决于个别存在的单个证据，最终的事实认定由彼此分离的证明力以某种叠加方式聚合而成。整体主义以为单项证据的证明力无法游离于证据的总体判断，事实认定取决于尚未清晰表达的整体思考以及各种意志因素。原子主义为英美证据排除规则提供了空间，只有证明过程能够被拆解成各个部分且各构成部分相对分离，才有可能要求裁判者忽视某一特定组成部分，整体主义则与大陆法系事实认定路径更为接近。① 达马斯卡教授从另一角度探讨事实认定路径有一定合理性，但事实认定路径还是应从自由心证的性质及对象切入。从英美法系事实认定机理的发展历程看，早期的理性主义传统包括有关裁判、有关证据与证明两个基本假设，主张"对待证事实的准确判断是指事实认定者对证据谨慎、理性权衡后认为待证事实已经达到某一概率标准"。② 边沁、威格摩尔推动了英美新证据学的发展，威格摩尔认为诉讼证明与事实认定最重要的并非证据可采性，而是解决可采性问题后对证据性事实进行评价的自然过程。③ 之后英美法系将概率学、图表分析法、心理学、话语学、法庭科学、哲学认知论、法律叙事学等新证据学方法引入事实认定中，形成了新兴的事实认定路径。④ 英美法系证据理论及制度的发展，已经从过度关注证据可

---

① 参见［美］米尔建·R·达马斯卡：《漂移的证据法》，李学军等译，中国政法大学出版社 2003 年版，第 96 页。

② William Twining, *Rethinking Evidence：Exploratory Essays*, Cambridge University Press, 2006, p. 1.

③ John Henry Wigmore, *The Science of Judicial Proof*, Brown & Company, 1937, p. 4.

④ 参见吴洪淇：《边沁、威格摩尔与英美证据法的知识传统——以证据与证明的一般理论进路为核心的叙述》，载《比较法研究》2009 年第 5 期。

采性问题，转向证据证明力评价等司法证明及事实认定过程。基于对陪审团裁判权的保护，民事陪审团无须说明认定事实的具体路径及方法，从而在事实认定路径上让人感到神秘，这或许是"上帝声音"的特质体现；而大陆法系事实认定者则需在判决书中公开推理过程，使事实认定路径在心证公开过程中一目了然。两大法系事实认定路径在形式上存在差异，但究其本质，裁判者认定事实在思维方式与心证形成上，均难以摆脱以证明力评价为基础认定事实的过程，均是通过发现证据之间、证据与事实间的逻辑联系构建事实图景的过程，此规律从英美证据法的知识转型可见一斑。

五、事实认定的标准

事实认定标准与证明标准（证明度）具有直接对应关系，甚至可认为两者基本等同。一般而言，当事人诉讼证明达到了证明标准，即达到裁判者认定该项事实的最低标准，即可确定待证事实为真。至于最低标准是采高度盖然性标准或优势证据标准，则是两大法系各自对证明标准的选择而已，并不妨碍此处讨论。事实认定标准与证明标准稍有不同之处在于，事实认定的主体为法官或陪审员，通过居中聆听两造诉辩，由事实主张方提出本证，本证以达到高度盖然性或优势证据的证明标准为限；由相对方提出反证，反证以动摇事实认定者初步形成的心证为要，如系间接反证还需达到与本证相同的证明标准，最终由裁判者衡量后判断事实为真或为伪。在对抗与判定的诉讼结构下，在诉讼两造反复进行的证明活动中，裁判者心证沿着"形成—动摇—再形成—再动摇—逐渐稳定—固化"的心理过程，最终形成符合事实认定标准的心证。就此而言，事实认定活动既是诉讼证明活动的目的地，又是在裁判者参与下与诉讼证明活动形成的复合体。在英美法二元法庭结构下，法官向民事陪审团指示的事实认定标准是法官指示的核心内容。英美法的证明标准（事实认定标准）被视为法律加于事实裁判者的约束，实务性、清晰性、妥当性为其特征，是一种对裁判者事实认定权的制约机制。① 众所周知，英美法在证明标准上采优势证据标准，即只要求原告主张事实的发生比没有发生"更可能"。② 但优势证据规则并非仅系证据数量以及各证据证明力直接叠加量化比较般简单，仍是各个证据、原被告各方证据证明力衡量的结果，仍是一个与自由心证相关的、偏重主观的概念，最终体现为事实认定者认为待证事实为真的程度。依通常观点，只要一项待证事实为真的可能性大于为伪的可能性，即为真可能性高于50%，该事实即可被认定为真。就此而言，两大法系事实认定标准存有差异，但具有类似的思维过程。

第四节　研究方法

一、广度与精度相结合的比较研究方法

陪审员参与民事案件事实认定贯穿陪审制（参审制）与事实认定两大领域，两大法系及苏东国家的陪审制（参审制）及事实

---

① 参见吴泽勇：《正义标尺丕是乌托邦——比较视野中的民事诉讼证明标准》，载《法学家》2014 年第 3 期。

② Adrian Keane, *The Modern Law of Evidence*, Oxford University Press, 2008, p. 83.

认定制度均是比较研究需考察的对象。陪审制（参审制）是外延较广阔的制度，仅美国民事陪审团制度就繁复庞杂、相关比较法文献浩若烟海。基于本书研究目的，对陪审制（参审制）的比较法研究并非漫无边际的全方位审视，而仅关注与事实认定相关的领域，如适用的案件类型范围、参审的具体程序等，其他问题则不在考察之列。事实认定制度研究首先遵循全面考察原则，对两大法系及苏东国家事实认定机制全貌进行整体把握，之后对陪审员参与情形下的事实认定机制予以精细分析。此外，还需重点考察陪审制（参审制）与事实认定机制的内在联系，深入剖析两大法系及苏东国家陪审员参与民事案件事实认定的各自规律并进而提炼各自规律之上的共性规律。共性规律往往具有跨越法系的普适性，可作为我国制度设计的重要参酌因素。陪审员参与民事案件事实认定的比较研究并非简单机械拼接、断章取义借鉴，而应在法系意识指引下对制度的历史渊源、生成环境、背景因素、配置机制进行系统研究，尤其应当避免先入为主预判，应在不带任何预设立场的前提下研究，从而形成一种否定性的生成与矛盾性的融合。

二、规范解释学与立法建构论的结合

当前民事诉讼法学研究正在经历立法建构论向规范解释学的转型，规范解释学尊重实在法的权威性、确定性和自身的逻辑性，实在法除制定法外，还涵盖法律原理、原则以及体系的自洽。[1] 渐成民事诉讼法学研究主流的规范解释学研究方法为本书写作提供了方法论指引，我国学界近年来在形塑我国民事诉讼结

---

[1]　张卫平：《民事诉讼法学方法论》，载《法商研究》2016 年第 2 期。

构方面的较丰硕研究成果为本书解构陪审员参与民事案件事实认定问题提供了重要支撑，因为陪审员认定民事案件事实不可能脱离民事诉讼结构与民事案件事实认定体系，仅能在结构和体系内寻找规律的契合、程序的融入、制度的互补，最终构建价值、逻辑、技术自洽的陪审员参与民事案件事实认定机制，并与民事诉讼结构和民事案件事实认定体系相协调。另一方面，民事诉讼法学研究的重心应当是规范适用的理想状态、正当情形，但规范形态往往受国情影响而有所变化，这是不能忽略的因素，否则规范形态将永远仅是理想状态。充分考虑我国人民陪审事实认定机制规范运行的受制因素，并将这些因素作为中国问题的发现点、解决问题的出发点，尊重中国问题但又不局限于现实障碍，力图构建规范形态下我国人民陪审员参与民事案件事实认定机制的制度体系。

三、以历史研究方法及实证研究方法为必要补充

人民陪审员参审在我国有着丰富实践，从历史回溯与现状运行两个维度对人民陪审员参与民事案件认定予以审视，既是在实践中探寻经验主义的实证主义思维，又是在历史积淀中形成理论滋养的制度生长方式。清末及民国时期已有陪审员参审的制度文本及实践探索，早期的人民陪审员制度亦在新民主主义革命时期历经十余年尝试，中华人民共和国成立初期全面继受苏联人民陪审制并写入 1954 年《人民法院组织法》，从而成为一项基本诉讼制度，但在之后数十年中几起几落，直至第十届全国人大常委会于 2004 年通过《关于完善人民陪审员制度的决定》重新得到重

视，党的十八届四中全会决定对人民陪审员制度进行重大改革试点。① 人民陪审员参审职权改革试点是改革试点的核心事项，试点法院的实践是重要的研究样本，对试点法院人民陪审员参与民事案件事实认定的实证分析，有助于审视改革可行性、合理性及今后发展方向。《人民陪审员法》的实施情况也为本书研究提供了丰富的实践样本。

四、以民事诉讼法学为核心的知识谱系

陪审制从来就不是纯粹的诉讼制度，而是与司法体制、政治民主等休戚相关，对陪审制诸多层面的探讨均可从司法制度层面展开。事实认定是民事诉讼领域概念，但在民事诉讼领域亦具较大跨度。有学者认为，事实认定即心证过程，与广义的证据法别无二致。② 因此，可认为与事实认定亲缘关系最近的应为民事证据法学。事实认定并非单纯的证据能力与证明力判断过程，事实认定目标的实现需依托一定的诉讼结构，诉讼结构甚至对事实认定具有显著反制功能，故事实认定与诉讼结构的密切联系使之基本与民事诉讼法学的主要板块均有关联。事实概念固然是诉讼法概念，但亦是一个哲学、逻辑学、诠释学与法理学概念，民事诉讼事实认定不可避免与哲学认知、涵摄推演、诠释解释相关，体现出交叉性与复合性。概言之，陪审员参与民事案件事实认定，

---

① 第十二届全国人大常委会第十四次会议通过《全国人民代表大会常务委员会关于授权在部分地区开展人民陪审员制度改革试点工作的决定》，全国15个省的75家法院于2015年6月至2017年5月进行为期两年的改革试点，后因改革较为疑难，试点时间延长为三年。

② ［日］高桥宏志：《重点讲义民事诉讼法》，张卫平、许可译，法律出版社2007年版，第24~25页。

与民事诉讼法学科联系最为直接、密切，但与司法制度、哲学、逻辑学、法理学发生关联，具有一定的跨学科性。如何处理核心知识与辅助知识的关系是一大难题，应当尽力避免面面俱到但均是蜻蜓点水，或是多学科知识的堆砌铺排，而没有形成核心知识谱系。因此，应当明确研究的学科归属及知识定位，本书研究对象为陪审员参与民事案件事实认定机制，研究中心为诉讼法技术问题，而非法政策学、法社会学研究，其他学科知识仅是必要补充而不可喧宾夺主。近年来，陪审制、人民陪审员制度研究并不鲜见，但较少对陪审事实认定机制进行专门研究；民事诉讼案件事实认定机制研究亦有一定成果，但主要以职业法官为样本，而未从陪审员角度切入，这为本书提供了一定的研究空间。

第一章　人民陪审员参与民事案件
事实认定的中国实践

第一节　中华人民共和国成立前的陪审制及
人民陪审员的事实认定权

一、清末民国时期陪审制及陪审员职权的立法与实践

沈家本、伍廷芳主持拟定的《大清刑事民事诉讼通用规则草案》作为清末修律成果之一，使西方现代诉讼制度从纸面首次进入中国，草案第二节专节规定陪审员制度。该节提出，民事诉讼适用陪审员制度的目的是"有助于民事审判公直"；数值 300 元以上的民事案件经原告或被告呈请可适用陪审员审判；各陪审员宣誓后就坐于承审官之旁静听审讯，如供证有不明之处该员等可随时请承审官代问证人；两造证词及律师诉辩均已听毕，承审官即向陪审员将该案所有证据再诵读一遍并加评论，如有律例问题须逐一详解使陪审员所议决与例相符；各陪审员然后退堂同至静室密议，将全案个情细衡轻重秉公决定；各陪审员决词从多数而定，重大问题需一致通过；如陪审员退堂议久不决或意见各执

者，承审官可将该陪审员全行辞去依法另选陪审员复行审讯。[1]《大清刑事民事诉讼通用规则草案》设计的陪审制主要参照英美法系陪审团模式，虽较英美法系陪审团复杂的规则体系较为简略，但明确了陪审员享有事实认定权、法官对陪审员的指引、法官解散陪审员等具有明显英美法系陪审团印记的制度。尽管在若干环节考量国情有所变通，但草案对英美民事陪审团的借鉴尤其明显，反映出沈家本、伍廷芳等修律者对外来诉讼法制的复杂心态，在大胆移植与小心求证之间不断彷徨。[2] 从修律大臣沈家本、伍廷芳的具奏文看，"为各国通例而我国亟宜取法者有两端，一宜设陪审员，二宜用律师"。[3] 从当时的修法背景看，建立陪审制与律师制度是取消领事裁判权的关键，中华法无此两项制度，故而是挽回法权最重要之处，草案设立陪审制有一定应景性。[4] 草案的英美法特征与同期依大陆法体例制定的实体法草案有所冲突，加之晚清重臣张之洞等地方督府强力反对，随后即被《大清刑事诉讼律草案》《大清民事诉讼律草案》所代替。[5]《大清民事诉讼律草案》等律法虽因革命共和潮流并未施行，但奠定了中华民国民事诉讼法的基础。《大清民事诉讼律草案》曰日本民事诉讼法学者松冈义正先生历时三年完成草拟，采德日民事诉讼立法体例，并未规定陪审制或参审制，也未规定如德国州法院的商事

---

①　参见《大清刑事民事诉讼通用规则草案》第 208 条、第 209 条、第 224～226 条、第 231 条，中华民国司法图书馆 1931 年藏书复印版，第 35 页。

②　参见何志辉：《外来法与近代中国诉讼法制转型》，中国法制出版社 2013 年版，第 138 页。

③　谢振民编：《中华民国立法史》，中国政法大学出版社 2002 年版，第 981 页。

④　参见陈刚：《民事诉讼法制的现代化》，中国检察出版社 2003 年版，第 13～14 页。

⑤　参见陈刚：《民事诉讼法制的现代化》，中国检察出版社 2003 年版，第 18～19 页。

参审制。① 尽管《大清民事诉讼律草案》并未施行，但管辖等部分内容在北洋政府时期被选择使用，在中华民事诉讼法史上具有重要意义。②

1925 年省港罢工时期，省港罢工委员会确立陪审制，堪称我国陪审制最初的实践探索。民国时期较为成熟的民事陪审参审制度体现于 1927 年武汉国民政府制定的《陪审参审条例》，法院审理民事案件，须由当事人所属的团体或阶层，如农会、工会、商会、妇女部等团体选出 1 人为参审员与法官组成合议庭共同审理，前述团体以外的团体也可选出参审员参审但需报国民政府司法部核准，参审员参与事实问题的审判。③ 条例同时要求参审员需有法律知识，在庭审中如有必要可询问证人，在参审员与法官无法形成多数意见时，可中止本案审理报请上一级法院审定。武汉国民政府建立的民事参审制糅合了英美法系陪审制（参审员仅参与事实问题审理）与德国法民事参审制的特点，尤其参审员由所在团体、阶层产生的设置较为明显地参考了德国普通法院商事庭以及德国劳动法院、农业租赁法院的参审模式。条例亦存在明显局限性，如要求参审员具有法律知识，显然与民众作为外行法官参审的基本规律不符。

民国时期，学术界曾对陪审参审制进行较广泛讨论，主流观

---

① 日本法并无商事参审制之制度设计，作为日本法母法的德国法体系中，德国州法院商事参审制主要规定在法院组织法中，在民事诉讼法中有少量规范。从以上原因可推测松冈义正先生未在《大清民事诉讼律草案》中规定商事参审制的缘由，与之同期编制的《法院编制法》亦无此规定。

② 中华民国司法部于 1912 年 4 月呈准临时政府《暂行援用民事诉讼律关于管辖的规定》，参见谢振民编：《中华民国立法史》，中国政法大学出版社 2002 年版，第 992 ~ 993 页。

③ 参见武汉国民政府《参审陪审条例》第 1 条、第 2 条，载《法律评论》1928 年卷。

点认为陪审参审制优劣均较突出，实难权衡，优势主要体现在陪审员来自民间，熟悉当地风俗，经验阅历自能多得，且能防止法官专权，劣势主要是程序较为烦琐，民众素质较低难以有效参审。① 另一方面担忧中华传统法文化中欠缺民众参与司法元素而对适用持保留态度。② 也有一些学界人士提出较明确意见，中华司法亦引入陪审制，并对质疑观点作出针锋相对的评价，如针对民众素质较低难以有效参审的劣势，提出陪审制的法律教育功能恰能提升民众素质，从国家长远发展看应为有利。③ 也有观点认为，陪审制虽有积极作用，但鉴于中华民国百废待兴的国情，应在充分论证后逐步缓行。④ 一些专业领域人士曾提出设立专门参审制建议，如关于医案陪审之建议，指出医事案件涉及医学专门之学术，非法律条文所能判断，故可选择深通医学且兼明法律之学者为陪审员，一面可辅助法官审问时之不足，一面可纠正法官不顾医学专业而轻表同情于任一方。⑤ 亦有商界人士提议建立商事参审制，主张设立商事参审制的理由是中国地广且习惯不同、各埠商情分歧各异，司法机关多为外省人士对本地商情不甚了解，且法律人士对各行财目更难理解，是导致审判效率低下、民事案件积压的重要原因，可凡商事案件由公断处公推商事谙练之

---

① 参见涂怀楷：《欧美各国现行陪审制度述要》，载《法学杂志》1935 年第 8 卷第 2 期；许鹏飞：《陪审制度的估价》，载《法学丛刊》1935 年第 3 卷第 2 期；张志让：《拥护与反对陪审制各一说》，载《法律周刊》1924 年总第 54 期。

② 参见田树勋：《陪审制度之检讨》，载《云南大学特刊》1937 年。

③ 参见阮毅成：《中国所可采行的陪审制度》，载《法学杂志》1935 年第 8 卷第 4 期；翟晋夫：《各级法院亟宜采用陪审制度》，载《政治评论》1935 年总第 149 号；陈树滋：《陪审制度采用之问题》，载《中央大学法律系季刊》1928 年第 1 期。

④ 参见邓子峻：《实施陪审制度的建议》，载《中华法学杂志》1945 年新编第 1 期。

⑤ 参见宋国宝：《医案陪审之建议》，载《医药评论》1934 年总第 120 期。

一人或二人参审。① 基于欠缺相应的制度准备与环境，设立医疗、商事等专门参审制的议案并未得以实施。

二、人民陪审员制度及事实认定权在中华人民共和国成立前的实践

（一）人民陪审员制度的建立与发展

人民陪审员制度的渊源可追溯至 1932 年设立的军事裁判所，初级军事裁判所的审判法庭由三人组成，其中包括两名人民陪审员。人民陪审员参与高级军事裁判一审案件的审理，不参与终审案件审理；人民陪审员由士兵选举产生，每周更换一次，在陪审期间可解放士兵职务，陪审期间终了后仍归原队工作。② 1932 年 6 月公布的《中华苏维埃共和国裁判部暂行组织及裁判条例》提出，法庭须由两名工人与裁判部长或裁判员共同组成，人民陪审员由职工会、雇农工会、贫农团及其他群体团体选举产生，在陪审期间解放其原有工作，条例的实施标志着我国人民陪审员制度在土地革命时期的初步建立。1933 年 4 月，中华苏维埃共和国中央政府司法人民委员会发布 9 号命令设立劳动法庭，由裁判部长与两名人民陪审员组成。③

抗战时期，边区建设得到全面发展，以陕甘宁边区为代表的

---

① 参见张謇然：《改良商事诉讼办法类议案：请设商事陪审制度案》，载《中华全国商会联合会会报》1916 年第 11 期。
② 参见《中华苏维埃共和国军事裁判所暂行组织条例》，载韩廷龙、常兆儒：《中国新民主主义革命时期根据地法制文献选编》，中国社会科学出版社 1981 年版，第 38 页。
③ 参见韩廷龙、常兆儒：《中国新民主主义革命时期根据地法制文献选编》，中国社会科学出版社 1981 年版，第 56 页。

各边区在诉讼程序规范化方面较之土地革命时期取得长足进步。陕甘宁边区制定《边区民事诉讼条例》，以新民主主义精神为指引，总结苏维埃时期诉讼立法经验，以坚持实事求是、调查研究、以事实为依据、重证据不轻信口供等原则进行民事诉讼立法尝试。但囿于各种因素，边区民事诉讼并未确立公开审判原则和言词审理原则，只要有确实证据，在交通不便的情况下可不进行公开辩论。① 在此背景下，人民陪审员制度得到蓬勃发展，在各边区全面实施。《晋察冀边区陪审制暂行办法》《晋西北陪审暂行办法》规定，普通民事案件无秘密必要者，应通知陪审组列席陪审。陪审组由下列各团体互推人民陪审员三人组织：工人、农民、青年、妇女及文化界抗日救国会、抗敌后援会队、人民武装抗日自卫队等。② 《山东省改进司法工作纲要》《山东省陪审暂行办法》《淮海区人民代表陪审条例》《苏中区处理诉讼案件暂行办法》等均有类似规定。③ 陕甘宁边区的做法是工人相关的案件邀请工会选派代表和工人出席参审，农民间的纠纷案件邀请农会选

---

① 张希坡、郭延龙：《中国革命法制史》，中国社会科学出版社 2007 年版，第 407～408 页。

② 参见韩廷龙、常兆儒：《中国新民主主义革命时期根据地法制文献选编》，中国社会科学出版社 1981 年版，第 65～79 页。

③ 《山东省改进司法工作纲要》《山东省陪审暂行办法》指出，对于重要民事案件，同级有关法定群众团体得派代表出席陪审。人民陪审员为同级群体团体代表与同级参议会驻委会代表，出席陪审之群体团体代表由政府通知其团体自行推选。《淮海区人民代表陪审条例》要求法院审理民事案件时，淮海区参议会、县参议会及县群众团体均可派代表 1 至 3 人参加陪审；法院于进行巡回审判时，就其发生案件之区域内群众团体及地方公正人士中，各聘任 1 至 3 人参加陪审。《苏中区处理诉讼案件暂行办法》指出，审判实行人民陪审制，聘请人民陪审员 2 人至 6 人参加审判，人民陪审员从各抗日救国会代表、参议员或参政员、乡学或区学教师、民选之乡长或乡政府委员中选任。人民陪审员的产生主要有审判机关邀请、群体团体选举、机关部队团体选派代表三种形式。参见韩廷龙、常兆儒：《中国新民主主义革命时期根据地法制文献选编》，中国社会科学出版社 1981 年版，第 87～112 页。

派代表参审，有关干部的案件邀请县政府派人参审，军民诉讼邀请军事机关派员参审，婚姻案件邀请妇联选派代表参审。① 婚姻案件陪审在边区参议会中曾出现争议，一些女参议员主张将婚姻案件由妇联派员陪审界定为基本制度，谢觉哉等人未采纳此建议，主张应听取妇联意见，但不宜规定所有婚姻案件全部由妇联陪审，以防止片面性；此后调整为落实婚姻法令，进行宣传教育工作，除妇联外可请其他有关团体的人员参审。②

人民陪审员制度在各边区的适用具有一定差异性。在晋察冀、晋西北边区，人民陪审员制度是一项基本原则，原则上民事案件均应实行人民陪审员制度；在陕甘宁、山东边区，则仅在重大案件审理中适用人民陪审员制度，并非每个案件均强制适用。在特定历史时期，人民陪审员制度被视为政权人民民主本质的反映，是司法机关吸收群众代表参加审判的制度，是审判机关联系并依靠群众的工作方式与司法民主的重要标志，在建设民主政治中发挥重要作用和影响。边区政府和高等法院要求把运行已久且为人民群众拥护的人民陪审员制度予以扩大适用，以激发人民群众参加政权管理的积极性，促进改进司法工作。解放战争时期，人民陪审员制度得到进一步广泛适用和发展，在此不再详述。

（二）人民陪审员的事实认定权

中华苏维埃共和国时期在事实认定等审判职权的赋权上，判决结果的确定原则以多数意见为标准，如果两名人民陪审员与审判长意见不一致时，应以审判长意见为准，当人民陪审员坚决保

---

① 杨永华、方克勤：《陕甘宁边区法制史稿（诉讼狱政篇）》，法律出版社 1987 年版，第 145 ~ 146 页。

② 刘全娥：《陕甘宁边区司法改革与政法传统的形成》，人民出版社 2016 年版，第 87 页。

留意见时，可报至上级裁判部供上级裁判部参考。① 抗日边区政府时期的相关立法例对人民陪审员职权的规定更为细致，《晋察冀边区陪审制暂行办法》规定，人民陪审员对于所陪审案件，可在事实上及法律上陈述意见；经法官许可可以在审判时发问；人民陪审员应在言词辩论终结后三日内提供意见，供法官判决案件采择；法官未采纳人民陪审员意见时，应向人民陪审员作出解释。《晋西北陪审暂行办法》规定，人民陪审员对于案件事实不清楚或理解有障碍时，可向法官说明，由法官予以询问；经法官之许可可以在审判时发问；辩论终结后，法官应向人民陪审员指明下列有关之事实及证据、关于本案法律之论点、民事诉讼之有无理由。法官未采纳人民陪审员提出的事实及法律上评议意见时，应向人民陪审员说明理由，但决定权属于法官；经法官决定后，人民陪审员不能再提出异议。②《山东省陪审暂行办法》明确规定，人民陪审员可帮助调查案情、列席陪审、陈述意见，但没有案件结果的处理职权；人民陪审员应从事案件调查工作，于开庭一日前提交所获得之材料供法官参考；人民陪审员原则不得直接发问，如需询问需经得法官允许；人民陪审员可在评议中提出意见供法官参考。③《淮海区人民代表陪审条例》规定，人民陪审员应在案件审结后立即参加评议，提出意见并作为审判长裁判的

---

① 参见《中华苏维埃共和国裁判部暂行组织及裁判条例》第17条，载韩廷龙、常兆儒：《中国新民主主义革命时期根据地法制文献选编》，中国社会科学出版社1981年版，第45页。

② 参见《晋察冀边区陪审制暂行办法》第11条、第12条、第15条，载韩廷龙、常兆儒：《中国新民主主义革命时期根据地法制文献选编》，中国社会科学出版社1981年版，第70页。

③ 参见《山东省陪审暂行办法》第5~11条，载韩廷龙、常兆儒：《中国新民主主义革命时期根据地法制文献选编》，中国社会科学出版社1981年版，第88页。

参考，但对法官作出裁判结果的决定无实质性影响。①《苏中区处理诉讼案件暂行办法》规定，人民陪审员有帮助调查案情证据、向审判员提供意见之职权；参加庭审，未经审判员允许不得随意发言；法官判决应听取人民陪审员意见，如果人民陪审员提出不同意见，应当记录在案；如多数人民陪审员反对审判员意见，应当暂时停止判决，报请上级审查决定。②

从土地革命、抗日边区及解放区时期人民陪审员事实认定等审判职权的规范梳理发现，中华人民共和国成立前的人民陪审员在以下方面具有一定权限：（1）出席庭审权，即有权参加案件审理过程，但未经法官许可不得提问；（2）协助收集证据权，即发挥人民陪审员接触面广的优势广泛收集与案件有关的证据及相关资料并提供给法官；（3）事实认定及法律适用建议权，即可以就事实与法律提出意见供法官参考。以上职权显然不是真正意义的事实认定权与法律适用权，体现在当人民陪审员的参考意见与法官冲突且无法形成多数意见时，应以审判长的少数意见为准确定判决内容。有的边区明确指出判决后人民陪审员不得再提出异议，有的边区人民陪审员的不同意见仅能作为上级裁判部的参考。就此而言，中华人民共和国成立前的人民陪审员并未真正实质参审，而更多具有审理咨询及观摩审判性质，仅是发挥人民陪审员了解下情的特征，辅助法官认定事实与适用法律，促进案件正确处理以及扩大政策法律宣传，以一种概括式、形式化的司法

---

① 参见《淮海区人民代表陪审条例》第9条，载韩廷龙、常兆儒：《中国新民主主义革命时期根据地法制文献选编》，中国社会科学出版社1981年版，第98页。
② 参见《苏中区处理诉讼案件暂行办法》第45～46条，载韩廷龙、常兆儒：《中国新民主主义革命时期根据地法制文献选编》，中国社会科学出版社1981年版，第104页。

与群众结合方式求得判决的准确与公平。

此时期的人民陪审员制度，主要体现为形式、象征意义，或可称为一种"人民观审制"。中华人民共和国成立前未赋予人民陪审员实质性审判权，深层原因在于革命战争年代诉讼制度远未定型，也无条件对诉讼程序精耕细作，甚至当时法官的专业水平也难以保证，此时若再赋予人民陪审员实质性事实认定与法律适用权，可能影响裁判质量。中华人民共和国成立前人民陪审员制度虽源于苏联，但因不具备苏联相对稳定成熟的外部环境，故仅是一种形式性的移植。

第二节　中华人民共和国成立后人民陪审员制度及事实认定权的发展沿革

一、中华人民共和国成立初期的人民陪审员制度及事实认定权

我国现行民事诉讼体制是我国传统民间纠纷解决方式和苏联民事诉讼体制的结合及发展的结果。一般认为，新民主主义革命时期的民事诉讼方式和程序是我国民事诉讼体制的发端，同时我国于20世纪50年代初对包括民事诉讼程序在内的苏联诉讼制度、法院组织进行了全面移植。[①] 就人民陪审员制度而言，也受到新民主主义革命时期相关制度及苏式人民陪审制的影响，当然新民

---

① 参见张卫平：《体制转型与我国民事诉讼理论的发展》，载《清华大学学报（哲学社会科学版）》2001年第6期。

主主义革命时期相关制度本身也是当时根据地民主法治实践与苏式人民陪审制共同作用的产物。中华人民共和国成立后，人民陪审员制度显然更多受到苏式人民陪审制的影响，而非对新民主主义革命时期实践的制度固定（本书第二章对苏东国家人民陪审制及其事实认定机制进行了较详尽阐释）。缘由在于如前所论，新民主主义革命时期的相关制度实际为具有象征意义的"人民观审制"，与人民陪审员具有实质性事实认定与法律适用职权的人民陪审制相去甚远。

中华人民共和国成立后首次确立人民陪审员制度的法律文本是《人民法院暂行组织条例》，该条例指出人民陪审员制度是一项新的审判制度，吸收人民群众参加陪审，使审判与群众结合起来，是优良的制度，与苏联法院的人民陪审制在本质上是一致的，但因尚不具备普遍实行的条件，故在《人民法院暂行组织条例》第 6 条中作出弹性解释，即视案件性质实行人民陪审员制度。[1] 1954 年公布的《人民法院组织法》进一步对人民陪审员制度予以固化，除简单民事案件和轻微刑事案件外，一审案件原则实行人民陪审员制度，扩大了人民陪审员制度适用范围，基本沿用苏式立法例实现全面适用，从而在我国正式确立人民陪审员制度，并被认为是吸引人民群众管理国家事务的一项国家制度。[2] 1954 年《宪法》的表述为"人民法院审判案件依照法律实行人民陪审员制度"，将其上升到宪法原则高度，与《人民法院组织法》共同构成我国人民陪审员制度的法律规范体系。1956 年最高

---

[1] 参见中国人民大学民法教研室编：《法院组织学参考资料》（1951 年），第 74 页。

[2] 参见魏文伯：《对于中华人民共和国人民法院组织法基本问题的认识》，上海人民出版社 1956 年版，第 14 页。

人民法院发布的《各级人民法院民事案件审判程序总结》以及1957 年发布的《民事案件审判程序》进一步规定，人民法院审理第一审民事案件，除简单的和法律另有规定的案件外，应当由审判员一人和人民陪审员两人组成合议庭进行。

除了审理案件范围基本实现全覆盖，最高人民法院以系列司法文件对人民陪审员的事实认定权等权限的具体施行予以细化，明确人民陪审员与职业法官在事实认定与法律适用上享有完全等同的审判职权。最高人民法院在 1951 年作出的《关于各地人民法院婚姻案件陪审情况的综合通报》中指出，人民陪审员对案件有协助调查与参与审理职权。对诉讼人、证人、鉴定人的发问，可由审判长进行，有必要时人民陪审员得先告知审判员后直接发问。审判员认为有在法庭以外调查的必要时，须在案件审理前先行调查，制成笔录附入卷宗供人民陪审员查阅。人民陪审员认为有再调查必要时，可声请重新调查并参与其中。最高人民法院在对吉林高院的批复中指出，民事案件在开庭审理前的试行调解工作，审判员可独自主持进行，不必邀请人民陪审员参加；对调解不成的案件需要开庭审理时，再邀请人民陪审员参加陪审、合议。① 最高人民法院的若干司法文件一定程度解决了人民陪审员参审职权及程序无章可循的问题。

从中华人民共和国成立初期至 60 年代有关人民陪审员制度实施情况的文献整理看，司法部领导在全国司法座谈会等正式会议的讲话反映出人民陪审员制度运行效果不佳。时任司法部副部

---

① 参见《最高人民法院关于民事案件在开庭审理前试行调解时不必邀请人民陪审员参加的批复》（〔64〕沄研字第 3 号）。该文件依据《最高人民法院关于废止 1979 年底以前发布的部分司法解释和司法解释性质文件（第八批）的决定》已废止。

长魏文伯在 1955 年全国司法座谈会上的发言中指出，各地法院几年来初步实行人民陪审制的经验证明，人民直接参加审判，会更深刻体会到人民当家作主的意义，人民陪审员熟悉群众情况，善于体会群众感情和要求，可同审判员一起查清案情，从而使审判活动受到群众监督，作出正确裁判，并增加人民法院办案力量，同时进行法制宣传教育，密切法院和群众联系。但推行还不够，有的认为人民陪审员只添麻烦，不起作用，怀疑人民陪审制度优越性。应当认识到，人民陪审员在办案中起的作用，有的为审判员所不及，因而必须树立起信赖人民陪审员观念，同时必须看到，在陪审制度建立初期，不能期望每个人民陪审员都和审判员起到同等作用。[1] 最高人民法院在此期间发出的相关司法文件甚至明确指出，"近年来，不少地方对陪审制度在实际上已经没有执行了"，印证了我国虽确立人民陪审员制度全面适用原则，但受实践中各种因素制约，施行中的问题较为突出。[2] 应当看到，中华人民共和国成立初期的人民陪审员制度虽对苏式人民陪审制进行了全面继受，但鉴于我国民事诉讼程序体系构建的欠缺，我国并未配套引入与苏式人民陪审制直接相关、相互作用、共成体

---

[1]　参见魏文伯：《关于中华人民共和国人民法院组织法基本问题的认识——在全国司法座谈会上的发言》，载《司法工作通讯》1955 年第 5 期，收录于中国人民大学审判法教研室：《中华人民共和国法院组织与诉讼程序参考资料（第 5 辑）》（1956 年），第 52 页。

[2]　最高人民法院于 1961 年在对江苏高院所作的《关于认真贯彻执行人民陪审员制度的复函》中指出，"近年来，不少地方对陪审制度在实际上已经没有执行了。这是不对的，必须坚决纠正。如果你省各地法院，也存在这种现象，希望你院督促所属各地人民法院进行一次检查，切实加以整顿。对于依法应该实行陪审的案件，必须依法通知人民陪审员参加陪审，保证他们同审判员享有同等权利，切实纠正任何不尊重人民陪审员的现象"。该复函依据《最高人民法院关于废止 1979 年底以前发布的部分司法解释和司法解释性质文件（第八批）的决定》已废止。

系的自由心证原则、庭前准备程序、不间断审理、直接审理，从而使人民陪审员制度成为孤悬的制度而难以真正融入诉讼程序，在事实认定方面难以发挥人民陪审员优势。[1] 尽管国家强力推进、法院扩大适用、人民广泛参与，但如同缺少零件的机器仍然运行缓慢、效果欠佳。易言之，中华人民共和国成立后对苏式民事诉讼结构名为全面继受、实为片段移植的法律再造，使我国民事诉讼程序不仅具有苏式民事诉讼结构的先天弊端，又因片段性移植而增加了新的问题，主要体现为因不合制度逻辑而欠缺自洽性，相关程序间少有衔接呼应，在人民陪审员制度继受上尤为明显。

二、人民陪审员制度在我国的起伏及其职权异化

尽管 20 世纪 50 年代国家历次司法会议均将人民陪审员制度施行作为重要内容予以强调，[2] 但受条件限制并未制定具体的人民陪审员制度实施计划，其具体适用处于起起伏伏、断断续续状态。[3] 20 世纪六七十年代，随着国家形势变化，在特定历史年代中，人民陪审员制度与其他国家司法制度一起接近停滞，尽管 1979 年《人民法院组织法》将人民陪审员制度重新作为一项基本制度，但 1982 年《宪法》未将其纳入其中，1983 年修正《人民法院组织法》时将其由基本制度调整为合议庭组成的一种方式，即审判员可与人民陪审员组成合议庭共同审理案件。我国 1991

---

[1] 本书第二章对苏式人民陪审制的内在机理及与苏式民事诉讼结构的逻辑自洽进行了较详尽论证。

[2] 参见《马锡五副院长在全国法院、检察、司法先进工作者大会上的书面讲话》，载《人民司法》1959 年第 10 期。

[3] 参见陈刚：《我国民事上诉法院审级职能再认识》，载《中国法学》2009 年第 1 期。

年《民事诉讼法》亦未将人民陪审员制度作为一项基本制度，采《人民法院组织法》同样的立法表述将其作为合议庭组成的一种方式。从最高人民法院历年司法统计数据看，20 世纪 90 年代以后民事陪审适用率持续下降。① 学界就人民陪审员制度存废及模式进行激烈讨论，争点在于究竟是走司法专业化道路还是通过民众参与审判实现司法公正。②

新旧世纪交替之际，人民陪审员制度呈现强势复苏态势，标志事件是第十届全国人大常委会于 2004 年通过《全国人民代表大会常务委员会关于完善人民陪审员制度的决定》，以立法性决定形式提升了人民陪审员制度的地位。最高人民法院四个五年改革纲要及相关司法政策均要求加强和改善人民陪审员制度。③ 从人民陪审员制度运行出现问题直至逐渐复苏，学界对此阶段人民陪审员制度发展脉络及背后根源有较全面研究，共识是自党的十五大确立依法治国基本方略后，国家、社会及民众对司法在依法治国中发挥作用的期望值提升，但此阶段的中国司法面临司法能力不强等较突出问题，90 年代兴起的审判方式改革推动的改革开放后第一轮司法改革极大促进了司法专业化建设，但也带来司法与民众、社会的疏离问题，中国司法公信力面临较严峻挑战，人民陪审员制度的复苏成为在审判中注入常识常理、增进社会认可

---

① 参见彭小龙：《非职业法官研究：理论、制度与实践》，北京大学出版社 2012 年版，第 85 页。

② 参见张泽涛：《陪审制度的缺陷及其完善——以关于完善人民陪审员制度的决定为考察对象》，载《华东政法大学学报》2009 年第 1 期；廖永安、刘方勇：《社会转型背景下人民陪审员制度改革路径探析》，载《中国法学》2012 年第 3 期；郭倍倍：《人民陪审员制度的核心问题与改革路径》，载《法学》2016 年第 8 期。

③ 如《最高人民法院关于人民陪审员参加审判活动若干问题的规定》等。该解释依据《最高人民法院关于适用〈中华人民共和国陪审员法〉若干问题的解释》已废止。

度、提升司法公信力的路径选择，具体内容本书不再赘述。[①]

　　晚近十年来，人民陪审员制度尽管呈复苏态势，民事陪审适用率保持高位运行，但仍存诸多问题，尤其是职权异化较为突出：法院为缓解人案矛盾而对人民陪审员制度进行目标置换，有的法院甚至出现"驻院陪审员""编外法官"；人民陪审员参审案件范围主要集中于一般案件，公益性案件、社会公众关注案件少有人民陪审员参审；保障人民陪审员参审的程序机制欠缺；"陪而不审"成为人民陪审员制度挥之不去的阴霾，人民陪审员的"角色—行为"欠缺应有协调性，从而导致角色冲突、程序失灵、效果不彰，等等。近年来，学界已深入讨论了人民陪审员制度存在的问题。[②]

　　在人民陪审员制度起伏变迁过程中，专家陪审制却焕发出生命力，自20世纪90年代初最高人民法院对北京高院批复一审专利案件可在所涉技术领域聘请有关技术专家担任人民陪审员以来，[③] 专家陪审制在各地知识产权审判中蓬勃发展，如北京二中院由一名理科背景法官、一名工科背景法官和一名国家知识产权局专利复审委员会技术专家作为人民陪审员共同组成合议庭审理

[①]　参见彭小龙：《人民陪审员制度的复苏与实践：1998—2010》，载《法学研究》2011年第1期；蔡彦敏：《人民陪审制度的职能异化及其克服——以民事诉讼为视角》，载《中山大学法律评论》2013年第4卷第1辑；刘方勇：《人民陪审员角色冲突与调适》，载《法律科学》2016年第2期。

[②]　参见苗炎：《司法民主：完善人民陪审员制度的价值依归》，载《法商研究》2015年第1期；吴英姿：《人民陪审制改革向何处去：司法目的论视野下中国陪审制度功能定位与改革前瞻》，载《苏州大学学报》2014年第3期；何进平：《司法潜规则：人民陪审员制度司法功能的运行障碍》，载《法学》2013年第9期。

[③]　参见《最高人民法院关于审理第一审专利案件聘请专家担任陪审员的复函》（法〔经〕函〔1991〕64号）。该复函依据《最高人民法院关于废止部分司法解释及相关规范性文件的决定》已废止。

专利案件，等等。近年来，随着环境诉讼的兴起及专业性要求，环境审判领域成为专家陪审新的集中适用之处。上海浦东新区人民法院于 2008 年在全国率先设立金融审判庭后，探索引入金融专家陪审制，标志着我国金融案件陪审制的实践诞生。金融专家陪审员的选任，要先根据各类金融案件权重，确定所需的银行、保险、证券等领域专家数额，向监管机构、高校等征询推荐专家形成候选库，再根据金融专业背景、从业经历、研究成果等因素择优确定。之后，金融专家陪审制在上海、北京金融法院发展到新高度，成为我国人民陪审员制度与金融司法制度共同拥有的一颗璀璨的明珠，在完善金融司法机制，公正、专业、高效解决金融纠纷，提升金融司法专业化、国际化水平方面发挥着越来越重要的作用。

第三节　深化司法体制改革背景下的人民陪审员审判职权改革及评价

党的十八届三中全会以来推进的新一轮人民陪审员制度改革为研究人民陪审员审判职权提供了新的分析样本，尤其将人民陪审员与法官同权调整为仅与法官共同负责事实认定而不负责法律适用，系对人民陪审员审判职权的重大调整，有必要秉持中立客观立场，对全面深化司法体制改革背景下的人民陪审员审判职权改革予以理性评价。

一、人民陪审员审判职权改革的内容分析

（一）事实认定与法律适用职权的剥离

人民陪审员与法官共同负责事实认定不负责法律适用，系人民陪审员制度改革的最难之处，在世界范围内亦无先例，与英美法系陪审制以及大陆法系参审制都有所不同，同我国人民陪审员制度的源头（苏式人民陪审制）也有极大差异。如昗说唯一可循的先例，可能与武汉国民政府《参审陪审条例》设定的参审制较为接近，均为与法官组成合议庭审理事实问题、不负责法律适用问题，差异在于武汉国民政府的参审制沿袭德法参审制体例将参审员限定为特定团体代表，且限定参审员需有法律知识，而我国的人民陪审员制度改革并未有此限定。

改革设计之所以装配成如此独特的人民陪审员审判职权结构，并非源于创新冲动，更多是基于"陪而不审"严重影响到人民陪审员制度基础功能实现，为破解"陪而不审"、激活人民陪审员制度功能而采取的应对策略。在改革设计者看来，陪而不审尽管由多种原因导致，但最主要的是人民陪审员法律技能欠缺、审判能力不足，对法律适用问题力所不逮，无法作出正确判断，故而在裁判结论形成过程中不便、不能、不敢发表意见，只能附和法官裁判意见，这是人民陪审员在自身法律能力不足与制度赋权不合理冲突下进行的便利而正常的行为选择。与其让人民陪审员不堪重负、勉力为之，不如将法律适用裁决交于法官。而在事实认定能力方面，人民陪审员身为普通民众，了解风俗民情和社情民意，可将社会普遍正义观、民众朴素观念、社会生活常识融入案件事实认定，有助于增强案件裁判的社会可接受性。同时，

法官具有司法理性思维能力和丰富的司法实践经验，参与案件事实认定能够提升事实认定品质，且我国并无英美法系法官不负责事实认定的传统，因此在事实认定方面由人民陪审员与法官共同行使职权，而法律适用则由法官单独行权。

应该说，本轮人民陪审员审判职权改革源于问题导向，并非对两大法系民众参与司法的刻意临摹，但人民陪审员只负责事实认定不负责法律适用，却在无意中接近了英美法系陪审制。英美法系为保障陪审团正确行使认定事实职权，设置包括法定序列主义、非法证据排除、集中审理以及法官对陪审团指示制度等庞杂的制度体系，从而构成英美法系民事诉讼的骨架。反观我国，如同中华人民共和国成立后引入人民陪审员制度并未配套引入苏式民事诉讼相关制度，此次亦不可能因为人民陪审员制度改革而全盘引入与民事陪审团相适应的诉讼结构。另一方面，在事实认定领域，法官与人民陪审员共同平等行使职权，这又与大陆法系参审制类似。同时，改革方案设定的人民陪审员对法律适用无决定权但可参与评议并提出相关建议，又类似于韩国的观审制。就此而言，改革设计的人民陪审员事实认定职权在我国实践基础上糅合了英美法系民事陪审团、大陆法系民事参审制、苏式人民陪审制以及少数国家或地区适用的观审制的相关要素，成为一种糅合型的独一无二的事实认定模式。人民陪审员主要负责事实认定不负责法律适用如何在中国民事诉讼落地生根，尚待实践检验。

（二）"中国式"法官指示制度的初步建立

为弥补人民陪审员法律技能欠缺、审判能力不足的缺陷，法官与人民陪审员之间的沟通机制或者法官对人民陪审员的指示制度显得尤为重要。本轮人民陪审员制度改革就法官指引人民陪审员认定事实及两者沟通机制的建立进行了探索，如审判长应向人民陪审员说明事实争点，引导其围绕争点发表意见，并对证据能力及证明力、程序事项等问题予以解释说明，但不得妨碍人民陪审员对案件事实的独立判断；合议庭评议案件前，审判长应当在适当归纳的基础上说明讨论评议的案件事实问题，必要时可通过书面形式列出案件事实问题清单；一般先由人民陪审员发表评议意见。如果合议庭认定的案件事实与人民陪审员认定的案件事实不一致，法官应当向人民陪审员说理理由，以体现对法官认定案件事实的制约与监督。①

（三）审委会处理分歧意见机制的确立

对法官与人民陪审员的多数意见出现重大冲突，且法官认为人民陪审员事实认定意见违反证据规则，可能导致运用法律错误或造成错案的，改革方案设计的解决办法是将案件提交院长决定是否由审委会讨论。② 当院长决定提交审委会讨论后，作为我国法院内部最高审判组织的审委会，即成为法官与人民陪审员冲突意见的裁决者，裁决以会议方式进行。此机制受制于少数服从多数的合议制组织原则，在合议庭内部无法消解此种分歧，试图通过审委会实现提高事实认定质量目的。在遇到难以解决的疑难问题时，提交审委会讨论成为我国司法语境中的常见选择，甚至形成一种路径依赖，尽管新一轮司法体制改革在限缩审委会讨论案件范围上作出限制，但在一些情形下审委会仍被视为最终的问题解决者。对于法官与人民陪审员形成冲突意见且可能显而易见影

---

① 参见胡夏冰：《依法治国背景下的人民陪审制度改革》，载《人民法院报》2014 年 11 月 8 日，第 5 版。

② 参见《人民陪审员制度改革试点方案》第二部分第 6 项。

响公正时，现有诉讼制度难寻解决冲突的办法，提交审委会讨论便成为解决此问题的"中国式"策略。

（四）民事诉讼适用人民陪审员制度范围的探索

党的十八届三中全会与四中全会决定对陪审制适用范围分别作出"广泛实行人民陪审员制度""扩大参审范围"的概括性要求，但最高人民法院关于试点的实施办法及方案在确定人民陪审员审理案件范围时，并未如苏式人民陪审制般原则上适用于全部民事诉讼，而将范围界定为"涉及群体利益、社会公共利益、人民群众广泛关注或者其他社会影响较大的民事案件""征地拆迁、环境保护、食品药品安全的重大案件"。① 由此可见，鉴于人民陪审员制度在民事诉讼中的运用已很大程度成为法院缓解人案矛盾的工具，在大量一般常规民事案件中广泛适用，改革方案在适用范围上持相对审慎态度，将其限制为重大案件、社会影响较大的案件，应当说契合公民参与民事司法的内在规律，亦同陪审制在民事诉讼领域逐渐减少适用的趋势相一致。

二、"参与事实认定不负责法律适用"试点的实证考察及存在问题分析

（一）研究对象与研究方法

根据最高人民法院关于试点的实施办法及方案，授权北京、河北、黑龙江、江苏、福建、山东、河南、广西、重庆、陕西十个省（区、市）选择五个法院（含基层人民法院及中级人民法

---

① 除此之外，还包括"可能判处十年以上有期徒刑、无期徒刑的刑事案件"，这是对大陆法系重罪案件适用参审制的借鉴。

院），从 2015 年 5 月开展人民陪审员制度改革试点工作，试点期限为两年（全国人大常委会于 2017 年决定将试点期间延长为三年）。为初步掌握"与法官共同负责事实认定不负责法律适用"试点的基本情况，选择重庆市试点的重庆市第三中级人民法院、沙坪坝区人民法院、南川区人民法院、江津区人民法院、梁平县人民法院五个法院进行实证考察。① 考察时段为 2015 年 6 月 1 日至 2016 年 5 月 30 日，即改革试点一年的运行情况。考察对象仅为"与法官共同负责事实认定不负责法律适用"，围绕参审案件范围、参审方式、参审职权等与事实认定直接相关的改革事项进行实证考察，人民陪审员选任条件、选任程序、保障措施、解任情形、惩戒情况等不与事实认定直接相关的事项不在实证考察范围内。实证考察主要采取三种方式：在 5 个试点法院案件信息系统提取数据、抽样阅读人民陪审员参审的民事案卷、对每个法院各 10 名法官共计 50 名法官进行问卷调查和访谈。需说明的是，由于实证考察期间内 5 个试点法院人民陪审员参审民事案件数量较多，难以对参审的每个案卷进行全面调查，从每个试点法院各抽取 10 宗案卷，共计抽取 50 宗案卷。为保证抽取方式的均衡性与合理性，根据各试点法院民事参审总数、以案号为依据采取案号等距离抽取方式抽取 10 宗案卷。

（二）实证考察的基本情况

1. 人民陪审员参审民事案件基本情况

在基层法院审判组织以独任制为主的情况下，人民陪审员参

---

①　为便于表述，下文将重庆市第三中级人民法院、沙坪坝区人民法院、南川区人民法院、江津区人民法院、梁平县人民法院分别简称为 S 中院、S 法院、N 法院、J 法院与 L 法院。

审案件数占一审普通程序比例是考察人民陪审员参审民事案件情况的主要指标。4 个基层法院该项指标最低值为 61%，最高值为 96%，反映只要适用合议制，采用人民陪审员参审便成为一种主要的合议庭组成方式。这究竟是基于法官对陪审制的青睐还是另有他因，需作进一步分析。为考察陪审案件占一审普通程序案件高比例现象的背后原因，在问卷调查中对 50 名法官适用人民陪审员参审的主要原因进行了调查，94% 的法官将选项投向"解决人案矛盾"，仅有 6% 的法官选择"人民陪审员参审有利于本案事实认定"。通过访谈进一步追问发现，法官们普遍指出人民陪审员参审的更深层原因是，在人案矛盾压力下，基层法官审理民事案件首选独任制，但民诉法司法解释规定具有"起诉时被告下落不明，发回重审，当事人一方人数众多，涉及国家利益、社会公共利益等"情形时，不得适用简易程序，必须采取合议制，最常见的情形是"被告下落不明"。① 因此，"被告下落不明—公告送达—适用陪审制组成合议庭审理"成为法官的通常工作流程。就此原因分析，4 个基层法院陪审率高并非人民陪审员制度施行效果的反映，而是法官因"被告下落不明"而适用合议制后，继而通过人民陪审员组成合议庭来缓解人力资源紧张问题。这从中院的数据得到印证，S 中院民事一审案件数总量不高，人案矛盾不甚突出，法官利用人民陪审员组成合议庭的动因不足，人民陪审员参审案件数占一审普通程序比例仅为 2%，远低于 4 个基层法院（详见表 1）。

---

① 改革开放以来，我国人口流动性急剧加大，加之送达制度有待完善，直接送达难成为我国民事诉讼实务中的一个突出问题。

表1　人民陪审员参审民事案件情况（2015. 6～2016. 5）

	人民陪审员参审案件数（件）	民事一宣适用普通程序案件数（件）	民事一审案件数（件）	陪审案件占一审普通程序案件比例（%）	陪审案件占民事一审案件比例（%）
S 中院	7	366	366	2	2
S 法院	1573	2149	16 990	73	9
J 法院	1767	2915	14 210	61	12
N 法院	491	538	6503	91	8
L 法院	583	606	4185	96	14
合计	4421	6574	42 254	67	10

2. 专家陪审员参审民事案件基本情况

5 个试点法院专家陪审率极低，一年仅 5 件适用专家陪审，分别有 1 个中级法院、1 个基层法院适用（详见表2）。分析原因发现，除了专家陪审需要一定的顶层设计与制度成本外，重要因素在于目前我国法院专家陪审制主要集中于知识产权诉讼，环境诉讼正在逐渐适用。而知识产权诉讼实行集中管辖，5 个试点法院均无知识产权诉讼管辖权，故欠缺专家陪审制适用的"土壤"。适用专家陪审制的 1 个中级法院、1 个基层法院均设有环境资源审判庭，集中管辖一定区域的环境资源诉讼，5 件专家陪审案件均系环境资源诉讼。

表2 专家陪审员参审民事案件情况

	专家陪审员参审案件数（件）	民事一审适用普通程序案件数（件）	民事一审案件数（件）	人民陪审员参审案件数（件）	专家陪审在陪审案件中的比例（%）
S 中院	1	366	366	7	14
S 法院	0	2149	16 990	1573	0
J 法院	4	2915	14 210	1767	0.2
N 法院	0	538	6503	491	0
L 法院	0	606	4185	583	0
合计	5	6574	42 254	4421	0.1

3. 人民陪审员参审民事案件的主要类型

从人民陪审员参审民事案件类型看，主要集中于合同、侵权及婚姻家庭纠纷案件，其中合同类案件占比最高，其次为侵权类案件（详见表3）。人民陪审员参审案件类型分布情况与民事诉讼整个受理案件结构相对一致，合理正解是合同、侵权、婚姻家庭类诉讼在民事诉讼受案中占比较高，故人民陪审员参审相对较多，但也反映出人民陪审员参审案件类型与民事诉讼受案结构高度同质化，未体现出人民陪审员参审特色所在，一定程度证明人民陪审员参审功能在民事司法实践的发挥并不理想。

表3　人民陪审员参审案件类型的基本情况

	婚姻家庭继承类纠纷案件		合同类纠纷案件		侵权类纠纷案件		其他		人民陪审员参审案件数（件）
	数量（件）	占比（%）	数量（件）	与比（%）	数量（件）	占比（%）	数量（件）	占比（%）	
S中院	0	0	5	71	2	29	0	0	7
S法院	35	2	1068	58	388	25	82	5	1573
J法院	207	12	964	55	499	28	97	5	1767
N法院	114	23	320	65	30	6	27	6	491
L法院	159	27	351	60	51	9	22	4	583

4. 人民陪审员参审民事案件结案情况

以判决、调解、撤诉三种结案方式进行统计，有4个法院的人民陪审员参审案件调撤率低于整个民事一审案件调撤率，且其中3个差距较大（详见表4），反映应然层面的人民陪审员参审有利于促成调解在实践中并不尽然，人民陪审员参与调解的效果并不十分理想。更重要的是，参与调解并非严格意义的审判职权行使，人民陪审员参与调解的正当性值得商榷。

表4　人民陪审员参审民事案件的结案类型

	判决（件）	调解（件）	撤诉（件）	陪审案件调撤率（%）	民事一审案件调撤率（%）
S中院	5	1	1	29	33
S法院	999	71	313	36	27
J法院	1416	107	244	20	43

续表

	判决 （件）	调解 （件）	撤诉 （件）	陪审案件 调撤率 （％）	民事一审 案件调撤率 （％）
N 法院	354	56	91	29	41
L 法院	403	100	80	18	45
合计	3177	335	729	25	40

5. 案件被改判发回重审情况

仅以被改判发回重审数评价案件质量并不具有科学性，但对人民陪审员参审与未参审情况均以被改发数同一标准进行衡量，则具有一定参考价值。从表5可知，除1个法院人民陪审员参审被改发数在改发总量中占比较高外，其他占比均低于20％，反映人民陪审员参审案件整体运行居于相对正常状态，并未出现人民陪审员参审导致案件审理质量下滑现象。在被改发案件中，人民陪审员无1件提出不同意见，也无1件系依人民陪审员多数意见裁判，反映人民陪审员在审判中对法官的依附性依然较强。

表5　陪审员参审民事案件被改发情况

	人民陪审员 参审案件 被改发案 件数量 （件）	同期民事 一审案件 改发数量 （件）	人民陪审 员参审被改 发数占改发 总量的比例 （％）	依人民陪审 员多数意见 裁判导致被 改发的 案件数 （件）	人民陪审员 提出与裁判 结论不同意 见的案件数 （件）
S 中院	0	7	0	0	0
S 法院	10	65	15	0	0
J 法院	13	72	18	0	0

	人民陪审员参审案件被改发案件数量（件）	同期民事一审案件改发数量（件）	人民陪审员参审被改发数占改发总量的比例（%）	依人民陪审员多数意见裁判导致被改发的案件数（件）	人民陪审员提出与裁判结论不同意见的案件数（件）
N 法院	1	12	8	0	0
L 法院	6	8	75	0	0
合计	30	164	18	0	0

6. 人民陪审员参与审判的情况

访谈发现，5 个试点法院普遍未对人民陪审员参与审判的阶段与方式予以足够重视。在人民陪审员是否参与审前程序问题上，50 名受访法官均表示目前实践中较少适用审前程序，主要采取不区分准备程序的多次开庭方式处理争点较多的案件。在进一步追问如果对审理结构作准备性程序与正式审理程序的区分，人民陪审员是否应参与审前程序时，80% 的受访者认为人民陪审员与法官同权，应当参加审前程序，有助于其了解案情，20% 的受访者认为人民陪审员可不必参加准备性程序，理由是人民陪审员皆为兼职，参加准备性程序不够便利且难以协调时间。受访者在人民陪审员是否参与诉讼调解问题上取得一致意见，50 名受访法官均认为人民陪审员应参与诉讼调解，他们认为人民陪审员的平民角色有助于促进调解成功。在参与立案调解问题上，90% 的受访问者仍持支持态度，仅 10% 认为不妥，理由是人民陪审员可能积极性不高、会影响人民陪审员在审判中的精力等。对人民陪审员是否可在法庭调查中发问，50 名受访法官形成一致支持意见，认为人民陪审员发问是解决陪而不审的方法，有助于人民陪审员理清事实认定中的困惑（详见表6）。从5个试点法院制定的规范性文件看，基本均规定"应当通知人民陪审员参加庭前会议""人民陪审员应参与诉讼调解"。

表6　人民陪审员参与审判的阶段与方式

	参与审前程序		参与诉讼调解		参与立案调解		参与法庭调查	
	应参与	不应参与	应参与	不应参与	应参与	不应参与	应参与	不应参与
受访人数（人）	40	10	50	0	45	5	50	0
所占比例（%）	80	20	100	0	90	10	100	0

7. 人民陪审员评议的情况

通过翻阅50宗卷宗的评议笔录发现，其中4件案件人民陪审员对案件事实发表了较详细意见，2件案件人民陪审员同时对案件证据和案件事实进行了分析，简单同意法官意见的高达28件，其余16件均为复述承审法官意见，即人民陪审员就案件事实与证据发表具体意见的比例仅为12%，附和法官意见仍占绝大多数。50件抽样调查案件中也未出现依人民陪审员多数意见裁判的情形，或是以合议庭一致意见认定事实，或是一名人民陪审员与一名法官形成多数意见认定事实。在发言顺序上，以法官先发言为主，改革方案要求的人民陪审员先就事实认定发言的要求并未得到真正落实。据受访法官所言，法官首先发言并非主动为之，法官在评价中一般会让人民陪审员先发言，但多数情况下人民陪审员会以"先听一下"为由予以推辞。评议过程某种程度可反映人民陪审员参审质量，从抽样调查结果看，人民陪审员参审作用发挥仍不够积极，对事实认定结果影响有限。

8. 人民陪审员与法官组建大合议庭的情况

人民陪审员与法官组建大合议庭的案件共 9 件，案由包括高空坠物致人损害、环境侵权、离婚、建设工程合同、储蓄存款合同等，适用大合议庭审理的事由包括当事人人数众多、社会关注度高、矛盾尖锐等。较典型的如原告周某诉被告高某等 69 名被告不明抛掷物、坠落物损害责任纠纷案。[①] 李某诉张某离婚案则是由于纠纷持续时间较长、被告系精神病患者且矛盾尖锐等适用大合议庭。[②] S 法院将适用大合议庭的情形明细为国家级和市级主要新闻媒体关注度较高的案件，10 人以上人大代表、政协委员关注的案件，一方当事人人数 10 人以上且有可能引发不稳定因素的案件。[③] 具体组织形式有"3 名法官 + 2 名人民陪审员"或"1 名法官 + 4 名人民陪审员"等形式。适用大合议庭的案件在陪审案件总量中占比极低（详见表7），既有运用 3 人合议庭习惯使然，更重要原因是大合议庭成本较高，试点法院在人案矛盾下适用大合议庭并不积极，改革试点方案提倡的大合议庭适用面临一

---

① 参见（2016）渝 0106 民初 1608 号民事判决书，载中国裁判文书网，最后访问时间：2016 年 7 月 8 日。此类诉讼在无法确定加害人的情况下，所有加害可行的高层住户均可能承担责任，争议及裁判难度较大，最终掉落位置的确定具有高度盖然性和合理性，房屋使用人均可能系加害原告的建筑物使用人，在不能确定具体侵权人时，由可能加害的建筑物使用人对其损失进行补偿，以实现社会正义。从某种程度上讲，其他业主也是无辜的，如果就原告的损失进行全部补偿，则结果与赔偿无异，难为社会大众接受，故裁决各被告共同分担原告损失的 70%，原告自行承担 30%。

② 参见（2016）渝 0228 民初 3299 号民事判决书，载中国裁判文书网，最后访问时间：2016 年 8 月 5 日。

③ 参见 S 法院与 S 司法局《关于人民陪审员制度改革试点工作实施方案》。

定困难。对于一些试点法院的"3 名法官 + 2 名人民陪审员"探索模式，法官不仅具有法律知识优势、诉讼指挥优势还具备人数优势，与人民陪审员配置相比完全占优，易使人民陪审员在大合议庭中被架空，并非适用大合议庭初衷所在。

表7 陪审大合议庭实施情况

	适用大合议庭的案件数（件）	适用人民陪审员参审的案件数（件）	适用大合议庭的比例（%）
S 中院	0	7	0
S 法院	2	1573	0.1
J 法院	4	1767	0.2
N 法院	1	491	0.2
L 法院	2	583	0.3
合计	9	4421	0.2

（三）试点反映的共性问题

实证考察的基本情况反映出试点中存在的一些具体问题，这些问题的产生既可能由试点阶段规则设计较为原则所导致，也可能与试点法院在试点中进行趋利避害式的制度选择导致试点设计方案局部落空有关。除此之外，还存在一些体制性的共性问题。

问题一，事实问题与法律问题难以区分。在法规出发型民事诉讼结构下区分事实问题与法律问题是一项难题，我国也欠缺对事实问题与法律问题区分技术的研究，对一审程序、上诉审程序中的事实与法律问题缺乏清晰认知，这是我国人民陪审员制度改革面临的障碍。尽管一些试点法院以审判长列出事实问题清单、在无法分清时先纳入事实审范畴等方式积极探索，试图将复杂问题简单化，但无论事实问题清单、证据清单设计得如何完美，如果事实问题与法律问题本身难以区分，再完美的事实问题清单实则无法妥善记载。现行改革试点并未找到事实问题与法律问题区分的根本办法，最高人民法院在向全国人大常委会作人民陪审员制度改革中期试点报告时亦坦承此问题的存在。① 一些试点法院在难以区分事实问题与法律问题时，将该问题推定为事实问题交由人民陪审员与法官共同处理，初衷在于保障人民陪审员事实认定权，但难以区分的问题往往具有较强的法律性，将此类问题交由人民陪审员审理，实际是对人民陪审员事实认定规律的误读。②

问题二，人民陪审员制度改革出现新的行政化倾向。主要体现为将提交审委会讨论作为人民陪审员不当事实认定的救济机制。审委会作为法院内部最高审判组织的审判职权与人民陪审员审判职权的关系，素来是讨论人民陪审员是否有实质性裁判权的重要切入点。人民陪审制与审委会制度存在天然冲突，冲突根源在于人民陪审员制度代表的民主化与审委会代表的行政化间的悖论，同时与人民陪审员制度相关的直接原则、言词原则等诉讼原则也与审委会制度相关的间接原则、书面审查制相冲突。不得不认为，引入审委会解决法官与人民陪审员的分歧意见，尽管基于良好初衷，但将审委会确立为分歧意见解决主体，可能会对人民陪审员制度的功能实现形成制约。同时，本轮司法体制改革将审委会改革方向确定为主要讨论案件法律适用问题，而人民陪审员

---

① 参见最高人民法院院长周强在十二届全国人大常委会第二十一次会议上所作的《关于人民陪审员制度改革试点情况的中期报告》，载全国人大常委会官网，最后访问时间：2016 年 8 月 5 日。

② 相关制度文本如 J 法院与 J 司法局《人民陪审员制度改革试点工作实施方案》。

与法官的分歧意见均为事实问题，两项改革制度在此处呈现矛盾。

问题三，参审范围界定不明。本轮人民陪审员制度改革方案在参审范围上采取的态度不够明确，一方面提出扩大参审范围，另一方面又将参审范围限定在"涉及群体利益、社会公共利益、人民群众广泛关注或者其他社会影响较大的刑事、行政、民事案件"与"涉及征地拆迁、环境保护、食品药品安全的重大案件"两类，形成一种形式上的矛盾。在限定参审案件范围的具体表达方式上，第一类属于现象型描述方式，第二类属于类型化表达方式，出现了不同表达方式的混合使用。改革方案体现出改革设计者尽其所能用充分的方式限定人民陪审员参审范围的初衷。但"重大案件"表述仍存语义不明、对象不定、标准不清问题，如"重大案件"是否等同于"疑难、复杂案件"，如何把握案件事实与群体利益、公共利益、人民群众关注度和社会影响度的关联性，均有不确定性，导致人民陪审员参审适用范围或过宽导致失去参审意义，或出现应由人民陪审员参审的案件却被排除在外的情形。在改革试点实践中，有的试点法院在未把握人民陪审员认知规律与民事诉讼结构特征的情况下，盲目扩大参审范围，使陪审制改革有不可持续之虞。如有的法院规定"除法律规定由法官独任审理或由法官组成合议庭审理外，应当适用人民陪审制审理"，实则确立人民陪审制全面适用原则。① 而就民事诉讼规律及我国现实而言，并不具有全面适用的必要性与可行性。有的法院则简单以诉讼标的额为判断标准，规定诉讼标的额 1000 万元以

---

① 参见 L 法院《进一步深化人民陪审员制度改革试点的实施意见》。

上的民事案件应由人民陪审员参审。① 实际上，诉讼标的额高低与是否适宜人民陪审员参审不具直接关联，简单以诉讼标的额确定是否吸纳人民陪审员参审，既有违人民陪审员制度基本功能，又可能贻误诉讼。

第四节 《人民陪审员法》的 立法成就及局限性

《人民陪审员法》是我国司法民主发展的里程碑事件，标志着人民陪审员制度经历几起几伏后，进入前所未有的规范化、法治化、正规化发展道路。《人民陪审员法》以法律形式固化了党的十八大以来人民陪审员制度改革的成果，对人民陪审员选任、参审、管理等进行系统规范，也为人民陪审员制度研究提供了更广阔空间。

一、《人民陪审员法》的立法成就

（一）放宽人民陪审员选任入口

《人民陪审员法》将学历要求从大专以上降低到一般具有高中以上文化程度，让更多的群众有机会参与司法。将担任人民陪审员的年龄从23周岁提高到28周岁，更有利于体现人民陪审员富有社会经验、熟悉民风民情的优势。在明确随机抽选产生原则基础上，规定基于审判活动需要，一定比例的人民陪审员可以通

---

① 参见 S 法院与 S 司法局《关于人民陪审员制度改革试点工作实施方案》。

过个人申请和组织推荐的方式产生，实现了二元制的人民陪审员选任途径，也为专门陪审保留制度空间。明确随机抽选来源，规定人民陪审员从符合条件的当地常住居民名单中随机抽选，而不是从选民名单中随机抽选产生。

（二）三人合议庭与七人大合议庭的二元审判组织

人民陪审员参加的合议庭组成采用两种模式：一是原有的三人合议庭继续保留，二是增设七人合议庭。立法对三人合议庭与七人合议庭的评议规则分别作出规定，在三人合议庭中，不区分事实审与法律审，人民陪审员与法官有同等权利；对一些社会影响重大的案件，由三名法官和四名人民陪审员组成七人合议庭，人民陪审员在法官的指引下只参与审理事实认定问题，不审理法律适用问题。七人合议庭是本次《人民陪审员法》的重大制度创新，既符合陪审制的基础法理，也为人民陪审员制度的后续深入改革确立了明确的路线图。[①]

（三）参审范围的明确

立法规定，涉及群体利益、公共利益，人民群众广泛关注的以及其他社会影响较大的第一审刑事、民事、行政案件，均可以适用人民陪审制，法律规定由法官独任审理或者由法官组成合议庭审理的除外，这是对 2004 年《全国人民代表大会常务委员会关于完善人民陪审员制度的决定》第 2 条第 1 项"社会影响较大的刑事、民事、行政案件"的具体化。《人民陪审员法》第 16 条进一步明确七人合议庭的案件参审范围，并作了类型化处理：一是社会影响重大的可能判处十年以上有期徒刑、无期徒刑、死刑

---

① 施鹏鹏：《人民陪审员制度的制度走向》，载《中国应用法学》2018 年第 4 期。

的刑事案件；二是行政诉讼法和民事诉讼法规定的公益诉讼案件；三是涉及征地拆迁、环境保护、食品药品安全的社会影响重大的案件。除了上述规定，参审范围还包括当事人申请适用的案件。

（四）健全配套制度

立法规定当出现法定情形时，可采取通知所在单位、户籍所在地或者经常居住地的基层组织，在辖区范围内公开通报等措施进行惩戒。立法明确了人民陪审员所在单位的保障责任，人民陪审员所在单位违反相关保障规定的，基层法院应当及时向人民陪审员所在单位或所在单位的主管部门、所在单位的上级部门提出纠正意见。立法实现了人民陪审员参审物质保障的法定化，立法明确人民陪审员因参加审判活动而支出的交通、就餐等费用的补助标准参照当地国家机关一般工作人员的出差补助标准，同时明确将人民陪审员人身意外伤害保险费纳入当年业务经费预算，解决人民陪审员在参审途中或参审时发生意外的赔偿问题。

二、《人民陪审员法》的局限

《人民陪审员法》设定了人民陪审员制度的基本框架，但制度体系性仍有提升空间；《人民陪审员法》主要侧重于原则性规定，对相关重大制度设计规定不够详尽，尤其是对人民陪审员参审程序机制欠缺规范；困扰人民陪审员制度改革试点，直至立法仍未解决的事实问题与法律问题的区分难题，受制于理论积累不足，并不会因立法完成而自然消除；《人民陪审员法》作出三人合议庭与七人合议庭的二元设计，更多是一种权衡之策，而根本性解决方案，需要在今后修法中进一步明确人民陪审员参审审判组织的发展方向。

（一）人民陪审员参审理论基础尚待进一步夯实

1. 以认知规律为主线的参审理论体系尚显薄弱

引入陪审员参审的价值在于利用陪审员认知规律在发现真实中发挥作用，这是本课题研究的主线。陪审员参审体现一种"主体—行为"关系，为达致事实认定行为合理化目标，需配置何种审判主体、审判主体的何种特质有利于促进事实认定行为合理化，程序设置应有利于审判主体发挥作用，均系陪审员参审机制的内核。英美法系尤其是美国诉讼活动总是在可能接受陪审团审判的阴影下进行，便于陪审团理解是英美法系诉讼系列程序设计的起点。我国人民陪审员制度仅为公众参与司法的方式并非诉讼基本制度，同时我国采职业法官审理制以及接近大陆法系的诉讼结构，在遵循审理逻辑性前提下，我国人民陪审员参审的核心价值在于发挥人民陪审员认知规律的优势、在发现真实中发挥作用。人民陪审员认知优势体现在两方面：通过普通民众的参与把生活常识和社区观念融入事实认定；专家或特定团体与法官共同对专业事实作出科学合理的认定。

陪审员作为普通人的人性特征或专业的人的专业知识有助于事实认定合理化，素来是支撑陪审员参与司法的重要论证，至于如何有益于事实认定合理化则缺乏精细化分析，以致受到质疑。在诉讼日益精密化下，人民陪审员常识判断的认知优势若欠缺融入诉讼过程的程序与技术，仅停滞于概括性的理念宣示，则人民陪审员参与司法的空间仅具象征意义而已。我国一直以来并未对人民陪审员参审的诉讼程序作出有针对性的设置，而与职业法官审理制下的诉讼程序等同，深层折射的是将人民陪审员认知规律、应有作用与职业法官等同起来的逻辑，这种思维一定程度上体现了对人民陪审员参与事实认定规律欠缺深刻认知。即使《人民陪审员法》出台，也并未对陪审参审程序作出细致构建。以《人民陪审员法》实施为契机，深入探索人民陪审员参审的何去何从与技术构建，形塑我国人民陪审员参审程序机制体系，具备一定的理论价值。

2. 事实问题与法律问题区分的理论储备匮乏

全国人大常委会批准最高人民法院将为期两年的人民陪审员制度试点延期为三年的申请，重要原因也在于事实与法律问题难以区分。[①] 为期三年的改革试点并未找到事实与法律问题区分的根本办法，在我国司法体制改革历程中，改革试点延期情形极为少见，足见本项改革的疑难之处。即便在刑事诉讼中事实与法律问题也难以区分，此困惑在民事、行政诉讼领域更为突出。在法规出发型诉讼结构下，实体法问题是事实问题的先决条件，要件事实并非单纯的事实，是实体法构成要件对应的案件事实。大陆法系的诉讼逻辑是根据实体法规范发现事实，再将发现的事实涵摄于实体法规范之下从而得出裁判结论的过程，是在事实与法律之间来回往复的状态。[②] 英美法系基于二元法庭设置而不得不区分事实与法律问题并取得一定经验，但被认为是最难之题，在混

---

① 最高人民法院时任常务副院长沈德咏于 2017 年 4 月在向全国人大常委会所作的对《关于延长人民陪审员制度改革试点期限的决定（草案）》的说明中指出，参审范围、事实与法律问题的区分、参审的具体程序尚待进一步研究，是改革试点延期一年的主要原因。参见《人民陪审员制度改革试点拟延期一年》，载《人民日报》2017 年 4 月 29 日，第 7 版。

② ［日］伊藤滋夫：《事实认定的基础》，有斐阁 1996 年版，第 58 页。

合问题判断上尤其困难。① 我国并无区分事实与法律问题的传统，理论准备与技术积累薄弱，厘定何为人民陪审员应当审理的事实对象比较困难。

（二）人民陪审员制度发展的法系意识尚待进一步树立

近年来，我国民诉学人提出法系意识论，对我国诉讼理论体系化、域外诉讼理论中国化具有重要价值。法系意识论，是通过梳理和解释我国诉讼法理论及实践的发展沿革，以认识和解决现行诉讼法制及其理论存在的问题为指向，以服务于现代诉讼理论中国化为根本学术目的且立足于此学术方法指导一贯之研究，从而不同于通常意义的比较研究方法。② 某一域外诉讼制度究竟对我国有无意义或如何影响我国诉讼法制的具体问题，须在法系意识下予以考量，而不可想当然地任意搭配。鉴于陪审员参审既涉及主体权限问题，又涉及程序技术领域，具有极强的关联性，往往成为一国诉讼制度受法系影响的缩影，法系意识就陪审员参审机制而言具有决定性意义。陪审员参审机制本体亦有深厚的法系意识烙印。在漫长的历史进程中，全球民众参与司法曾出现英美法系陪审团、大陆法系参审制、苏东国家人民陪审制等形态。我国人民陪审员制度源于苏东国家人民陪审制，在六十余年的实践演进中逐渐接近于大陆法系参审制，党的十八届四中全会改革方案及《人民陪审员法》又吸纳了英美法系陪审制的元素，使我国

---

① 对过失、理性人的注意义务、特定情况下的注意义务等的认定，陪审团须对特定情况下的过失、注意义务的恰当标准做出解释，不仅是事实判断，也是法律判断，称之为事实与法律的混合问题。参见陈杭平：《论事实问题与法律问题的区分》，载《中外法学》2011 年第 2 期。

② 陈刚：《法系意识在民事诉讼法学研究中的重要意义》，载《法学研究》2012年第 5 期。

人民陪审员制度呈现出复杂性。陪审制素与一国文化、传统、民主亲缘极深，我国人民陪审员制度亦需置于国家背景考量，从而形成突出的中国问题、中国现象，制度设计应当契合我国特定的时空结构与文化结构。在法系意识、中国语境双重话语体系下形成自身逻辑。

（三）人民陪审员制度研究的学科融合性尚待进一步增强

陪审制从来就不是纯粹的诉讼制度，而与司法体制、政治民主等休戚相关，对陪审制诸多层面的探讨均可从司法制度层面展开。事实认定是诉讼领域概念，但在诉讼领域亦具较大跨度。有学者认为事实认定即心证过程，与广义的证据法别无二致。[1] 因此可认为与事实认定亲缘关系最近的应为民事证据法学。事实认定并非单纯的证据能力与证明力判断过程，事实认定目标的实现需依托一定的诉讼结构，诉讼结构甚至对事实认定具有显著反制功能，故事实认定与诉讼结构的密切联系使之基本与诉讼法学的主要板块均有关联。事实概念固然是诉讼法概念，但亦是一个哲学、逻辑学、诠释学与法理学概念，事实认定不可避免与哲学认知、涵摄推演、诠释解释相关，体现出交叉性与复合性。概言之，陪审员参与司法，与诉讼法学科联系最为直接、密切，但与司法制度、哲学、逻辑学、法理学发生关联，具有一定的跨学科性。如何处理核心知识与辅助知识的关系是一大难题，应当尽力避免面面俱到但均是蜻蜓点水，或是多学科知识的堆砌铺排，而没有形成核心知识谱系。因此，应当明确研究的学科归属及知识

---

[1]　[日] 高桥宏志：《重点讲义民事诉讼法》，张卫平、许可译，法律出版社2007年版，第 24～25 页。

定位，本书研究对象为陪审员参审机制，研究中心为诉讼法技术问题，而非法政策学、法社会学研究，其他学科知识仅是必要补充而不可喧宾夺主。近年来，陪审制、人民陪审员制度研究并不鲜见，但较少对人民陪审员参审机制进行专门研究；案件事实认定机制研究亦有一定成果，但主要以职业法官为样本，而未从人民陪审员角度切入，这为本书提供了一定的研究空间。

（四）立法的阶段性与长远性尚待进一步权衡

《人民陪审员法》作为我国首部人民陪审员制度专门法律，体现了极大的立法勇气与立法智慧，但限于人民陪审员制度实践的复杂性，以及立法的理论及实践准备仍有不足，立法呈现出一些权宜之计或原理矛盾的制度设计和制度空白。

1. 《人民陪审员法》存在一些原理冲突的制度设计

三人合议庭与七人合议庭的二元分野既是重大的制度创新，但也存在欠缺理论基础的隐忧。笔者认为，重大制度创新的价值主要体现在七人大合议庭上，而对于三人合议庭则存在一定的原理冲突。三人合议庭在实践中主要并非适用于重大复杂敏感的案件，更多用于缓解案多人少矛盾，这种三人合议庭与本轮人民陪审员制度改革前的陪审制并无本质区别，其制度设置可能违背了人民陪审员制度改革的初衷。之所以设置三人合议庭，应当主要是考虑陪审制的成本问题，即七人合议庭成本较高，故而选择部分适用三人合议庭。但三人合议庭在与七人合议庭并存的情况下，人民陪审员在七人合议庭确具有同三人合议庭不同的审判职权，也难以从法理上进行解释。①

---

① 施鹏鹏：《人民陪审员制度的制度走向》，载《中国应用法学研究》2018 年第 4 期。

2. 《人民陪审员法》存在一些权宜之计的制度设计

党的十八届四中全会作出的《中共中央关于全面推进依法治国若干重大问题的决定》提出，"逐步实行人民陪审员不再审理法律适用问题，只参与审理事实认定问题"。应当说四中全会决定的要求符合陪审制发展规律与人民陪审员认知规律，在事实认定与法律适用两方面，人民陪审员显然更加擅长事实认定；同时，人民陪审员较职业法官，其认知优势也在于事实认定，故而陪审员职权主要也限于事实认定。三人合议庭中人民陪审员仍然可审理法律适用与事实认定问题，落实四中全会决定并不彻底，很大程度是一种权宜之计，主要原因是在事实问题与法律问题的区分方面欠缺足够准备，故而在三人合议庭中回避此问题。但一项立法制度设计，不能因相关理论准备不足而作出变通性调整，随着事实问题与法律问题区分的理论渐次成熟，此制度设计应当予以调整。

3. 《人民陪审员法》存在一些制度空白

《人民陪审员法》最大的制度空白在于对专门陪审的回避，但可认为为专门陪审保留了制度空间，并未予以排斥。《人民陪审员法》第15条规定，参审案件范围还包括"案情复杂或者有其他情形，需要由人民陪审员参加审判的"，此条可视为专门陪审制的兜底条款。同时，《人民陪审员法》实施后，最高人民法院、司法部、公安部出台了《人民陪审员选任办法》，该办法指出，"人民陪审员主要通过随机抽选方式产生。因审判活动需要，可以通过个人申请和所在单位、户籍所在地或者经常居住地的基层群众性自治组织、人民团体推荐（以下简称组织推荐）方式产生"，"通过个人申请和组织推荐产生的人民陪审员，不得超过所在基层人民法院人民陪审员名额数的五分之一"。随机产生的应是普通人民陪审员，通过个人申请和组织推荐产生的则主要是专门陪审员，可见相关规则对专门陪审员选任也有留有空间。但对专门陪审员参审案件的具体范围以及与普通人民陪审员参审的不同之处并未涉及，该项制度如何实施仍有较大空白。

（五）人民陪审员参审制度体系尚待进一步形塑

近年来，我国为解决陪而不审进行了系列制度构建，但构建方法是针对突出问题孤立设置一项项程序机制，并未系统构建与人民陪审员认知规律匹配的事实认定程序体系，本轮人民陪审员事实认定职权改革亦未完全摆脱此窠臼，尽管在评议、法官指示人民陪审员等程序节点有所特殊设置，但并未从审理及庭审结构进行体系性的专门程序设置。应当说，《人民陪审员法》已经具备对人民陪审员参审进行体系化构建的静态意义的雏形，但仅是设定了基本框架，其体系的完整性与充实性都还有很大的完善空间。人民陪审员参审制度体系构造涵盖主体、职权、范围、对象，主体为人民陪审员与法官组成的混合庭自不待言，而人民陪审员参审具体职权以及事实认定权的边界、参审的案件范围、作为审理对象的事实问题的确定，则构成程序构造的核心内容，亦是《人民陪审员法》予以考虑但又未完全厘清的论题。科学构建与合理界定人民陪审员参审制度体系，是《人民陪审员法》实施及完善过程中的首要任务。

（六）人民陪审员参审的程序机制尚待进一步细化

《人民陪审员法》仅对参审程序作出原则规定，程序机制的精细化构建是今后一段时期的重要任务。即使最高人民法院相关司法解释出台后，参审程序机制的构建问题也不可能完全解决，仍有进一步探讨的空间与必要。人民陪审员集生活经验优势与司法技能劣势于一体，形成"悖论性契合"，如何设计一套扬长避短的程序机制是《人民陪审员法》实施的迫切问题。人民陪审员可以行使判断权的逻辑起点在于其常识、常理、常情等认知规律，参审价值在于利用生活经验、伦理法则或专业知识促进事实认定合理化，但均是概括性、经验性判断，在依循事实认定过程作出精细解释与设置上有所欠缺。在职业法官审理制的标准形态之外，对人民陪审员与职业法官作为混合主体的非标准形态的内部结构进行体系化构建，有助于形成具有法系意识、充分借鉴比较法经验且理性中国化的人民陪审员参审理论体系。尤其是鉴于人民陪审员的认知规律及诉讼机理，人民陪审员参审之案件类型、认定之事实范围、所享之认事职权，是粗放式地与职业法官等而划之，还是有所区别甚至适当限缩，需予以重点研究。在参与事实认定具体机制上，需精细化设置人民陪审员参审的启动程序、准备程序、庭审程序及评议程序，构建法官对人民陪审员的指示机制以及人民陪审员与法官冲突意见的解决机制，使人民陪审员参与事实认定权得到有效保障。

第五节　《人民陪审员法》颁布后法官指示机制实施情况的实证分析[①]

通过电子问卷形式面向 C 市中基层法院 2674 名员额法官、4952 名人民陪审员开展此次实证研究，最终收到 478 份法官及

① 此部分实证分析得到重庆市高级人民法院政治部法官管理处莫运垠副处长、重庆市渝北区人民法院审管办（研究室）刘进主任的大力支持，在此表示感谢。

831 份人民陪审员有效问卷反馈。经过对回收问卷的分析整理，得出目前法官指引机制运行的特点：

一、实施情况

（一）人民陪审员对法官指引工作整体持肯定态度

法官指引机制在人民陪审员中的知晓率较高，89.05% 的人民陪审员知晓法官指引机制，仅有 10.95% 的人民陪审员表示不知道指引机制。在效果评价方面，有 65.82% 的人民陪审员认为目前法官指引运行效果整体"好"，27.2% 的人民陪审员认为效果"较好"，认为"一般"和"差"的比例分别为 5.90% 和 1.08%。为履行参审职责所需的各项指引需求中，有 38.75% 的人民陪审员认为其中 60%～80% 的需求是通过法官指引实现的，有 25.51% 的人民陪审员认为有 80%～100% 的需求借助法官指引途径实现，两者合计比例达到 64.26%。在指引效率方面，635 名人民陪审员（占比 76.41%）认为，同一指引内容需求单次指引即可实现。

（二）法官对指引工作整体认可度较人民陪审员略低

法官群体对指引机制的认可度明显低于人民陪审员的认可度。例如，指引机制整体效果评价上，只有 21.76% 的法官认为指引效果"好"，该比例明显低于人民陪审员对该问题 65.82% 的评价比例；31.38% 法官认为效果"一般"，而人民陪审员该项评价比例为 5.9%；3.64% 的法官群体作出效果为"差"的评价，比人民陪审员该项比例 1.08% 高出 2.56 个百分点。在"您办理的有人民陪审员参与的案件中，您认为对人民陪审员存在指引行为的案件的大概比例是？"这一问题中，有 55.44% 的法官认为比例在 0% ~ 20% 之间，有 19.46% 的法官认为比例在 20% ~ 40% 之间，也就是在人民陪审员参审案件中有 74.9% 的法官认为存在指引行为的案件在 40% 以下。

（三）指引发生节点相对靠后

问卷调查的数据显示，在"您所参与的指引，主要发生在哪个诉讼阶段（可多选）"这一问题中，有 51.26% 的法官认为是在"庭审后至案件合议"这一阶段，48.33% 的法官认为主要发生在庭审过程中，选择"通知人民陪审员组成合议庭时"和"合议庭确定至开庭前"的比例均在 30% 以下。相对应的，有 53.38% 的人民陪审员认为指引行为主要是发生在庭审过程中，而不是庭审前各环节。

（四）法官及人民陪审员对需要提升培训质量及加强保障存在高度共识

在"人民陪审员培训工作的重要性"以及"在未来需要进一步提升人民陪审员培训工作质量"两个方面，形成一致意见。在此次问卷中，有 71.97% 的法官和 85.44% 的人民陪审员认为培训与指引效果的关系非常密切或比较密切。在人民陪审员的问卷调查中，有 74.37% 的人民陪审员认为自身法律知识欠缺是通过指引参与陪审工作的不利因素。在人民陪审员问卷主观题部分，集中度排首位的也是培训议题，有 45 名人民陪审员认为自身法律知识水平低，影响指引等参审工作，希望进一步增加培训频次、提升培训效果。

二、原因分析

(一) 培训形式不够灵活且效果欠佳

弥补人民陪审员法律知识不足，立足实际的培训工作必不可少。反观目前的人民陪审员培训，基本没有浸入式培训、互动式培训，也缺少案例教学，主要是以集体授课方式开展的岗前培训以及任职期间条线业务类培训。该两类培训内容虽然能涵盖人民陪审员履职的大部分领域，但培训时间短、培训形式单一、对原理认识不透、对规则把握不准的问题长期存在，与法律复杂性、系统性，甚至与人的遗忘规律都是不相匹配的。这也是不论法官、还是人民陪审员都一直在呼吁加强培训、提升培训效果的重要原因。

(二) 法官对指引认识不足

1. 对指引的义务性认识不足

《人民陪审员法》第 20 条明确了指引、提示是法官的义务这一定位。但前述问卷调查反映出的法官群体对指引机制的认可度明显低于人民陪审员的认可度、半数以上的法官认为对人民陪审员存在指引行为的案件比例低于20%、一小部分法官认为对人民陪审员本不应该进行指引等现象，充分说明指引的义务性在司法实务中还未得到充分践行。

2. 对指引的全程性认识不足

陪审员外行参审的特质、人类记忆规律以及其他国家陪审实践表明，与在某一阶段一次性地进行大量指引相比较，全程分阶段指引更能促进陪审员及时形成"心证"，提升事实认定准确性和诉讼参与人程序保障水平。在诉讼阶段初期，主要应指导人民陪审员加强对法律原则的把握以及证据规则的法律架构，形成实体及程序方面大的结构性概念，交代案件性质、人民陪审员行为规范、审判流程。在案件审理中，强调特定证据规则的指引，提升人民陪审员证据评价能力。在审理结束后至评议前，需要就证明责任、证明标准、审判行为标准等方面作出最终指引。目前司法实践表明，法官对指引的全程性、层次性认识不够，对最初指引、中间指引重视程度较弱，在庭审中及合议阶段的指引相对集中，指引发生节点相对靠后，一定程度上限制了指引效能发挥。

（三）指引机制存有不足

1. 人民陪审员参审范围不够明确

陪审的基本要旨是利用人民陪审员的常识、常情、常理去发现真实。民众参与民事司法的积极效应并不体现为人民陪审员参审数量越多越好、参审范围越广越好、参审权限越大越好，而应根据人民陪审员认知规律进行精细化设计，何种民事案件不适宜人民陪审员参审、人民陪审员具有哪些具体的事实认定权、人民陪审员具体参与哪些诉讼程序阶段，均需进行精细设计，以上内容构成模式选择的核心构造。陪审价值发挥需要合理确定参审案件范围，作为陪审环节中的实操制度，指引机制适用的大前提当然也是合理确定参审案件范围，为人民陪审员充分发挥参审职能创造条件。但目前的情况是，有相当部分事实清楚、争议不大的各条线的简单案件也在吸纳人民陪审员参审，一定程度上导致参审泛化倾向，从而影响陪审及指引价值的发挥。

2. 指引具体程序有待细化

完善的指引机制，对发挥陪审价值、实现审判监督、保障诉讼参与人权益等具有多元积极意义。从目前实践来看，指引工作

的薄弱点恰恰在规范化、制度化方面。《人民陪审员法》第 20 条
明确了法官的指引、提示义务。但指引和提示的标准是什么、路
径是什么、指引的边界如何确定、效力如何评价、程序性的救济
怎么开展等问题都没有操作层面的细则。虽然个别法院借鉴陪审
团指引制度和问题列表制度对人民陪审员规范指引路径进行了一
些探索，但目前来看，相关探索范围狭窄、规范的系统性较弱、
非正式性和私密性等问题仍然较为普遍的存在，系统性、程序
性、规范性、公开化的指引机制建设仍然是未来在指引领域的重
要工作目标。

第二章 陪审员参与民事案件
事实认定的比较研究

第一节 英美法系民事诉讼中的陪审团认定事实

英美法系民事陪审团是公民参与民事司法最为活跃、制度最为发达的代表，英美法系民事诉讼结构深受陪审团制度影响，陪审团制度也极大促进了普通法体系的发展。考察陪审员参与民事案件事实认定域外经验，必须首先以事实认定为主线，全面梳理英美法系民事陪审团认定事实的制度机制。

一、英美法系民事陪审团适用情况的演变

英美民事陪审团的前身是知情人裁判的早期陪审团。1166年，亨利二世颁布《克拉伦登宪章》，规定土地所有权出现争议时，王室法院由 12 名知情人作为陪审团成员对争议土地作出裁决。之后大小程序法令相继颁布，陪审制在不动产民事诉讼中的地位得以确立。至 13 世纪，王室法院相继创设债务、抵押、违约之诉令状等其他类型的民事诉讼令状，均由陪审团审理。陪审团的职责是陈述所了解的情况和所知道的信息，不具有裁决权，并非现代意义裁决事实的陪审团。12 名陪审员均为邻人，回答法

官提问，陪审团具有集体作证性质。随着商品经济的发展以及人口流动性和案件复杂性的增强，知情陪审团愈发不合时宜且难以适用，不知情渐成对陪审团的要求，以保证其不带偏见，在 1305 年至 1352 年间，英国民事陪审团完成知情向不知情的转变，直至 15 世纪陪审团成为事实认定者。① 自 1854 年英国允许双方当事人合意由法官独任审理后，1873 年《英国最高法院组织法》决定多数民事诉讼可不适用陪审团，至 1933 年，王座庭受理的民事案件仅不足 50% 适用陪审团。20 世纪初，英国法院适用民事陪审团的数量已微乎其微，1933 年《英国司法管理法》把高等法院民事陪审团审理的案件限于公然侮辱、诽谤、非法拘禁、恶意诉讼、勾引、违背婚约的案件，经一方当事人申请适用。法官如果认为审理需要长时间审查书证、账目或需要就地调查证据，也可拒绝适用陪审团的申请；除此之外，是否适用陪审团审理由法官裁量。② 1966 年，上诉法院曾判决，除有特殊情况外人身伤害赔偿诉讼不适用陪审团。③ 王座庭受理的案件多数为人身伤害赔偿案件，上诉法院判决进一步减少了民事陪审团的适用。之后，该庭适用陪审团的案件不到 2%，除王座法庭外，民事案件基本无适用陪审团的情况。④ 1981 年《英国最高法院法》继续压缩民事陪审团适用范围，仅限于欺诈、错误羁押、侮辱和诽谤以及恶

---

① Jack Isaac Hai Jacob, *The Fabric of English Civil Justice*, Stevens & Sons Ltd, 1987, p. 47.

② 参见［美］格兰农：《民事诉讼法（第四版）（注译本）》，孙邦清等译，中国方正出版社 2004 年版，第 178 页。

③ 20 世纪 70 年代陪审团对两例人身损害赔偿诉讼作了金额过高的损害赔偿决定，故上诉法院作此判决。

④ Ellen E. Sward, *The Decline of the Civil Jury*, Carolina Academic Press, 2001, p. 69.

意诉讼案件。1996 年《英国诽谤法》将诽谤案件适用民事陪审团的条件提升到涉及 10 000 英镑以上赔偿请求的案件。[①]

民事陪审团于 18 世纪进入北美大陆后在美国得到蓬勃发展，1791 年生效的《美国宪法第七修正案》确定超过 20 美元的普通法诉讼均有获得民事陪审团审理的权利。尽管第七修正案仅约束联邦法院，并不具有约束各州的效力，但除科罗拉多州、路易斯安那州、怀俄明州等 4 州外，各州宪法都确定了民事陪审团制度。[②] 受陪审团审判权具有三个法源：一是州和联邦宪法；二是明示或暗示陪审团审判的制定法上创制的诉因，如 20 世纪初《联邦雇用者责任法》，在创设新权利时以法律形式承认了民事陪审团制，规定对于雇用方面存在的性别差别提起的诉讼，适用民事陪审团审理；[③] 三是衡平法程序中法庭适用咨询陪审团历史上的裁量权，所谓咨询性陪审团，是法院有权接受或不接受陪审团的事实认定。[④]

美国适用民事陪审团的比例占民事案件总量比例已经相当低，但也应当看到民事陪审团的存在是美国民事诉讼审前分流的重要潜在因素，在强大的审前分流作用下，美国州过入庭审的民事案件截至 2015 年占比仅为 1.1%。[⑤] 根据 2010 年的数据，进入

---

① 参见沈达明：《比较民事诉讼法初论（上）》，中信出版社 2002 年版，第 64~65 页。

② 参见［美］杰克·H·弗兰德泰尔：《民事诉讼法（第三版）》，夏登峻等译，中国政法大学出版社 2003 年版，第 56 页。

③ 参见［日］小岛武司等：《司法制度的历史与未来》，汪祖兴译，法律出版社 1999 年版，第 75 页。

④ 参见毛玲：《英国民事诉讼的演进与发展》，中国政法大学出版社 2003 年版，第 154 页。

⑤ Jed S. Rakoff, *The Litigation in American*, The New York Review of Books, no. 22, 2016，p. 12 – 14.

庭审程序的民事案件仍有约 1/3 适用陪审团。尽管适用民事陪审团的案件比例较小，但每年全国范围内仍逾 50 000 起。[1] 目前全球大约 80% 由民事陪审团审理的案件发生在美国，其他国家民事诉讼较少适用陪审团审判。加拿大和澳大利亚民事陪审团的适用也在大大减少。[2] 美国民事陪审团审理的案件主要是损害赔偿诉讼，州民事陪审团审判案件的 60% ~ 80% 为人身损害赔偿，合同纠纷占 20%，不动产争议占 3%；联邦法院民事审判团审判案件的 45% 为人身或财产损害，合同纠纷占 5%，不动产争议约 2%，约 20% 涉及各种联邦法规，其他涉及多个领域。[3] 美国的民事诉讼制度与美国的国家社会结构具有微妙关系，民事诉讼被视为国家社会、经济、政治构造的组成部分，联邦法院近年审理的案件性质也在发生变化，20 世纪 30 年代主要是商业和合同纠纷，90 年代则包括产品责任、环境污染、民权等带有公法性质的案件。[4] 受审前分流等因素影响，美国民事庭审主要审理少数社会关注度较高的公共案件。我国有学者就此进行过专项研究，美国民事陪审团主要审理涉及公民基本权利、重大社会利益的案件，在促进法律发展和社会进步方面发挥着民事陪审团的独特民主价值。[5] 鉴于美国民事陪审团在英美法系民事陪审制中最具典型性，以下

---

[1]　Paul D. Carrington, *Civil Jury and American Democracy*, Duke J. Comp Intl L, Vol. 13, no. 3, 2003, p. 23 – 28.

[2]　[美] 斯蒂文·N·苏本等：《民事诉讼法——原理、实务与运作环境》，傅郁林等译，中国政法大学出版社 2004 年版，第 261 页。

[3]　参见 [美] 伦道夫·乔纳凯：《美国陪审团制度》，屈文生等译，法律出版社 2013 年版，第 75 页。

[4]　参见 [美] 史蒂文·苏本、玛格瑞特·伍：《美国民事诉讼的真谛——从历史、文化、实务的视角》，蔡彦敏、徐卉译，法律出版社 2002 年版，第 77 页。

[5]　参见彭小龙：《非职业法官研究：理论、制度与实践》，北京大学出版社 2012 年版，第 123 页。

论述主要围绕美国民事陪审团展开。

二、英美法系民事陪审团的事实认定机制

（一）民事陪审团的裁决形式

民事陪审团裁决主要采取三种形式：总括裁决（general verdict）、特别裁决（special verdict）与附有质询书的总体裁决（special verdict with interrogatories）。总括裁决是法官将应适用的法律告知陪审团，陪审团把法律运用于经其认定的事实上作出总括决定，并向法官报告哪方胜诉、给予胜诉人哪种救济。[①] 使用总括裁决方式，法官较难监督陪审团，因为法院无从知晓陪审团决定的依据，上诉法院很难断定陪审团决定是否根据不符合证据法的证据或其他理由作出。总括裁决是不可分割且难以把握的整体，或全错或全对，无法考量是否对法官指示进行了细致周密的考虑，或作出裁判时是否受到了个人情感以及其他情感因素的影响。

特别裁决与前者相反，法官只向陪审团提交系列争点并要求其认定，之后法官对该裁决适用法律形成判决，是否使用特别裁决由法官自由裁量。当事人可申请法官作出特别裁决，法官也可主动使用。特别裁决能防止陪审团不顾法律、仅凭偏见行事，对特别裁决的质疑在于其有侵占陪审团权力之嫌，同时将提交给陪审团的事项或争点进行系统阐述是最困难的，在这些案件中，所花费的较多时间以及争点阐释的难度，使该方式受到质疑。[②]

---

① 参见［美］史蒂文·苏本、玛格瑞特·伍：《美国民事诉讼的真谛——从历史、文化、实务的视角》，蔡彦敏、徐卉译，法律出版社 2002 年版，第 167 页。

② JE Guinn, *The Jury System and Special Verdicts*, St. marys L. j, 1970, p. 29 – 37.

附有质询书的总体裁决，是指法官先把法律告诉陪审团，要求陪审团作出总括裁决时需对一项或数项事实争点予以回答，以此达到披露裁决依据的目的，各州也有类似规定。上诉审可以据此判断陪审团的错误是否足以影响事实认定。按照《美国联邦民事诉讼规则》第 49 条 B 款的规定，质询书与总体裁决一致，法官可作出法律适用裁决；如果对问题的答复相互一致但其中一项或若干项与裁决不符，法官应要求陪审团继续评议其答复和裁决、决定重新审理，或不管总括裁决作出与特定质询书答复一致的判决。但只有在质询书答复与总括裁决在实质性争点发生冲突且无法协调一致时，特定答复才优于总体裁决；① 如果各项答复内部不一致且与裁决不一致，则法官必须要求陪审团重新作出决定或决定重新审理。② 附有质询书的总体裁决内容不如特别裁决详细，但同样存在类似问题。

在民事陪审团裁决规则上，既有的一致裁决原则呈逐渐松动趋势，无须一致裁决始自 1879 年，加州允许民事裁判只需 3/4 多数同意，1892 年犹他州也确立该制度，到 20 世纪 70 年代过一半的州允许在民事案件中适用非一致裁决，联邦民事陪审团仍采一致裁决原则但为 6 人陪审团。③

（二）民事陪审团事实认定权的制约机制

根据美国民事诉讼基本流程，原告提交起诉状后被告提出答辩状，原告可视情况提出撤销案件的动议，若诉讼正常推进，则进行日程安排会议即首次审前会议，旨在确定证据开示和诸如动

---

① 如人身损害侵权诉讼中，总体裁决被告应赔偿原告，但同时又特别认定原告故意，法院可凭特别答复优先判决被告胜诉。

② 参见《美国联邦民事诉讼规则》第 49 条 B 款。

③ Sir Patrick Devlin, *Trial by Jury*, Stevens & Sons Ltd, 1978, p.154.

议、附加会议等审前活动的日程安排，法院将作出日程安排命令，此命令将控制随后诉讼进程。如果案件未和解，进行制定审判计划与促进证据采纳的审前会议，之后进行证据开示、要求补正的动议、和解讨论并可提出即决判决的动议。根据《美国联邦民事诉讼规则》第 38 条 B 款的规定，任何一方当事人可就可由陪审团审理的争点向对方当事人送达书面要求书，并在要求书中指明要求由陪审团审理的争点，对方当事人可以提出不得由陪审团审判的其他争点。如果当事人未在规定期限内提交和送达要求书的，视为放弃要求陪审团审理的权利。[1] 最终审前会议将对要求陪审团审判进行评价，尽管当事人在诉讼早期就可能提出陪审团审理的要求，法庭可在最终审前会议考虑当事人是否有权就特定争点得到陪审团审理，并根据具体情况决定是否作出指示判决。庭审程序之后当事人还可要求进行不顾陪审团裁判的判决或提出重新审理的动议。[2] 法官对民事陪审团事实认定权的制约贯穿于美国民事诉讼全过程，美国学者 David E. Klein 称其为陪审员争议的司法管理。[3]

1. 民事陪审团事实认定权的排除机制

民事陪审团事实认定权的排除机制意味着法官对民事陪审团的绝对排除，系最严厉、最彻底的民事陪审团事实认定权制约机制，在美国民事诉讼主要指法律事项判决（judgement as a mater of law）由指示判决（direct verdict）与无视陪审团裁决的判决

---

[1]　参见《美国联邦民事诉讼规则》第 38 条 B 款。

[2]　参见［美］美国联邦司法中心：《复杂诉讼指南（第三版）》，郭翔等译，中国政法大学出版社 2005 年版，第 87 页。

[3]　David E. Klein, *The Psychology of Judicial Decision Making*, Oxford University Press, 2010, p. 206.

（judgment notwithstanding the verdict）组成。无视判决往往被认为是迟到的指示判决，两者差异主要体现为向法院提出动议的时间不同，前者在陪审团裁决前作出，后者在陪审团裁判后作出，法律后果均为该动议被获准后由法官作出代替陪审团裁决的判决。作为法律事项判决的申请将导致法官代替民事陪审团认定事实，仅在对事实存一种合理解释的情况下适用。① 排除机制应谨慎使用，以免影响第七修正案确定的获取陪审团审理权利的实现。

《美国联邦民事诉讼规则》第 50 条确定作为法律事项判决的动议，法官在案件所有证据都以绝对压倒性优势向一方当事人倾斜以至于不存在有价值的事实争议可供陪审团裁决的情况下，有权应当事人请求不经陪审团审判而作出作为法律事项的判决。A 款规范指示判决，B 款规范无视陪审团裁决的判决。② 在指示判决中，如果当事人已就一个争点得到充分听审并没有充分证据能够使得一个理性的陪审团就此争议作出对该当事人有利的认定，法院可经对方当事人申请直接作出对该当事人不利的决定，以及在相关支配性的法律规定不能在争议上获得有利认定即无法维持或挫败指控的情况下批准对该当事人不利的、作为法律事项判决的动议。③ 指示判决动议提出时间可在案件提交陪审团裁决前的任何时间，一般在原告提出证据后，如果是数个诉因，可就一个作出指示裁决，其他争点移交陪审团裁决。指示裁决的适用标准有两种，微弱证据标准和实质证据标准，前者系指如果有任何微

---

① 参见［美］理查德·D. 弗里尔：《美国民事诉讼法（上）》，张利民等译，商务印书馆 2013 年版，第 302 页。

② 参见《美国联邦民事诉讼规则》第 50 条。

③ 参见［美］艾伦：《艾伦教授论证据法（上）》，张保生等译，中国人民大学出版社 2014 年版，第 201 页。

弱证据存在，且陪审团可能以这些证据为根据作出有利于非动议方的裁决，那么将否决动议并将案件移送陪审团审理。后者系指如果有足够或实质性的证据表明陪审团可能作出有利于非动议方的裁决，法院将否决动议并移送陪审团审理。① 前者侧重于鼓励法官将案件提交给陪审团，后者强调法官对陪审团的控制。总体而言，法官应当根据最有利于非动议方的原则进行审判，使非动议方能从所有可能的从证据推导出来的合法推定中受益。

2. 要求陪审团重新审理的机制

根据《美国联邦民事诉讼规则》第 59 条 A 款的规定，败诉方可在陪审团裁决后基于两项理由获得陪审团重新审判，一是裁决程序存有错误，如陪审团实施存有偏见的行为、法院准入一项非法证据、有重大意义新证据被发现以及法官对陪审团的错误指示，二是尽管程序正确，但裁决与法律基本原则违背或陪审团对证据证明力的判断与优势证据明显相反。② 一般而言，只要不存在特别严重错误，法官通常不会批准重新审理动议。重新审理动议审查最不确定的因素在于证据证明力判断违反优势证据规则，证据证明力评价属自由心证领域，除非在非常明显的情况下，法官难以对陪审团证据证明力评价合理与否作出判断，法官对该标准的适用会较其他事项更为严格。当陪审团的裁判没有建立在对证据证明力进行准确衡量的基础上或裁判是基于错误证据作出的且裁判导致公正偏差之时，法官有义务搁置陪审团裁判并作出重新审理决定。重新审理动议与无视判决动议，均在陪审团裁决后

---

① 参见李响：《美国民事诉讼法的制度、案例与材料》，中国政法大学出版社 2006 年版，第 460~485 页。

② 参见《美国联邦民事诉讼规则》第 59 条。

作出，但后者系对陪审团事实认定权的排除，前者仅是另行组成陪审团重新审理，并未剥夺陪审团事实认定权，后者系更严厉的法官对民事陪审团事实认定权的制约机制。因两者在性质及程度上存有差异，法官在审查当事人动议时，对前者审查标准相对宽松，毕竟法官没有取民事陪审团而代之，仅是要求重新审理而已。

3. 法官对民事陪审团的指示机制

在陪审团评议前，法官就应评议的事项以口头形式进行"陪审团的指示"（jury instructions）。评议事项包括两类：一是概括性指示，如陪审员的权利义务、陪审团的裁决权限、与案件有关的法律及相关法律术语的解释（如何为优势证据标准）。二是针对个案的指示，如原告诉因与争点、被告抗辩的法律构成要件解释等。[1] 法官根据当事人建议或自身认知，决定向陪审团提供何种指示。根据《美国联邦民事诉讼规则》第 51 条 C 款 1 项的规定，反对给陪审团指示的当事人应当清晰地提出反对并陈述反对理由，第 51 条 C 款 2 项则确保在陪审团退席商议前提出反对给予陪审团指示的意见，使法官有纠正机会。[2]

对陪审团的指示应使用通常人能够理解、简明、具体、朴实的语言，运用主动语态，避免否定表达或双重否定表述，并且按逻辑顺序为阅读者组织起来。法院应指令律师在最后一次审前会议提交向陪审团作出的指示草案，将法院和律师注意力集中在审理的争点上。指示应根据特定案件作出，避免使用模版化指示，

---

[1] 如对证明标准的指示，法官除了要说明优势证据标准为"当事人的证据应当说服陪审团认为待证事实为真比为伪的可能性大"，同时还应告知此标准不是当事人提出的证人或者证据在数量上的优势。

[2] 参见《美国联邦民事诉讼规则》第 51 条。

尽量不超过半小时。法官对民事陪审团的指示包括初步指示、中间指示、最终指示与补充指示。初步指示为陪审员行为提供背景和基本指导方针，包括法律原则和事实争点的事先陈述、陈述案件事实和当事人的主要争议（如请求的要点和抗辩的要点）。法官应强调这些指示是初步的，并强调在案件结束后会给出陪审团评议的最终性指示。律师作开场陈述时经许可可以请求作出这种指示，法官也可在律师已作出开场陈述后作出这种指示。中间指示是指法官在案件审理过程中认为可能对陪审团有帮助的任何时候给予指示，在这些问题出现时给予解释比案件审理终结时解释更有帮助，同时应允许律师评论该指示或提出异议。法官会提醒陪审员此指示仅具阶段性，最终的作为裁决基础的完整的指示在案件审理终结时才能作出。最终性指示可在辩论终结前作出，也可在辩论终结后作出。尽管传统上应在辩论终结后作出，但在辩论终结前作出也是有利的。法官指示以口头为主，书面形式仅为补充，且书面形式目的仅在于帮助法官理解。① 在陪审团评议时，法院应采用与最终性指示相同的方式处理陪审团对补充性指示的请求，法官在保障律师异议权的情况下应对陪审团请求作出回答，并提醒陪审团补充性指示是有约束力的指示之一部。

法官指示是法官对民事陪审团事实认定权的重要制约机制，法官指示越详细，制约力度就越大，陪审团认定事实的空间越小。如在道路转弯处车辆驾驶人的注意义务及过失判断标准，如果指示内容为理性人在道路转弯处应减速，陪审团则有事实认定较大空间，如果指示内容为理性人时速是 10 ~ 15 公里，陪审团

① 参见［英］克里斯托弗·艾伦：《英国证据法实务指南（第四版）》，王进喜译，中国法制出版社 2012 年版，第 154 页。

事实认定的空间就极小。

4. 证据规则的适用

英美法对错误运用证据较为敏感，以精细的证据法对事实认定者的证据评价进行控制的意图非常明显，证据规则是法官对陪审团事实认定权的微观制衡机制。"英美法系国家的证据法理论就是建立在对陪审团能力怀疑的基础上。"① 陪审员认定事实只能依据经过法官筛选的符合证据规则的证据材料，实际由法官厘定了进入陪审团视野的证据范围。证据可采性主要包括相关性、适格性、保密特权以及带有偏见性的证据与重复性证据。《美国联邦证据规则》对相关性的描述是"证据使决定某项在诉讼中待确定的争议事实的存在比没有该项证据时更有可能或更无可能"。② 相关性具体包括实质性和证明力。前者要求证据与事实主张有关系，后者要求证据能够支持该事实主张成立。英美法系最特殊且最重要的证据规则是证据的证明力可能被过高评价或其损害性超出证明价值，可能导致事实认定者不公平地偏向某一特定结果而确立的证据排除规则，如传闻证据规则。③ 相关性在证明过程的两阶段均有体现：其一，个别证据相关性的判断由法官负责，评价证据是否有证明价值；其二，终端的整体证据相关性的判断由陪审团负责，评价对实质性问题证明程度的大小，即与自由心证相关的证明力评价问题。"使决定某项在诉讼中待确定的争议事实的存在比没有该项证据时，更有可能或更无可能"系法官自由

---

① Tracey Aquino, *Essential Evidence*, Cavendish Publishing Limited, 2002, p. 18.

② See Federa Rules of Evidence 401（a）.

③ 参见［美］麦考密克：《麦考密克论证据（第五版）》，汤维建等译，中国政法大学出版社 2004 年版，第 164 页。

评价范围。[①] 证据相关性在证明过程第一阶段的评价很大程度取决于法官个人的经验、常识以及对人的行为和动机的不同理解，也成为法官掌控证据进入民事陪审团视野之门的钥匙。

（三）复杂民事案件事实认定与蓝绶带陪审团的兴起

固守历史是美国民事诉讼的传统，但美国民事诉讼也面临现代科学技术的影响以及社会型、公共型诉讼不断涌现的挑战，尤其是 21 世纪以来技术类民事诉讼不断增加，使复杂民事案件事实认定成为美国民事诉讼亟须解决的问题。这些挑战对民事陪审团产生深远影响，复杂诉讼常涉及科学问题，陪审团在日常生活经验上的常识优势消失，法官受教育程度高于陪审员，周而复始的审判经验使其在复杂诉讼中的判断能力强于陪审员；但法官在科技知识方面并不具有优势，职业法律人相比普通民众更不喜欢量化、科学和技术信息，法官在此类事实认定上仍存在难题。普通法的陪审团法庭使得权力的分离成为习惯，而这种习惯有利于专业与非专业人士之间审判职责的划分，而这可能是科学手段融入司法最需要的条件。[②] 相对而言，集中科学教师、会计或工程师的陪审团会比普通法官在理解复杂的技术或量化证据时有更大潜力。[③] 如果没有专门知识，职业法官或陪审团均难以评估科学与统计方面的证据进而进行专业事实认定，多样化的成员构成使得该集体在事实认定上有一定优势。原因在于陪审团成员对所提

---

① ［美］罗纳德·J. 艾伦：《理性 – 认知 – 证据》，王佳等译，法律出版社 2013 年版，第 57 页。

② T Lunsford, *How Jurors Respond to Complex Commercial Cases*, Litigation, Vol. 19, no. 4, 1993, p. 50 – 55.

③ Michael J. saks, *What Do Jury Experiments Tell Us about How Juries Make Decisions*, Southern California Interdisciplinary Law Journal, no. 6, 1997, p. 43.

出事项具有专业理解能力。① 用蓝绶带陪审团（bule – ribbon ju-ry）负责复杂、专业类事实认定，成为美国民事陪审团发展的趋势。具体做法是在复杂案件中根据案件标的事项确定与之相关的经验要求、专业资格或学历限制，以此标准选择陪审员，尽管蓝绶带陪审团具有精英主义及阶层偏见等危险，与美国民事陪审团应由代表社会各阶层人员组成的传统观念相悖，但仍为美国民事陪审团发展注入新元素，在实践中显现出一定生命力。② 一些美国学者认为，蓝绶带陪审团是值得试验的方向，不需要整个陪审团都达此要求，只要有一部分能力高的成员就可提高陪审团能力，蓝绶带陪审团作为由专家组成的特别陪审团，将为更多类别的民事诉讼接受。③

英美法系国家引入非职业法官参与专门民事司法的另一方式是新西兰、澳大利亚环境法院中的专家参审制。与英美法系传统的民事陪审团显著不同，两国环境法院中的非职业法官参与民事司法采取与法官组成合议庭的方式。新西兰环境法院于 1996 年根据《新西兰资源管理法》设立，由 7 名职业法官、10 名环境专员与 6 名副环境专员组成，审理案件最常用的组织形式是 1 名职业法官与 2 名环境专员组成的合议庭，环境专员需具备环境科学、建筑工程、矿产技术等方面的专业知识，经政府提名、法院任命产生，由环境法院首席法官根据案件专业性分配环境专员，

---

① MS Arnold, *A Historical Inquiry into the Right to Trial by Jury in Complex Civil Litigation*, University of Pennsylvania Law Review, Vol. 128, no. 4, 1980, p. 829 – 848.

② William Luneburg, *Specially Qualified Jury and Expert Nonjury Tribunals*, A. L. Rev, Vol. 67, 1981, p. 887.

③ Sanja Kutnjak Ivkovi, *An Inside View: Professional Judges and Lay Judges Support for Mixed Tribunals*, Law & Policy, Vol. 25, no. 2, 2003, p. 93 – 122.

在案件审理过程中，环境法院根据案件相关性调度环境专员参审。[①] 澳大利亚新南威尔士州环境与土地法院是全球首家环境法院，根据《澳大利亚土地与环境法》于 1980 年成立，由 6 名法官和 9 名专家成员组成，专家成员是环境科学、城市建设等领域的专家，由州长任命。新西兰、澳大利亚环境法院中的专家陪审员均是由政府提名或任命的专家，产生方式具有较强的管理色彩，与英美法系民事陪审团的产生原理大相径庭，但也反映了英美法系国家在专业性较强的环境司法领域探索专家参与审判的新视角。

三、英美法系民事陪审团事实认定的规律分析

英美法系民事陪审团唯有对其事实认定规律进行分析，方能对民事陪审事实认定有准确的整体把握，也有助于与大陆法系民事参审事实认定以及苏式人民陪审制事实认定进行对比分析。

（一）法庭二元结构在英美法系民事诉讼中的地位及影响

英美法系民事诉讼制度以陪审制作为设计出发点，具有各种严格的技术性原则，陪审制在英美法系司法文化、法律思维、诉讼心理、法制传统中的影响力浸润至深、难以剥离。从历史趋势看，民事陪审团审判的相对边缘化的现实并未深层触动普通法系的正统观念，无论是作为证据理念的制度背景还是塑造程序规则

---

① 参见胡斌：《新西兰环境法院初探》，载《甘肃政法学院学报》2014 年第 3 期。

的基准，民事陪审团审判都将被继续采用。① 以民事陪审团为标准配置的事实认定模式很大程度已成为一种习惯力量的推动，尽管有可能已成为由惯性所支撑的程式而已，尽管其装饰作用可能胜过实际功用。英美法系民事案件事实认定的特殊性并不来自证据规则，而来自适用这些规则的方式、程序及制度环境，民事陪审团制度在英美法系民事诉讼结构中扮演着枢纽性角色。对陪审团弱点的限制为普通法证据制度及诉讼结构的独特性提供了充分的正当性，集中在事实认定主体非专业性及判决不可预测性所引发的问题上，法庭二元结构成为解释独特的普通法诉讼原则和惯例的重要因素。事实认定由外行负责、诉讼程序的集中化以及当事人主义下的对抗制诉讼程序，是英美法系民事诉讼结构的三大支柱。② 三者相互影响、关联、交织，共同促成了英美法系民事案件事实认定的逻辑自洽。即便不能认为英美法系证据法是为陪审团专设，但无法否认证据法的最核心功能是调整进入陪审团视野的证据范围。为了便于陪审团审理并适宜陪审员作出正确心证，英美民事诉讼必须采取集中审理原则。集中审理原则必须配之于法定序列主义，严格区分庭审程序与审前程序，案件释明、主张整理等原则在庭审外进行，审判者不得将在庭外程序中获得的心证带入庭审。

（二）对民事陪审团信任与不信任中形成的制衡机制

陪审员人性的光辉与能力的欠缺是民事陪审团制度永恒的矛盾，推动民事陪审团制度系列规则的形成，形成了相对稳定的矛

---

① Kennth Culp Dvis, *An Approach to Rules of Evidence for Nonjury Cases*, American Bar Association Journal, Vol. 50, no. 8, 1964, p. 723 – 727.

② 参见［美］米尔建·R·达马斯卡:《漂移的证据法》，李学军等译，中国政法大学出版社 2003 年版，第 32 页。

盾制衡机制。陪审团制度既是对人类普通认知能力的认同，另一方面又因其欠缺专业能力对其不信任，从而设定若干制约规则，这些规则同样是人性经验智慧的体现，就此而言，民事陪审团是民事诉讼中人性基础的集中体现。民事陪审团的产生有人性基础发挥作用的功效，只要承认人性基础，民事陪审制就有延续的可能。非职业审判与事实认定活动遵循技术规范具有天然的紧张关系，在基于对人的普遍认知规律的尊重从而引入民事陪审团后，下一步的重点就放在约束和控制非职业事实认定者的认知上，而不是促进和放任。基于陪审团在法律知识欠缺上的先天局限，在事实与法律区分而交错的背景下，为构建公平、高效、稳定的裁决程序，需要建立指示裁决、无视陪审团裁决的判决等陪审团事实认定权排除机制，重新审理以及法官指示陪审团等制约机制，以及设置精细的证据法控制进入陪审团视野范围的证据以防止陪审团被误导，使陪审团在法官的控制与指引下准确认定事实，使陪审团与法官处于常态化、高频率的互动过程中。

第二节　大陆法系民事诉讼中的参审员认定事实

一、大陆法系民事参审制的适用范围

大陆法系民事参审制的适用范围主要分析民事参审制适用于何种法院、何种案件类型以及陪审员与职业法官共同组成的合议庭的组织机构等问题，包括陪审员的来源、类型与身份要求，以及陪审员类型及身份要求与所审理的纠纷案件的对应关系、内在联系等。鉴于大陆法系民事诉讼不适用参审制仅适用职业法官审理制的观念影响较大，本部分主要对此观念进行评述与纠正，故作相对详尽的分析。

（一）德国民事参审制的适用范围

审判权由职业法官与荣誉法官行使被写入《德国法官法》，其规定了荣誉法官与职业法官有相同程度的独立性，并对荣誉法官的产生、权利及义务作出规定。[①] 德国民事参审制主要适用于州法院的商事庭以及劳动法院、社会保障法院等专门法院的相关诉讼。《德国法院组织法》《德国民事诉讼法》及《德国劳动法院法》等相关专门法院组织法对适用参审制的范围有所规范。

1. 州法院的商事参审制

欧陆商事法庭制度渊源深厚，其中以德国商事法庭最为完备，颇值参考。商事法庭在德国州法院是与民事审判庭平行的内设审判庭。商事参审制的法院组织与程序规定于《德国法院组织法》第93条，第95条则规范商事法庭管辖范围，第4章（第28至58条）章名即为参审法院，皆在规定参审员之选任、义务、参与审判等程序等。德国州法院商事庭一般由一名隶属于该法院的职业法官和两名非职业商事法官组成。[②] 商事法官应具备较强商业经验并被当作判断商事问题的专家。商事法官一般是在商业或合作社登记簿注册的商人、法人的董事、经理人以及公法法人的董事会成员，通过职业经验、特别的专门知识以及对商事习惯的了解，在商人经济方面进行法律正义的判断并防止法官单方面

---

① 参见《德国法官法》第1条、第45条。
② 参见《德国法院组织法》第105条。

从法律方面对事实材料进行判断。① 一些大城市的州法院通常对参审员专业进行再细分，使其在专业知识掌握上有一定深度，能够处理复杂商事案件。② 除非另有特别规定，在主审判程序内，商事法官与职业法官享有同样审判职权。③ 商事法庭审理的案件首先是因双方商事行为产生的针对商人提起的请求权，此外还有因票据、不正当竞争、商号、股份公司的股东代表大会的无效声明引起的诉讼。④ 商事案件并不必然由商事庭管辖，须由原告申请方可由商事庭审理，被告也可在民事法庭审理商事案件时申请本案应由商事庭管辖。⑤ 移送申请须在口头辩论之前提出，为杜绝民事庭与商事庭的管辖争议，移送裁判具有不可撤销性。根据《德国民事诉讼法》的规定，允许诉讼当事人得以合意由职业法官独任审理。⑥ 德国民事诉讼独任制呈扩大趋势，适用商事混合庭审理的商事案件在州法院所占比例较低，仅占州法院审理民事案件数的 15% 左右，但这些案件对商秩序的形成仍具有重要价值，对提升德国民事司法的可信度与真实性具有一定作用。⑦

2. 专门法院的参审制

德国劳动法院、社会保障法院、财政法院、专利法院等专门

---

① 参见［德］罗申贝克：《德国民事诉讼法》，李大雪译，中国法制出版社2007年版，第 86 页。

② Peter L. Murray and Rolf Strner, *German Civil Justice*, Carolina Academic Press, 2004, p. 56.

③ 参见《德国法院组织法》第 30 条。

④ 参见［德］奥特马·尧厄尼希：《民事诉讼法》，周翠译，法律出版社2003年版，第 45 页。

⑤ 参见《德国法院组织法》第 98 条。

⑥ 参见《德国民事诉讼法》第 349 条第 3 项。

⑦ Peter L. Murray and Rolf Strner, *German Civil Justice*, Carolina Academic Press, 2004, p. 57.

法院均设参审制，其中最具影响、最成体系、最为成熟的是德国劳动法院中的民事参审制。以下从专门法院的组织形式及相关案件参审制的运行程序两方面予以分析。

在专门法院的组织形式方面，德国劳动法院的前身是营业法院，1926 年的帝国议会通过《德国劳动法院法》，正式扩大并改变营业法院有关劳动争议的司法审判事项，设置独立的劳动法院，1926 年《德国劳动法院法》堪称劳动法院制度的重要里程碑，基本结构及规则基本完整延续至今，1953 年及 1979 年的《德国劳动法院法》深受其影响。劳动法院实行三级三审制，包括基层劳动法院、作为二审法院的州劳动法院以及作为终审法院的联邦劳动法院。荣誉法官制是德国劳动法院最具特色之处，通过来自劳动者和雇主的荣誉法官的参与，在劳动争议裁判中实现社会自我管理的思想，与职业法官共同组成特别懂行的审判组织作出劳动案件裁决。[①] 基层劳动法院审判组织由 1 名职业法官作为庭长，同来自雇主和劳动者阶层的各 1 名荣誉法官组成，州劳动法院也以同样的成员设立审判组织，联邦劳动法院由 1 名审判长、2 名职业法官和来自雇主和劳动者阶层的各 1 名荣誉法官构成混合合议庭。[②] 一般认为，荣誉法官对企业内部劳动关系的产生、变更以及解除更加了解，职业法官与荣誉法官的结合有利于准确认定劳动争议案件的事实，还可制约职业法官公权力的独断行使，有利于提升司法公信力。[③] 同时荣誉法官本身身为劳工或

---

① 参见［德］雷蒙德·瓦尔特曼：《德国劳动法》，沈建峰译，法律出版社 2014 年版，第 256 页。

② 参见《德国劳动法院法》第 16 条、第 35 条、第 41 条。

③ Frieda Wunderlich, *German Labor Courts*, The University of North Carlina Press, 1946, p. 44.

雇主，系两种对立立场、角度与视界的劳资阵营各自的代表人，由其分别担任裁判主体可使裁判更具说服力和可接受性。

德国于 1953 年颁布《社会法院法》，社会法院审理所有社会保险案件，实行三级三审制，包括基层社会法院、作为二审的州社会法院以及终审法院联邦社会法院。[①] 社会法院以审理公法纠纷为主，但对特定社会保险机构与医师、医院、疾病保险公会或联合会之间的纠纷等私法类诉讼亦有管辖权，此类纠纷就我国而言属民事诉讼调整范畴。基层社会法院由 1 名法官和 2 名荣誉法官合议审理案件，州社会法院和联邦社会法院由 3 名法官和 2 名荣誉法官合议审理案件。荣誉法官为保险机构人员、医师、社会保险参加者及熟悉社会保障法的人员，与职业法官具有同等审判职权。[②]

在相关案件参审制的运行程序方面，劳动法院中的职业法官与荣誉法官组成的合议庭审理案件适用《德国民事诉讼法》，但基于劳动法院的特殊属性，可优先适用《德国劳动法院法》的特别程序规范。基于保障居于弱势的劳动者目的，劳动法院诉讼程序应体现反映保护劳动者的结构特征，确立诉讼费用便宜、诉讼程序快速简便、注重调处等劳动法院特有的诉讼规则。[③] 如审理前必须在审判长前进行调解，整个程序都应追求以调解结束争议。在所有审级都应加速审理，一般不要求被告书面陈述，缺席

[①]　S. Machura, *Interaction between Lay Assessors and Professional Judges in German Mixed Courts*, Relations Internationales, Vol. 72, no. 1, 2001, p. 451 – 479.

[②]　Anke Freckmann and Thomas Wegerich, *The German Legal System*, Sweet & Maxwell, 1999, p. 124.

[③]　参见林佳和：《劳工案件专家参审之问题试探》，载我国台湾地区《律师杂志》2000 年第 252 期。

判决的异议期限仅为 1 周。① 基于劳资双方当事人智识上不对等，法官较一般民事诉讼程序应更侧重从事实与法律上进行释明。荣誉法官原则上拥有与职业法官相同的职权，行使与职业法官无异的法官职务，具有宪法保障的法官的独立性，尽管荣誉法官分别来自劳资双方且工会与雇主团体参与荣誉法官提名，但荣誉法官参与审判时不受相关利益团体的指示、命令或建议所拘束。直至今日，尽管德国学界对优化劳动诉讼运行时有讨论，但未有废除劳动法院参审制的动议与行动。② 从实践运行看，德国劳动法院保持着较好的运行状态，根据学者统计，劳动法院的上诉率一直在 5% 左右，普通地方法院的上诉率则在 50% 左右，当然这与劳动法院强调调解有关。③ 社会法院等其他专门法院的运行程序与劳动法院类似，在此不再赘述。

3. 相对特殊的德国联邦专利法院参审制

专利法院是独立设立的联邦法院，审理宣告专利权无效、专利强制许可等诉讼，其中专利效力案件由法律法官和技术法官组成合议庭审理。法律法官为通常意义的职业法官。④ 技术法官是德国联邦专利法院系统独有的设置，与法律法官同权同责，任职条件是在德国或欧盟境内大学或相关科研机构毕业并通过技术或自然科学相关方面的国家级或学院级考试，至少在自然科学或技术领域有 5 年以上工作经历，还应具备普通法官资格，多从德国

---

① 参见《德国劳动法院法》第 9 条。

② WH Mcpherson，*Basic Issues in German Labor Court Structure*，Labor Law Journal，Vol. 54，1954，p. 87.

③ Peter L. Murray and Rolf Strner，*German Civil Justice*，Carolina Academic Press，2004，p. 25.

④ 参见《德国专利法》第 65 条。

专利商标局的资深技术审查员中选任。[1] 修改后的《德国法官法》对技术法官必须为职业法官作了变更，第120条规定符合《德国专利法》第65条第2款，即通过国家结业考试或专业结业考试的技术人员，也具有联邦专利法院法官的资格。也就是说，只要符合《德国专利法》第65条条件所设定的专业条件，即可作为平民法官参与专利效力案件审理。德国专利法院适用技术法官制以来，专利法院适用鉴定比例较低，一定程度反映了技术法官在专业事实认定方面的重要作用。

（二）民事参审制在法国专门法院的适用

1. 社会保障法院的民事参审制

社会保障法是近代社会产物，于二战后为解决社会保险中的法律问题和技术问题设立，社会保障法院是管辖各类与社会保障事务相关案件的法院，主要职责在于解决各类涉及社会保障事务和农业互助事务的法律法规在实施过程中，社会职业阶层内存在利益冲突的成员间产生的纠纷。法国现有116个社会保障法院，4个设在海外省。[2] 社会保障法院审理案件实行参审制，由职业法官和劳资双方代表作为陪审法官共同审理，劳资双方需各出两名代表作为陪审法官，社会保障法院所在地大审法院的职业法官作为审判长，经大审法院推荐，在听取上诉法院法官会议意见后，由上诉法院任命。法官在开庭审理时必须首先劝告当事人双方进行和解，不能和解的，由法院作出判决，社会保障诉讼涉及

---

① 参见郭奉康：《我国知识产权审判组织专门化问题研究——以德国联邦专利法院为视角》，载《法学家》2008年第3期。

② 参见［法］洛伊克·卡迪耶：《法国民事司法法》，杨艺宁译，中国政法大学出版社2010年版，第89～90页。

社会公共利益，社会卫生问题局长也可提起上诉。① 法国社会保障法院审理的案件与我国相比，相当部分属于我国民事诉讼范围，但具有较强的公益性。

2. 农事租赁法院的民事参审制

法国土地私有制决定了农村土地通常以出租形式进行经营，土地出租人与承租人间存在地租金额、收益分配、租期延展等合同纠纷，农事租赁法院系专门审理此类案件的审判机关，与社会保障法院一样审理案件实行参审制，审判长由小审法院职业法官担任，其他参审法官分别由 2 名土地所有人和 2 名土地耕作者代表担任。② 担任参审员的出租人与承租人代表具有一定的资质要求，须为土地出租人或承租人 5 年以上。③ 农事法院原则上设在各小审法院所在地，管辖区域大致相同，法国现有 413 个农事租赁法院。由于土地所有人与佃农纠纷难与劳动纠纷区分，交叉案件由劳动法院管辖。农事法院所进行的诉讼强调程序简便和低成本，重视调解。④

3. 劳动法院的民事参审制

劳动法院审理与劳动合同有关的雇主与雇员以及雇员间的劳动纠纷，起源于大革命前设在里昂丝绸厂的劳动法院，旨在解决纺织行业的劳资纠纷，大革命时期曾被取消，1806 年得以复设并扩大至全国。1905 年关于劳动法院的一项法令规定，在双方票数相等时，由一位职业法官投决定票。为强化劳动法院职能，1979

---

① 参见张卫平、陈刚：《法国民事诉讼法导论》，中国政法大学出版社 1997 年版，第 17 ~ 22 页。

② 参见《法国司法组织法》第 L. 441 – 1 条至第 L. 444 – 1 条。

③ 金邦贵：《法国司法制度》，法律出版社 2008 年版，第 158 页。

④ Vidmar, *World Jury System*, Oxford University Press, 2000, p. 98.

年法律规定，各大审法院管辖区域内必须至少设置一所劳动法院。劳动法院法官由劳资双方代表组成，设有调解庭和裁判庭，裁判庭由劳资双方至少各两名荣誉法官组成，公开审理，因劳资双方荣誉法官人数对等，持不同意见的法官人数相同时，由当地小审法院法官作为裁定法官与原来的法官一起对有争议的案件再进行一次审理，以少数服从多数形成判决，"裁判法官"由上诉法院院长任命。① 对于无劳动能力及工伤赔偿案件，则由 1 名职业法官、2 名代表受雇人的荣誉法官以及 2 名代表雇主和自由职业者的荣誉法官组成合议庭负责审理。②

4. 从商事法院的商人审判到大审法院商事法庭的参审制

商事法院是法国司法体系中最古老的法院，起源可追溯至中世纪集市由商人选举纠纷解决员现场解决纠纷制度，1563 年在巴黎地区成为永久性组织。查理九世以敕令形式建立商事法官制度并在全国推广，商事法院法官均为职业商人，由法院所在地城市商人选举产生。商事法院受《法国司法组织法》第 L. 411 – 11 – 7 条与第 R. 414 – 21 条调整，现有 191 个商事法院，采取合议制审理案件。原则上每个区有一个商事法院，但一个大审法院辖区可能有数个商事法院，也可能无商事法院。没有商事法院的地区，由大审法院职业法官以独任审判方式履行其职责。从商事法院组成看，所有审判者均系作为职业商人的非职业法官，而并无职业法官担任审判长，并非真正意义的民事参审制。2002 年前，法国是全欧唯一全部由非职业法官的商人组成商事法庭的国家。近年

---

① 参见张卫平、陈刚：《法国民事诉讼法导论》，中国政法大学出版社 1997 年版，第 22 页。

② 参见 ［法］洛伊克·卡迪耶：《法国民事司法法》，杨艺宁译，中国政法大学出版社 2010 年版，第 94 页。

来根据法国司法改革计划，商事法院设置作出调整，阿尔萨斯、摩日尔等商事法院被大审法院商事法庭取代，人员构成为一位职业法官和两位商人出身的参审员，类似于德国商事法庭的设置，现有 7 个大审法院设商事法庭。法国在海外省和海外领地设有 8 个混合商事法庭，由大审法院院长与两名作为商人的非职业法官组成商事法庭。商事混合法庭主要管辖企业司法重整和清算、涉及商业企业及金融票据、涉及 1986 年 12 月 1 日企业定价和竞争自由行政令的诉讼。这些诉讼通常超越商人利益范围，具有维护公共程序性质。①

（三）其他大陆法系国家民事参审制的适用

除德、法民事参审制相对成体系外，丹麦、瑞典、比利时、挪威等大陆法系国家也有类似制度。丹麦海事和商事法院由一名职业法官、两名或四名海事或商务专家来组成合议庭；劳动法院由一名职业法官任审判长，劳方资方各选出一名代表参审；住屋法院（Housing Court）由一名职业法官任审判长，出租人与承租人团体各选一名代表作为外行法官参审。②

《瑞典诉讼法典》规定，地区法院在审理涉及面广或要求极为严格，且对金融或财政问题的裁判意义重大的案件时，可在法庭中单独或共同补入下列专业人员：涉及金融或财政问题，法庭需要该领域专门知识的，由政府任命的金融专家。非职业法官经选举产生，但政府须对那些作为金融专家能参与诉讼的非职业法

---

① 参见［法］洛伊克·卡迪耶：《法国民事司法法》，杨艺宁译，中国政法大学出版社 2010 年版，第 88 页。

② 参见曾华松：《丹麦司法制度简介》，载我国台湾地区《律师杂志》1999 年第 5 期。

官进行为期三年的任命。① 瑞典的市场法院由 2 位职业法官及 8 位参审员组成，8 位参审员中有 2 位经济问题及消费者问题专家，3 位代表企业利益、3 位代表消费者及劳工利益。瑞典最具特色的民事参审制存在于环境法院，环境法院根据 1999 年《瑞典环境法》设立，共有 5 个地区环境法院和 1 个环境上诉法院，对于环境民事及行政诉讼具有管辖权。地方环境法院由 1 名职业法官、1 名环境顾问和 2 名专家组成，环境顾问须经历环境技术培训并有处理环境事务经验，一位专家须熟悉国家环保局运作，一位专家需熟悉本案相关的工业和市政运作。② 4 名成员组成合议庭审理案件并享有平等地位，但职业法官对案件处理具有最终决定权。环境上诉法院由 4 名职业法官裁判，若案件审理需要专业知识，可将一位法官更换为相关领域技术专家，同 3 名法官共同组成合议庭审理此案。③

二、大陆法系民事参审制的事实认定机制

（一）准备程序阶段

在德国，如果某项争点必须借由商人鉴定才能作出判断，或者某项商事习惯究竟是否存在有疑问，则依《德国法院组织法》第 114 条规定处理，适用商事混合法庭裁判。德国所有商事法庭毫无例外地均致力于使当事人获得快速审理程序。审判长依照《德国民事诉讼法》第 275 条规定先行期日，该期日通常是在起

---

① 参见刘为军译：《瑞典诉讼法典》，中国法制出版社 2008 年版，第 5 页。

② Darpo J. Lessons，*Learned from Swedish Experience in Environmental Law and Justice in Context*，Cambridge University Press，2009，p. 147.

③ C Diesen，*Lay Judges in Sweden*，Eres，Vol. 72，2001，p. 313–315.

诉及缴纳诉讼费用后三周内，最长为四周。德国商事法庭受理商事事件后，当事人通常须申请是否由审判长代商事法庭就本案作出裁判，当事人此项合意对于审判长并无拘束力，审判长如认为应由商事法官参与共同作出裁判，则应以商事混合法庭的审判组织进行审理。德国劳动法院适用参审制时，在口头辩论前必须充分听取双方当事人的陈述，了解当事人诉求，尽可能使裁判更加准确。德国商事法庭、劳动法院的准备程序均由职业法官进行，参审法官并不参与。专家参审的发动程序分为当事人一方单独声请、当事人双方合意声请、法院依职权裁定三种情形。当事人一方单独声请是指当事人声请使用专家参审制时，应于第一次言词辩论期日或准备程序第一次期日前以书状为之；法院酌定有无专家参审必要，就其声请作出裁定。当事人双方合意声请是指当事人合意声请由参审法庭审判，法院均应受其拘束。法院依职权裁定是指法院认为有必要由专家参审时，即使当事人未声请也可依职权裁定由参审法庭审判。第一种情形若法院作出不准许专家参审的裁定，当事人可提出抗告。

（二）口头辩论主期日阶段

大陆法系的商事法官、参审员、荣誉法官在事实认定上均与职业法官享有同等职权。以德国商事法庭为例，混合合议庭审理案件时排除书面程序的适用，通过口头审理方式进行。口头辩论程序中，商事法官可提出问题并发表意见。商事法官所具有的商人思维，也常促使当事人达成和解。适用参审程序的诉讼，以一次期日辩论终结为原则，如不能终结，应连日接续进行，以集中审理主义保障参审专家形成正确心证。参审专家认为有关事实判断的意见为当事人所忽略，应于言词辩论终结前向参审法庭说明该项参审专家意见，并应予当事人辩论机会。未予当事人辩论机会的参审专家意见，不得作为裁判之基础，以防产生突袭性裁判。

（三）评议阶段

《德国法院组织法》第 105 条第 2 项规定：商事法庭之全体庭员有相同之表决权。如果和解不成，必须形成判决，商事法庭先就判决主文及理由进行评议，评议表决时先由参审员投票，再由职业法官投票，审判长据此起草判决，然后送至商事法官住所或办公室，由其审视后签名。裁判评议应接续于辩论终结后立即进行，审判长在评议时应促使参审专家积极参与并作出适当评议，以反映参审专家经审判程序后所得心证，并减少受到外界干扰。评议时法官及参审专家应各自陈述意见，次序以参审专家为先，参审专家内部发言顺序以其专业与该诉讼最有关联者为先。参审专家对于抽象法规与事实关联性有疑义时，得请求审判长说明并记载于评议簿。裁判结论以多数意见为准，以参审法庭名义作出，并由法官及参审专家签名。评议时所持意见与多数意见不同，应记明于评议簿，并在评议后三日内具名提出书面意见并附于裁判书，以贯彻合议审判精神，提高裁判公信力。

三、大陆法系民事参审事实认定的规律分析

作为与司法专业化相悖的制度，民事参审在大陆法系民事司法体系居于次要地位，但仍具有一定生命力，外行参审作为跨越法系的设计，某种意义揭示了司法的本质和隐藏在司法制度背后的文化因素。德、法、瑞、丹的民事参审制及其事实认定机制，尽管程序细节或表现形式有所差异，但很大程度具有共性规律可循，对欧陆民事参审制事实认定规律的分析，对于构建我国人民

陪审员参与民事案件事实认定具有较直接的参考价值。

（一）民事参审制集中适用于专门领域

从以上考察发现，大陆法系国家及地区民事参审制集中适用于商事、海商、劳动等专门领域，传统民事诉讼领域对参审制仍紧闭大门，主要原因在于参审制对复杂法律问题力所不逮，同时在大陆法系要件事实论背景下法律问题与事实问题难以区分，成为传统民事诉讼领域适用参审制的天然障碍。德、法、瑞等国在相关专门领域适用民事参审制度具有以下特征：

其一，民事参审制适用于相关专门领域受制于历史传统及特殊的价值考量。德国商事法庭、劳动法院以及法国商事法院、农事租赁法院均具有深厚历史传统，与本国政治社会更迭变化发展具有深刻渊源。德国劳动法院由古老的营业法院发展而来，法国商事法院在法国大革命时期迎来黄金发展时期，正是契合了大革命的民主自治理念。欧陆几国民事参审制发展所构成的历史谱系，具有深沉的社会基础、法治文化、司法传统印记，是相关国家在特定历史时期做出的选择，并不能割裂其生成基础而轻言复制或移植。

欧陆几国民事参审制共同的设立目的是适应社会价值观多元化，增强法官法律外的专业知识，提升民众对司法裁判的信服度，但共同目的之下有其各自特定的价值考量，即使同一国之内不同专门法院的参审制也往往基于不同目的设立。商事法院、商事法庭引入参审制，是囿于职业法官不了解商事习惯法，而参审员隶属一定商事团体且具有商事执业经验和商事特殊知识，由其参与组成的商事法庭得依自身经验与知识裁判，而不需进行商事习惯调查，以简化诉讼程序，提升审判效率。劳动案件参审制度的设立，传统观点认为主要基于劳资团结理念。依原德国联邦劳动法院院长见解，荣誉法官虽来自劳资双方自治团体不同阵营，但并非用来凸显劳资双方不同且冲突的利益观，荣誉法官参与劳动诉讼是将经验及价值观当作资讯与事实，提供认定系争事实的依据，而不是借司法裁判彰显劳资双方不同的利益，因此荣誉法官应如同职业法官以客观标准及中立立场进行评价与衡量。[①]

其二，弥补法官专业事实认定能力不足是民事参审制的重要功能。这是欧陆几国民事参审制均集中于专门诉讼领域而非一般民事诉讼的重要原因。对于特殊的专业事实，必须进行技术性解读或理解，才能与相关法律概念联系起来。专业事实的认识非法官依逻辑法则所能推知了解。知识产权、环境保护及公害、证券金融领域的诉讼，如果法官难以掌握具体的专业事实，就可能因为涉及专业技术分析及理解的障碍，在司法三段论中的小前提确定阶段遇到无法认定的困难，从而影响裁判品质。尽管专业事实认定困难可通过鉴定予以缓解，但直接在审判主体中植入专业元素不失为另一选择，孰优孰劣将在第三章进一步探讨。

其三，基于当事人身份特殊保护而引入民事参审。如家事及少年案件，此类案件并不涉及专业事实认定，其与一般民事诉讼在事实认定和法律适用上别无二致，主要差异在于当事人身份差异，须予以特殊的人格性保护。法官对于法律及社会生活事实的掌握并无能力欠缺，但基于此类案件的特殊社会性质，适宜加入社会心理学、家庭社会学、青少年偏差教育等社会性质角度的考量，故引入专家参审有助于法院裁判的社会妥适性，避免狭义的事实认定正确性。当然，此情形与民事参审制事实认定并无直接

---

① RJ Allen, *German Adventage in Civil Procedure*, Nw. u. l. Rev, Vol. 58, 1987, p. 55 – 59.

关联，更多系一种法政策选择。

（二）参审员与职业法官同权主要限于口头辩论程序的核心判断[1]

参审员与职业法官在事实认定与法律适用上具有同等职权系欧陆各国民事参审制审判职权配置的核心内容，在民事诉讼法及相关法院组织法也均有参审员与法官同权的表述。然则，进一步考察欧陆各国民事参审制的具体程序设计，发现参审员与职业法官同权主要体现于口头辩论程序的核心判断，除此之外则为专属于职业法官的权限。《德国法院组织法》明确主审判程序之外的裁定，只有职业法官始能为之，[2] 意味德国州法院商事法庭审理商事案件时，参审员权限仅限于口头辩论程序中，准备程序事项参审员无权参与。在德国劳动法院的诉讼程序中，只要不是基于诉讼当事人间言词辩论所生之处分与裁定，概由职业法官单独进行，包括诉之撤回、已提出请求之舍弃或认诺、缺席判决异议的驳回、诉讼程序停止、仅就费用之决定、关于诉讼代理权的裁定等。[3] 荣誉法官对于所轮值之案件，只有参与庭审权及最后的参与裁判权，即与职业法官享有相同的裁判投票权，而不拥有法官的其他权力。即使是在口头辩论程序中，参审员权限仅限于针对证据资料的核心事务的判断，而不涉及诉讼指挥事项。值得注意的是，日本裁判员制度虽仅限于刑事诉讼，而未在民事诉讼中适

---

[1]　此处的核心判断领域主要相对于程序性判断而言，主要体现为民事诉讼中的实质性判断内容，之所以未使用实体判断领域的概念，是因为实体判断易与当事人诉讼请求是否合理联系起来，可能涉及法律适用，而不适宜由陪审员判断，故使用核心判断领域的提法。

[2]　参见《德国法院组织法》第30条第1项。

[3]　参见《德国劳动法院法》第53条第1项。

用，但也作出类似处理，即关于法令解释、诉讼程序之判断，由职业法官进行，裁判员参与核心判断事项之审理，由法官与裁判员共同为之，其他事项由法官办理。[①] 日本裁判员制度从刑事诉讼参审制视角与欧陆几国民事参审制的参审员职权限制形成呼应。如上所论，参审员参与民事案件审理及事实认定，并非案件审理权限由职业法官全体移转至参审员，法律问题之解释、一般诉讼程序异议的处理或诉讼指挥，因判断需以专业的法律判断及审判经验为基础，宜由职业法官专司处理。

（三）提升民事参审下的事实认定品质需建立体系化程序保障机制

如同英美法系民事陪审团的存在催生了法定序列主义，同时配之以非法证据排除、直接审理、集中审理、法官对陪审团指示等程序机制，欧陆几国在小范围适用民事参审制时，同样配之以相应的程序保障机制。相较英美法系对集中审理的推崇，由职业法官组成的大陆法系法庭采集中审理、言词审理的迫切性相对较弱，但适用民事参审制的案件，集中审理、言词审理则有其必要性，需要尽可能在一次口头辩论期日结束庭审，强调参审员在口头辩论期日的实质性参与，力促在口头辩论终结时获得明确心证。同时，适用民事参审制的案件不宜一次口头辩论解决，一般应交付审前整理程序，准备程序应扮演更重要角色，尤其应当摆脱事务型整理的束缚，发挥争点整理功能，确定庭审审理的事实争点，达成连续、有计划、迅速，且可以正确形成心证的审判程序。对于具有专业知识及审判经验的职业法官而言，各争点间的

---

① 参见林裕顺：《日本裁判员制度的观摩与前瞻》，载我国台湾地区《月旦法学杂志》2010 年第 5 期。

关系是不言自明之事；对于参审员而言，若未经过整理、归纳，争点只是扁平、散乱的排列，可能使得评议时无法聚焦，难以充分斟酌所有事实争点，最终导致参审员心证混乱。

相较于法律适用，事实认定与社会生活更为接近，更需要社会经验的参酌，案件事实也与生活事实有密切联系，在法官晓谕法的解释并对事实认定予以指引后，参审员可以进行适当的事实认定。欧陆几国民事参审制设计均注重参审员与职业法官的沟通交流。职业法官在审判中与思维逻辑有所不同的参审员接触，听取其言语表达、想法判断，并尽可能有所沟通、相互吸取，此过程有益于检讨可能存在的成见，从而使个案审理反映民意。① 欧陆几国均强调法官在庭审及评议过程强化对参审员的充分说明，使当事人攻防能使参审员理解，从当事人间辩论、法官与参审员间沟通交流两个维度促进真实发现，由法官与参审员共同评价证据，形成混合心证，选择判断最可能存在的事实。

第三节　苏东国家民事诉讼中的
人民陪审员认定事实

以苏联为代表的苏东国家民事诉讼实行人民陪审制，人民陪审员参与全部民事一审案件审理并与法官同权，成为一种独特的程序设计。尽管苏联民事诉讼及其人民陪审员制已成为故纸堆中的旧事而不复存在，但我国人民陪审员制度源于苏式人民陪审

---

① S Machura, *Interaction between Lay Assessors and Professional Judges in German Mixed Courts*, Relations Internationales, Vol. 72, no. 1, 2001, p. 451 – 479.

制，至今仍深受其影响。越南等社会主义国家民事诉讼仍在实行苏式人民陪审制。① 研究苏东国家民事诉讼的人民陪审员事实认定，对于理解我国人民陪审员制度事实认定的地位及结构的重要意义，并不亚于对英美法系民事陪审团及欧洲几国民事参审制事实认定的研究。

一、苏东国家民事诉讼中的人民陪审制

1917 年 11 月，苏俄人民委员会"关于法院的第 1 号法令"奠定了体现苏式人民民主风貌的人民陪审制的基础。之后"关于法院的第 2 号及第 3 号法令"进一步予以明确，直至《苏联宪法》第 103 条及《苏联法院组织法》第 8 条正式确立在全部民事一审案件中实行人民陪审制，由 1 名法官与 2 名人民陪审员组成合议庭审理。② 保加利亚、波兰、匈牙利等东欧国家《宪法》及《法院组织法》《民事诉讼法》均作出类似规定。③ 在苏东国家法律体系中，人民陪审制是社会主义审判民主最重要、最直接的体现。根据苏联学者 C. H. 阿布拉莫夫的观点，人民陪审制的意义在于保证根据苏联劳动人民的社会主义法律意识来切合实际地解决民事案件，同时吸引每个劳动者来执行审判权和管理国家的任务。④

---

① 参见米良等译：《越南、泰国民事诉讼法》，云南大学出版社 2010 年版，第 14~16 页。
② 参见［苏］古谢夫编：《苏联和苏俄诉讼及法院和检察院组织立法史料汇编（1917—1954）（上）》，王增润等译，法律出版社 1958 年版，第 110~125 页。
③ 参见《保加利亚宪法》第 127 条、《匈牙利宪法》第 46 条、《波兰宪法》第 49 条、《民主德国宪法》第 94 条、《匈牙利民事诉讼法》第 25 条等。
④ 参见［苏］C. H. 阿布拉莫夫：《苏维埃民事诉讼（上）》，法律出版社 1957 年版，第 40 页。

在参审案件范围方面，苏东国家基本实现普遍适用，参审范围大同小异。苏联、蒙古等实行基本无例外的全面适用，有的东欧国家则略有限制。匈牙利一审法院审理知识产权诉讼、所有权争议、债的争议（扶养和终身年金合同除外）、继承诉讼（继承合同除外）、抚养子女争议、执行程序争议，无须人民陪审员参加。非讼民事案件中，法院处理问题一般不需人民陪审员参加，但例外情况下人民陪审员也参加个别非讼案件，如发给个人用品的案件、按家庭法规采取临时措施的案件、保证酒精中毒患者子女生活费的案件。① 波兰非讼程序处理的案件原则上不要求参审员参加。捷克地区法院审理的第一审案件，涉及劳动或家庭法典规定的案件，可不由人民陪审员参与审理。② 南斯拉夫在经济自治过程中形成特殊的经济司法制度，成立专门的经济法院审理劳动组织、其他组织和社会共同体的权利义务方面的经济纠纷。为弥补职业法官经济知识的不足，适应经济案件专业性需要，选择熟悉经济业务、具有专门知识和社会威望的学者、科技人员、工人、农民担任参审员，以有助于查清案情，提高诉讼效率。《南斯拉夫经济法院法》第43条规定，凡专业知识或能力能够胜任经济法院审判任务的南斯拉夫成年国民均可当选为经济法院参审员，形成专家陪审员的制度设计雏形。③ 南斯拉夫经济司法中的专家陪审员制度，在苏东国家人民陪审制体系中，堪称独树一帜的发展方向。

---

① 参见［匈］L. 涅瓦伊：《匈牙利人民共和国民事诉讼》，刘家辉译，法律出版社1983年版，第56页。

② 参见陈刚：《社会主义民事诉讼法简读——沿革、诉讼主体及证据制度》，法律出版社2001年版，第4～5页。

③ 参见陈刚：《社会主义民事诉讼法简读——沿革、诉讼主体及证据制度》，法律出版社2001年版，第40～41页。

人民陪审员不仅在参审案件范围上基本实现全覆盖，同时基本享有与法官完全等同的职权。人民陪审员的任务是积极参加案件审理，并在审理过程中作为具有充分职权的审判员解决一切诉讼问题。任何侵害人民陪审员与职业法官权力平等的行为，均属严重违反法制，这种违反法律的文书或行为应予撤销或无效。[①]但也有个别东欧国家赋予职业法官在例外情形可以单独作出决定，如《民主德国民事诉讼法》规定，职业法官可在人民陪审员没有参加审理的情形下，作出如下决定：拘传债务人（第95条第2款）、查阅债务人设在财政和信贷机构的账目（第95条第4款）、通过执行结束债务人与第三义务人之间的债务关系（第119条第5款与第127条第2款）。

二、苏东国家人民陪审员参与下的事实认定机制

由于人民陪审员参与全部民事一审案件审理，事实上，人民陪审员参与下的事实认定就是整个民事诉讼程序中的事实认定，只需在理清整个程序过程的同时关注陪审员在其中的作用即可。

早在1918年7月苏俄司法人民委员部发布的《关于各地方人民法院的组织和活动的指示》就规定，审理案件由审判员报告案件开始，对案件作一个正确完整的报告，主要目的是确定法庭审理的范围，阐明争执的问题和事实等，即确定案情审问的范围和界限；然后由原告发言，可简单叙述事实或解明事实，再由法院简单陈述诉讼的内容并询问被告是否承认诉讼，随后听取被告

---

① 参见［匈］L. 涅瓦伊等：《经互会成员国民事诉讼的基本原则》，刘家辉译，法律出版社1980年版，第70页。

意见，并由法院询问证人、检查案卷中出现的证据。[①] 在案件报告和当事人陈述后，法院直接审问和调查案情。在复杂案件中，审查证据的顺序由法院在听取当事人意见后加以裁定。询问证人的程序、询问证人的顺序由职业法官决定。[②] 法庭调查在当事人参加下对证据进行调查，如询问证人、进行鉴定、检查书面证据和物证、询问当事人。原被告、第三人、参加诉讼的检察长都有权向证人、鉴定人、当事人提问，向法院提交证人陈述、鉴定人意见、勘验的材料等。法院在调查证据中起着积极作用，审判员和人民陪审员都应当提出问题，检查物证，了解书面证据。法院在听取当事人意见后才能作出结束调查案情的裁定，如果当事人提出有理由的申请，一切可以作为证据的材料，仍准许补充。当事人辩论主要是当事人根据法院审理过的一切材料向法院提出意见和结论，当事人也可就适用法律问题向法院提出意见，但不得提出未经审判庭审查过的材料。辩论中首先由原告发言，在发言中论证自己的诉讼请求，证明自己的诉讼权利，阐明被告侵害行为的事实和诉讼请求的范围。被告发言主要用庭审已审理过的资料从事实和法律方面论证反驳意见，驳斥对方理由并解释法律关系。法院在当事人辩论时如果发现有审查新的事实和证据的必要，可以依自身职权或根据当事人申请作出对案件重新审理的裁定，重新审理完毕，再依一般规定开始当事人的辩论。如果法院认为案情已足够明了，可终结言词辩论。[③]

审理时发生的一切问题，关于延期审理、传唤证人等，均由

---

① ［苏］加里夫噶尔金：《苏维埃法院的组织与活动的民主原则》，陈汉章等译，新华书店 1950 年版，第 67~68 页。

② 参见《苏俄民事诉讼法典》第 135 条。

③ 参见《苏俄民事诉讼法典》第 108 条。

包括人民陪审员在内的合议庭全体成员共同解决。不同于英美法系限制民事陪审团向当事人和证人发问，人民陪审员有权向当事人、证人发问。根据诉讼程序的不间断原则，案件审理一经结束就应作出判决。判决前需要职业法官与人民陪审员共同进行合议，合议由担任审判长的职业法官主持，审判长整理需要解决的问题，人民陪审员可提出问题讨论。为了作出有根据的和合法的判决，法院应当依次讨论事实构成问题和法律问题，即哪些事实已经确定，哪些事实未确定，从已经确定的事实中得出怎样的逻辑上的结论；当事人的法律关系如何，应当适用何种法律规范，应该怎样根据此项法律规范并按照所确定的事实解决当事人间的纠纷。

三、人民陪审制在苏式民事案件事实认定中的逻辑自洽

（一）人民陪审制被视为发现客观真实的有力武器

客观真实原则是苏联、波兰、匈牙利、保加利亚、捷克、民主德国等苏东国家民事诉讼法开宗明义的普遍立法设置。[①] 根据苏式民事诉讼法理，法院所确认的事实是客观、绝对的，法院为

---

① 《苏俄民事诉讼法典》第 14 条规定，法院可不受当事人请求与主张约束，有权查明任何被认为对案件有重要意义的事实。《波兰民事诉讼法》第 2 条指出，法院必须力求全面调查一切重要案情，了解事实关系和法律关系的真正内容。《匈牙利民事诉讼法》第 1 条规定，法院应根据真实情况解决民事争议。《保加利亚民事诉讼法》第 4 条强调，法院在全面查明当事人的真实权利和相互关系的时候，应当积极参加。《捷克宪法》要求民事审判中法院能够查明作出判决依据的真实案情，《捷克民事诉讼法》则要求法院应主动处理案件，并且做到尽可能正当而正确地查明真实情况。《民主德国民事诉讼法》第 2 条指出，法院必须查明和确定对判断具有实质意义的事实。[匈] L. 涅瓦伊等：《经互会成员国民事诉讼的基本原则》，刘家辉译，法律出版社 1980 年版，第 85～86 页。

了确认当事人的真实权利和相互关系，就应当承认所确认事实的法律意义。因此，客观真实概念也包括事实的法的评定，这一评定是由法院根据法规范所承认的。① 所谓法律事实，就是法律规范规定的存在状态与一定法律后果相联系的事实情况。双方当事人所主张的法律事实，是法院确定待证事实范围的依据，法院可以依职权补充法律事实作为待证对象，被法律确定为对解决争议有意义，导致法律关系产生、变更和消灭的法律事实，就是证明对象。② 原告起诉应指明作为起诉理由的法律事实，被告在答辩时也应举出作为反驳理由的法律事实。原告应对作为请求理由所引用的事实情况加以证明，此事实情况是发生、变更或消减法律关系的法律事实。构成起诉理由的事实分为作为法律关系发生根据的事实或积极的诉的理由和事实，以及对原告权利发生争议的事实或消极的诉的理由和事实。法院在诉讼中的首要活动是为了查明和确定事实情况，证明作为当事人权利和义务根据的事实的真实性。对诉讼法的证明而言，实体法的规范有着重大意义，这些规范决定着应当证明的事实构成，有时也规定着证明手段的种类、证明责任的分担、证据的关联性和许可性等。③

实现客观真实的程序设计原点要求法院在审查事实和证据方面采取主动行为，同时也尽其可能、倾其所有地动用一切有利于实现客观真实的武器，人民陪审制正是发现客观真实的重要武器

---

① 参见［苏］C.H. 阿布拉莫夫：《苏维埃民事诉讼（上）》，法律出版社 1957年版，第 9 页。

② 参见陈刚：《社会主义民事诉讼法简读——沿革、诉讼主体及证据制度》，法律出版社 2001 年版，第 83 页。

③ 《苏俄民事诉讼法典》第 126 条第 4 款规定，原告应向法院陈述作为起诉理由的法律事实，被告在答辩时也应当举出作为反驳理由的法律事实。

之一。人民陪审制与社会主义辩论原则、① 苏式审理方式及庭审结构等要素相互影响、共同作用，构成了以发现客观真实为目的的苏式民事诉讼的基本结构。同时，根据苏联社会主义民主理念，案件系源于社会中具体人之间的权利与义务纷争，作为人民陪审员的苏维埃公民的社会主义法律意识有助于一审法院发现客观真实。同时，法官在一些专业性事实认定方面知识不足，人民陪审制可有效弥补职业法官知识不足，多元化的审判主体结构有利于从各个角度全方位调查案件事实从而发现客观真实，人民陪审制在发现客观真实的程序设计体系中被赋予重任。

（二）内心确信与人民陪审制

苏维埃证据法否认依靠任何形式的根据来评价证据，把依靠一切案情综合审查的内心确信作为认定案件事实的唯一根据。在苏联民诉法学者的论述及立法例中，审判者根据内心确信和社会主义法律意识对证据可靠性及在确定事实成立上的价值所作出的决定叫证据的判断。证据的判断是法院对于每个证据的个别证据力和一切证据的总证据力所作的决定。② 审判者在调查和判断证据过程中应当坚守唯一正确的标准——作为客观存在的事实在人们意识中的反映行事，这些事实以及审判者所调查的证据都是一种客观现实，独立于审判员意识以外且不以审判者意识为转移，

---

① 社会主义辩论原则的本质在于，提出应当在法庭上审查的事实和论据的义务首先由当事人及其他对诉讼结果有利害的人承担，但为了查明案件的客观真实，法院还应去调研当事人没有提出但对案件有重要意义的其他事实，社会主义辩论原则同客观真实原则不可分割地联系在一起。参见［苏］C. H. 阿布拉莫夫：《苏维埃民事诉讼（上）》，法律出版社1957年版，第59～60页。

② 参见［苏］古谢夫编：《苏联和苏俄诉讼及法院和检察院组织立法史料汇编（1917—1954）（上）》，王增润等译，法律出版社1958年版，第121页。

但却为审判员意识即审判者的内心确信所反映出来。① 审判者的判断应在对世界、对人与人的关系、对自身生存目的和任务的基本观点中寻找论据。② 苏联的自由心证尽管形式与大陆法系类似，但在判断标准上强调社会主义法律意识，审判者的世界观、政治观和道德观，人与社会关系等体现苏东国家社会理论特色的要素，这些要素的注入为人民陪审制与苏式自由心证建立联系埋下了伏笔。

社会主义法律意识在苏联民事诉讼体系中居于重要位置，在苏联证据法权威学者维辛斯基眼中，法律意识不是抽象概念，是关于应有、必要、必须、合法、历史上所决定的具体概念。维氏认为，审判者的内心确信由两种因素构成，法院借助证据所认识的案件的事实情况即客观因素，审判者的社会主义法律意识即主观因素。③ 审判者心证由社会主义法律意识所培育，具体而言是由包括社会、周围人们、对国家天职的社会主义关系原则所培养，决定这种心证的是人的全部世界观。

从社会主义法律意识的基础、结构及解释看，其本身即与社会主义民主审判原则相互依存，甚至社会主义法律意识的产生亦是社会主义民众共同意识的结果。作为社会成员的人民陪审员，在社会主义法律意识的理解上并不亚于职业法官，还可以在一些方面更接近社会主义真理与正义。将掌握本源性真理的人民陪审员与具有熟练审判技巧的职业法官结合起来，无疑被苏式民事诉

---

① 参见［苏］C. H. 阿布拉莫夫：《苏维埃民事诉讼（上）》，法律出版社 1957 年版，第 249 页。

② 参见［苏］A. 克林曼：《苏维埃民事诉讼中证据理论的基本问题》，西南政法学院诉讼法教研室 1984 年翻印，第 43 页。

③ 参见［苏］维辛斯基：《苏维埃法中的诉讼证据理论》，王之相译，人民出版社 1954 年版，第 55 页。

讼结构视为最佳的心证形成模式，亦是最佳的发现客观真实的组合。同时，人民陪审员的心证与社会主义法律意识对于职业法官心证形成的制约效应，被视为对于发现客观真实是有益的。基于此，人民陪审制、自由心证制度与发现客观真实目的在苏式民事诉讼结构中实现了自身的逻辑自洽。

（三）民事诉讼结构与人民陪审制

苏式民事诉讼审理结构分为庭前准备程序与公判程序，庭前准备主要是审判员在法庭审理前补充证据材料，以及从事有利案件正确处理的其他活动。根据《苏俄民事诉讼法典》第 80 条的规定，审判员接受诉状后应在裁定中确定该案件准备工作的内容，即确定需要进行哪些准备行为，以及依何种程序解决哪些问题。审判员如果认为案件业已准备充分，或因必要的证据已经具备而无须再做准备工作时，就可作出裁定并确定日期开庭审理。审判员在案件准备中进行下列行为：解决传唤必要的证人到庭问题；命令被告或第三人提出书证；收到诉状时，以询问原告的方法查明被告人可能的答辩，并且命令原告提出必要证据；关于特别复杂的案件，可传唤被告预行询问案情；进行现场勘查及鉴定；特殊情况下经当事人同意，可接受不能到庭证人的书面陈述。在进行案件准备工作时，审判员应当尽可能地保证收集该案件的一切必要证据。尽管陪审员可以参加解决在诉讼进行中发生的一切问题，但庭前准备活动多数情况下由法官单独进行。① 庭前准备活动结束的标志是"达到足以满足开庭审理的需要"，既是发现客观真实的需要，亦是基于庭审判断活动由职业法官与人

---

① 参见〔苏〕C. H. 阿布拉莫夫：《苏维埃民事诉讼（下）》，法律出版社 1957 年版，第 89 页。

民陪审员共同参加，相较法官可对未经庭前整理的诉讼资料进行审理并作出判断，人民陪审员只有面对经过整理、相对清晰的诉讼资料才便于作出正确判断。尽管苏式强制性的庭前准备程序并非为人民陪审制所独设，但应当对庭前准备程序与人民陪审制下的审判组织特殊性相互匹配有所考虑，即可认为人民陪审制的存在是建立强制性庭前准备程序的因素之一，同时人民陪审制与庭前准备程序均有利于实现发现客观真实的目标，两者在制度功能上具有同目的性与内在契合。

第四节　域外民事诉讼中陪审员
认定事实的共性规律分析

英美法系民事陪审团、大陆法系民事参审制、苏式人民陪审制作为非职业法官参与民事诉讼的三种主要形态，在与本国诉讼程序、司法文化、法律传统的融合中形成了各自经验与模式，其中既有共通逻辑，亦显各自特征。① 分析三种形态的事实认定规律，增加对非职业法官参与民事诉讼活动规律性的认知与体认，是构建我国人民陪审员参与民事案件事实认定机制的前提。

一、认定方式深受法系影响

无论是英美民事陪审团制、欧陆几国民事参审制，或是苏式

---

① 苏式人民陪审制已基本退出历史舞台，但基于对我国的影响及越南等社会主义国家仍在适用，故仍在此部分与英美民事陪审团制度及大陆法系民事参审制共同加以论述。

人民陪审制，都是契合自身的选择。民事陪审团的发展是英美社会结构中平等与民主价值的制度反映，陪审员将生活经验适用于事实认定并独立得出结论，司法制度所追求的正是普通人作出的判决结果。以德国劳动法院中的民事参审制为例，德国十九世纪的劳工运动使劳动者对诉讼制度及秩序持怀疑与不认可态度，希望形成非官僚的处理程序，俾劳动者愿意信赖并接受其裁判，进而承认国家法律的拘束，劳动法院的民事参审制应运而生。荣誉法官分别代表劳资双方各自利益与价值观，呈现社会学式的解析事实进而为裁判，特别是透过此设计展现劳动诉讼作为社会自治机制一环的本质，在提高司法信赖、达成社会整合、提高司法权民主基础等方面，均有职业法官裁判难以实现之价值。苏式民事诉讼尽管与现代诉讼理论及理念不符，人民陪审制全面发现客观真实的目的也被认为难以实现，但其在诉讼结构体系内部实现逻辑自洽。概言之，各国民众参与民事案件事实认定机制的产生、发展与塑形，均是历史的产物。

　　法系总是与历史有极深渊源，各国民众参与民事司法的方式及事实认定的具体形式，不可能脱离法系而独立存在。普通法法院的令状制度、单一争点诉辩及陪审团在英美法系形成初期发挥了重要作用，之后在与衡平法院调整对象的相互博弈与竞争中促进了英美法系的发展，如因账目清算等复杂衡平法诉讼的出现，使衡平法院开始出现证据开示的雏形，《美国宪法第七修正案》确定民事陪审团在普通法院诉讼中适用的地位，之后普通法院与衡平法院合并、两类诉讼程序合一，陪审制与诉讼程序的集中化、当事人主义下的对抗制诉讼程序，共同构成英美法系民事诉讼的三大支柱。反观在推崇职业法官专业化、以规范出发型的诉讼结构为基础的大陆法系中，在部分特别领域实行民事参审制，是基于历史形成的特殊原因或特殊考量,并不具有普遍性。苏式人民陪审制则与苏联国家及治理方式的形成、诉讼模式的选择甚为贴近,契合了苏联法传统需要,理所当然具有苏式超职权主义的法系色彩。

二、陪审员认定事实应与程序结构相协调

首先,勿论采何种形式,发现真实是各国民事陪审事实认定的共同目标。英美民事陪审团被赋予独立事实认定权,重要原因是陪审员的事实判断被称为"上帝的声音",陪审员的常识常理常情有利于对源于生活事实的案件事实作出准确认定,从而发现真实。大陆法系部分国家及地区在部分专门案件中赋予参审员事实认定权,很大程度是为了弥补法官专业知识不足,或出于社会价值多元化考虑,也是为了更好地发现案件事实。苏式民事诉讼结构中,在配以审前程序、不间断审理、直接原则等武器后,人民陪审制被认为是发现客观事实的有力武器。

其次,陪审员参审下均采类似审理结构。尽管诉讼目的、功能、模式各不相同,但苏式民事诉讼结构与英美法系的法定序列主义具有外观相似性,审前程序与庭审程序分离的程序设计,使庭前准备活动整理争点后能够达致一次性开庭之效,也有利于陪审员在庭审中面对相对清晰的诉讼资料作出判断。这种形式上外观相似性的产生,很大程度是因为陪审制为苏式、美式民事诉讼的基本原则,同时这套具有外观相似性的程序设计也极度契合陪审制运行,所以成为迥然不同的两大法系的共同选择。尽管口头辩论一体化系欧陆民事诉讼结构特征,但欧陆几国在小范围适用民事参审制时,亦认为不宜一次口头辩论解决,一般应交付审前

整理程序进行争点整理后再由参审员与法官共同作出事实认定，再次印证了这种具有外观相似性的审理结构在陪审制中的共通性。

最后，强调庭审作为陪审员形成心证的重要场所。基于陪审员作为普通人的认知规律，以及未受法律专业训练的特征，其自由心证的方式应主要通过居中聆听庭审阶段的言词审理实现，而不是通过阅览书证、主动询问实现，这是三种模式的另一共通之处。在英美陪审制下这一特征更加明显，早期英美陪审制由陪审员做笔记，认为不利于其聆听庭审，后美国部分州允许陪审员做笔记，但做笔记不能影响观察证人，一般仍严格限制陪审员对证人提问，认为与对抗制相冲突，陪审员在提问调查中可能失去中立性。① 提出的问题或对查明事实无益，或影响庭审效率，可能形成陪审员与证人的对抗，相较于英美法系法官的消极中立，陪审员应该更加消极中立。欧陆几国民事参审制、苏式人民陪审制强调陪审员与法官具有同等职权，但庭前准备程序由法官主持，陪审员发挥作用的场所仍在庭审阶段。德国民事参审制为体现直接审理及口头辩论原则，参审员也有询问权利，能够询问当事人、证人、鉴定人，参审员较英美法系民事陪审团更为积极，这是两大法系法官地位及作用的差异使然，不能否认庭审系大陆法系参审员形成心证的唯一场所。

三、自由心证是陪审员认定事实的共通原则

大陆法系民事诉讼中的自由心证自不待言，即使英美法系存

---

① Paul D. Carrington, *Civil Jury and American Democracy*, Duke J. Comp Intl L., Vol. 13, no. 3, 2003, p. 23 – 28.

在大量的证据排除规则对证据能力予以规制，但仅是减少事实裁决者接触的证据总量，并未涉及如何对待已采纳的证据，事实认定者享有自由评价证据的证明力和自由依证据进行推论的权利。与法定证据制度相比，普通法规范证据评价就微不足道了，这种规范看起来仅是强大的自由评价证据之证明力涌流中一个微弱的逆流。① 苏式民事诉讼同样高度重视通过自由心证来保障事实认定合理性，要求法官和人民陪审员根据社会主义法律意识，把依靠一切案情综合审查的内心确信作为认定案件事实的唯一根据。在外行参与审判的情况下，由于陪审员（参审员）未经证据规则训练，仅能以生活经验、良心常理认定事实，对自由心证的需求无疑较职业法官裁判更加迫切。尽管三种模式下陪审员参与民事案件事实认定上存有差异，但自由心证是毫无疑问的具有普适性的规则，陪审员的常理常情常识只有在自由心证语境下才显得尤为珍贵。若采法定证据制度，民事陪审制则无任何存在的必要及空间。英美法系民事陪审团与大陆法系民事参审制的心证公开存有一定差异，大陆法系民事司法正当性取决于判决背后的逻辑，法官不仅有义务明确法庭认定的事实，而且有义务阐明支持证据调查结论的各项证据资料以及从这些证据导向特定事实判断的推理环节，并在判决书中予以充分公开。英美法系民事陪审团无须对事实认定的理由作出说明，更不需要进行事实认定理由的心证公开，以保障陪审团事实认定的独立性，从而成为"上帝的声音"。

---

① 参见〔美〕米尔建·R·达马斯卡：《漂移的证据法》，李学军等译，中国政法大学出版社 2003 年版，第 58 页。

四、注重法官与陪审员在事实认定上的互动

鉴于陪审员未经法律职业训练而在司法技术上有所不足，同时民事诉讼中事实问题与法律问题的交错，法官与陪审员需要就事实认定在庭审过程中进行不断的沟通交流。大陆法系参审制中，职业法官和陪审员共同听审、评议，法官与陪审员的沟通交流较为便利，两者作为混合主体进行审判，在共同认定事实时陪审员可随时得到法官指导，可在庭审、评议等阶段进行无障碍的沟通。在法官与陪审员就事实认定进行信息沟通方面，英美审判法庭面临的情况更加复杂。英美法系实行事实认定主体与法律适用主体分离的法庭二元结构，陪审团与法官在事实认定方面基本实现物理隔离，对于沟通交流机制的需求更为迫切，故英美法系建立了强大的沟通交流的程序机制，主要通过法官对民事陪审团事实认定的制约机制实现，如前所论的陪审团事实认定权的排除机制、要求陪审团重新审理的机制、法官对陪审团的指示机制等，这些精细的程序设计使得陪审团与法官在事实认定上能够实现有效的沟通、交流与互动。相较而言，英美法系两者的沟通机制更为程序化、精细化，大陆法系两者的沟通机制则相对随意、简单，但均在各自诉讼结构内实现了法官与陪审员就事实认定进行互动交流、促进事实认定合理化的制度目的。

五、陪审员事实认定职权限于核心判断领域

英美法系陪审员事实认定职权限于核心判断领域自不待言，具体而言，其职权局限于自由评价证据的证明力和自由依证据进行推理，证据能力判断、诉讼指挥、案件管理等均属法官专有职

权。大陆法系尽管在民事诉讼法及法院组织法中明确参审员与职业法官同权，但如前所述参审员职权主要体现于参与庭审权及最后的参与裁判权、口头辩论程序的核心判断、合议庭评议阶段的投票权，主审判程序之外的裁定权以及案件和解等职权均由职业法官行使，诉讼指挥权也专属职业法官。证据能力判断亦属于核心判断事项，英美法系由法官依证据规则判断是否具有证据能力从而决定进入陪审团视野范围的证据，大陆法系则由法官自由心证。需讨论的问题是，大陆法系参审制下，证据能力判断是由法官与参审员共同依心证自由判断，还是由法官判断。多数观点认为，证据能力有无之诉讼程序之判断事项由法官行使，以免影响参审员心证，再则证据能力之有无常需法律解释，由法官处理为宜。[①]

六、陪审员参与专业事实认定渐成共通之处

欧陆几国民事参审制的产生，很大程度与专业事实认定有关，集中适用于商事、海商、劳动等专门领域。尽管同一国之内不同专门法院的参审制往往基于不同设立目的，但回应社会价值观多元化，增强法官法律外之专业知识，补强法官专业事实认定能力，提升民众对司法裁判信服度，是欧陆几国在专门领域引入民事参审制的主要原因。恪守民事陪审团的平民化，强调陪审员常人智识的事实认定功能，系英美法系民事诉讼始终坚守的原则。但随着科技发展的日新月异，技术类复杂民事案件事实认定成为普通民事陪审团与法官均难以妥善完成之任务。为破解此项

---

① 参见张永宏：《研拟引进参审制度之讨论》，载我国台湾地区《法学杂志》2011 年第 2 期。

难题，负责复杂、专业类事实认定的蓝带陪审团在争议声中成为美国民事陪审团发展的新趋势，专业类案件成为两大法系外行法官参审的共同领域。

第三章　陪审员参与民事案件
事实认定的制度价值

第一节　陪审员参审对于事实认定合理化的作用

以陪审员作为普通人判断的人性特征为检视标准，结合经验法则、证据原因、证明度等事实认定结构要素以及专业事实、公共案件事实认定等情形，明确陪审员参审促进事实认定合理化的具体路径与形式，不仅构成该制度的正向价值，更是形塑陪审员参与民事案件事实认定机制的理论铺垫。尽管本部分以陪审员事实认定为题，但并非为其正当性寻找论证依据，而谨求以中立客观立场对陪审员认定民事案件事实的价值进行理性分析。

一、活化经验法则在事实认定中的运用

事实认定实为心证形成过程，心证形成过程是自由心证的过程。尽管英美法系在证据能力评价上设置细致规则，但两大法系在狭义的证据评价即证明力判断上均采自由心证主义。自由心证并非恣意，事实认定者在心证形成过程中须受经验法则、逻辑法则的约束。经验法则在事实认定合理化中具有重要地位，裁判者只有借助经验法则才能理解当事人主张的旨趣，合理评价证据证

明力，进而作出合理认定，包括矛盾律、同一律、排中律在内的逻辑法则相较经验法则更多呈现辅助性质。如何活化经验法则在事实认定中的运用，一直是一项未解难题，陪审员参审能够一定程度在某些环节起到积极作用。

（一）经验法则在事实认定合理化中的运用

通常以为，经验法则是人之生活经验定则，从经验中归纳出来的有关事物的知识或法则，包括一般的生活常识到关于一定职业技术或科学专业的法则，是人类以经验归纳所获得的有关事物的因果关系或性质状态之法则或知识。[①] 经验法则作为一般知识，尽管具有特殊体验性，但不是个别人特有的经验，至少在一定范围内得到普遍认可或属于已被接受的知识，或在特定人群中被认可，为一般人理解、知晓或认同的社会常识。[②] 对作为自由心证约束力量及合理化保障的经验法则的探讨，自然首先离不开对自由心证路径的探讨。法官认定事实即心证形成有两条路径，证据评价中的自由心证和从间接事实推定主要事实的自由心证。无论哪条路径，裁判者的思维构建都应以该社会认知背景所给予的经验法则为前提。在对直接证据的证明力评价的自由心证中，证据证明力的有无、大小及与事实认定结果的或然性联系，均须经验法则发挥作用；在从间接事实推定主要事实的自由心证中，更是以经验法则为大前提，间接事实为小前提，运用三段论推理求证某一主要事实，如果不具备经验法则或欠缺合理运用，则间接证明的大前提为伪，间接证明的三段论推理在逻辑起点上则为错

---

① 参见陈荣宗、林庆苗：《民事诉讼法》，我国台湾地区三民书局1996年版，第489页。

② 参见郭华：《案件事实认定方法》，中国人民公安大学2009年版，第6页。

误。对于证据能力的判断实际亦与经验法则相关，只不过英美法系就此专门设定规则并交由法官事先予以筛除，大陆法系则并未作出如此精细设计，而由事实认定者一并处理。

大陆法体系事实认定过程中，法官对于经验法则的选择及取舍属于事实认定者专属职权，但当这种选择及取舍明显不合常识时，须受到判决说理的事后制约，同时进一步受到上告审的制约。基于此，有观点认为将经验法则视为法令，违反经验法则的事实认定可以直接认定为违反法令。① 但经验法则的选择及取舍，仍然取决于事实审法官的自由心证，自由心证的对象应是事实问题不应为法令，法律审程序虽可对违反经验法则的事实认定予以审查，但不宜以此逆向推定经验法则为法令，而可将此种情形视为基于经验法则特殊性而在法律审程序中设置的一个特例。

经验法则既是自由心证的保障，又是自由心证的内容，作为一种不完全归纳，主观性为其本质特征，但作为一种从具体到抽象的一般性知识，经验法则又具有一定客观性。一般性与一定客观性决定了经验法则的抽象性，体现为在无反例的情况下经验法则在一定场域的适用具有普遍性，但经验法则更是具体的，具有流动性与个案性，必须结合个案及背景妥善运用。经验法则具有主观与客观、抽象与具体交错的特征，经验法则的运用仍需依赖经验法则的复合关系，形成了一种循环论证，使其合理化适用更显困难。由于经验法则主观性与客观性、抽象性与具体性兼具，经验法则仍属裁判者心证范围，在实践运用中常难以把握，人们亦在探寻经验法则之外的事实认定合理化路径。另一条路径即自

---

① ［日］田尾桃二、加藤新太郎：《民事事实认定》，判例时报社 1999 年版，第 165 页。

由心证的客观化，如贝氏定律等客观化计算方法的引入。[①] 这些客观化方法主要依靠数理公式计算事实发生之概率，但自由心证客观化路径可能剥夺裁判者主观判断功能，从本质上与自由心证主义相悖，因此自由心证客观化路径并非值得依赖之路径，事实认定合理化仍需依赖经验法则发挥作用。

（二）陪审员参审在经验法则合理化中的作用

自由心证客观化路径因违背自由心证基本原理而不可能成为通常的选择，判决书说理作为事后制约机制，对经验法则合理化运用更多具有威慑与指引作用，相对欠缺一种事实认定过程中的合理化机制。陪审员参与对于经验法则在事实认定过程中的合理化具有独到价值。

1. 陪审员认知规律与经验法则运用的内在契合

职业法官应以一般社会认识作为基准或大致尺度，谨慎对待经验法则，否则可能不利于事实认定合理化及裁判公正。[②] 法官个人经验或欠缺一般性之观察基础且不具备可检验性，并不能认为是经验法则，而是成见或偏见，非经验法则认知的排除以及经验法则的理性化与净化实为一重大课题。[③] 经验法则作为为一般人理解、知晓或认同的社会常识，其合理化运用最直接的办法即普通民众作为事实认定者或者事实认定者的组成部分直接参与经验法则的运用，进而有效参与到事实认定过程。法官以经验法则

---

① 参见雷万来：《民事证据法论》，我国台湾地区瑞兴图书股份有限公司 1997 年版，第 97 页。

② 参见张卫平：《司法公正的法律技术与政策：对彭宇案的程序法思考》，载《法学》2008 年第 8 期。

③ 参见雷万来：《经验法则在民事诉讼上的性质与作用》，载我国台湾地区《军法周刊》1997 年第 10 期。

作为案件事实认定的方法，其经验不应超出一般人的理解水平和能力，这也是英美民事陪审团认定事实的合理性所在，尽管法官在职业理性上高于一般人。英美民事陪审团制度下，案件事实认定来自社会各阶层的普通人的日常生活经验法则，陪审员也基本不存在特殊经验或超常人的智慧，认定事实所采经验法则更接近于当事人，特别是来自不同行业、不同阶层的陪审员形成的意见，尤其是一致意见，更能体同一般人的常识性经验。[①]

经验法则适用之难，主要在于主观性与客观性、抽象性与具体性兼具及其冲突上。陪审员的认知规律及参审的诉讼程序设计，对消解此难题有所裨益。陪审员对经验法则的补强无疑具有主观性，但陪审员带来的普通民众理念可以为经验法则的客观性注入具体内容；陪审员对抽象性的经验法则可能难以言说，但对具体化的经验法则较为关注，而经验法则在个案中的运用必须具体化，陪审员的这种认知特征对经验法则具体化是有益的，而法官则可能集中注意力于抽象性经验法则的总结与解释，从而形成法官与陪审员在经验法则运用上的分工。此外，如存在一个具有相同特征人的一贯行为，其中关系人之间对此具有社会控制性拘束力的认识的彼此牵连性高，那么关系人彼此间之贯行不妨在该等共同特征人间之纠纷时，可视为经验法则。[②] 此原理对于专门案件中专家陪审员参审具有指引价值，在商事、医疗诉讼等领域引入商事法官或医疗专家担任陪审员，其就专业知识形成的经验法则对于判定案件中当事人的主观认知及相关专业事实具有一定

① 参见刘春梅：《自由心证制度研究：以民事诉讼为中心》，厦门大学出版社2005年版，第152页。
② 参见姜世明：《证据评价论》，我国台湾地区新学林出版股份有限公司2015年版，第104页。

意义。

2. 有助于证据评价及事实推定的合理化

在职业法官与陪审员共同负责事实认定的大陆法系参审制下，法官与参审员相互协作，不断进行沟通讨论，可使经验法则的合理性、普遍性适用得到差异性、多视角的检验，矫正法官经验法则运用的偏差与专断，最终形成的混合型心证可能较职业法官形成的心证更符合经验法则要求。在经验法则发挥作用的两条路径上，即证据证明力评价与从间接事实推定主要事实（事实推定），陪审员的参与均有助于其合理化。德国法对事实推定的情况曾存在证明责任或证据评价的性质争议，后逐步形成共识，事实推定是无固定证明强度的情势，更多属于通常情势范围和经验法则的类别，属于事实问题而非法律适用问题。[①] 证据评价中的自由心证主义和从间接事实推定主要事实的自由心证主义是否同一，可能存在不少问题，前者包括诸如证人的表情等极其个别化的因素，必须在证据现场才能作出判断，而后者主要针对相当程度上已经类型化和定型化的事项，因此可区别为评价证据方法的经验法则和与事实推定相关的经验法则。[②]

证据评价主要是对其证明力的评价，证据证明力有无及大小，由事实认定者基于生活经验、一般知识以及对人类行为与动机的了解合于理性地评估。[③] 证据证明力评价是一个事实问题，需要依赖普通人常识及生活常理，在自由心证主义下不会对证明

---

① 参见［德］普维庭：《现代证明责任问题》，吴越译，法律出版社 2006 年版，第 79～84 页。

② ［日］伊藤滋夫：《事实认定的基础》，有斐阁 1996 年版，第 198 页。

③ 参见［日］高桥宏志：《重点讲义民事诉讼法》，张卫平、许可译，法律出版社 2007 年版，第 34～35 页。

力判断作任何规制，陪审员参与证据证明力判断，能够使此判断行为更符合社会对证据证明力评价的一般趋向，从而使经验法则在证据证明力评价中的运用得以活化。毕竟陪审员是以直接参与的方式将活生生的对经验法则的理解提交至法官面前，在法官面前讲述对证据证明力的理解，陪审员呈现的经验法则可能仍不完整，但毕竟对于职业法官单一认知构成重要补强，且参审制下陪审员仅为事实认定主体之一部分，法官与陪审员的商谈和交流可进一步排除歧见与偏知，最终形成最符合经验法则的证明力判断。英美民事陪审团在经验法则运用上有独立权限，但在对陪审团的保护与不信赖纠结中的英美民事诉讼制度已设计系列制约机制予以制衡。

以直接证据认定主要事实实属少数，故评价证据方法的经验法则运用较少，而以间接事实推定主要事实更为常见。裁判者于推定事实之际，为获得更趋合理之结果，除须选择采取"合理的经验法则"作为推理前提，同时须以经验法则推定事实盖然率。① 陪审员对事实推定的价值体现在两个方面：一是作为大前提的经验法则确定；二是事实推定的演绎过程。对于前者，经验法则在事实推定中居于大前提位置，即类似于法规之地位，但又并非真正的法规，经验法则的确定亦非法规的适用，仍是事实认定的组成部分。理由是此处之法具有接近自然法之性质，是社会通常观念、民众朴素认知、一般正义理念的集合，不具备法规的稳定性与法适用的技术性，而更需将个案情事与社会通常正义观结合起来考量并予以确定作为大前提的经验法则是否存在，具有归纳法

---

① 参见雷万来：《民事证据法论》，我国台湾地区瑞兴图书股份有限公司 1997 年版，第 102 页。

的或然性、不完全性以及例外的可能性,陪审员的认知特征无疑与此过程相契合。对于事实推定的演绎过程,尽管陪审员对何项要件事实应由其认定并不熟悉,但对依据已经确定的经验法则,从一项间接事实推导要件事实,此演绎推理过程尽管在理论描述上并非陪审员所长,但作为民众一员的陪审员实际在现实生活中时时运用演练着这种演绎推理,仅是未将其按照三段论理论模型予以体系表达而已。更重要的是待证要件事实与间接事实建立某种联系并最终推理成立,经验法则在其中同样不可或缺,就此而言陪审员参与其中无疑有助于事实推定结论的正确形成。

3. 促进经验法则运用可视化

经验法则运用合理化的另一层含义是,在事实认定中使用的经验法则必须能够被法官和双方当事人所了解,具有可视性。[①]经验法则运用可视化方面,两大法系现有制度均存有局限,英美民事陪审团裁判无须说明理由,使陪审团运用经验法则的过程成为无人知晓的"黑匣子";大陆法系民事判决书说理制度可以一定程度实现经验法则运用的事后公开,但其可视化仍是有限的。经验法则作为非法官私知的人类经验认知,应当具有公共可观察特征。在陪审员参审模式下,职业法官对经验法则的认知不再藏着掖着,而公开于同为事实认定者的陪审员面前,较为直接地实现了经验法则的可视性,而陪审员参审所具有的传播效又将可视化扩大化,从而一定程度解决经验法则运用可视化不足的问题。

---

① 参见 [日] 高桥宏志:《重点讲义民事诉讼法》,张卫平、许可译,法律出版社 2007 年版,第 29 页。

二、辩论全趣旨判断的合理化

(一) 大陆法系的辩论全趣旨与英美法系的情态证据

事实认定虽采自由心证，但并非无所依托，从德日民事诉讼法自由心证的表述看，事实认定即自由心证的依据为证据原因。证据原因即法官形成心证的资料，包括证据调查之结果即证据资料与辩论全趣旨。① 证据原因与诉讼资料不尽相同，诉讼资料包括事实主张与证据资料。对于证据资料，系法院根据合法的证据调查而所获资料，如文书记载内容、证言及鉴定意见结果等。② 证据资料是法院认定事实的基础，裁判者对其真实性及证明力自有判断。英美法系虽无证据资料之概念，但法官首先对证据能力进行判断，进而由民事陪审团判断证据价值，在英美法系类似于证据资料的判断被分割为两个阶段。

辩论全趣旨是指在口头辩论中呈现的除证据资料以外的其他所有资料，辩论全趣旨与证据资料共同构成事实认定依据。相对于证据资料的实在性，辩论全趣旨显得难以捉摸。辩论全趣旨包括除证据资料外在口头辩论中出现的一切资料和信息，涉及范围较广。当事人主张的内容和态度自不待言，其他如根据诉讼形势发展提出的新主张、应当提出某一证据而没有提出或虽提出但错过最佳时机、诉讼初始未有争议事项其后产生争执以及回避法院或对方当事人的提问而不予解释，涵盖口头辩论中出现的一切积

---

① 参见 [日] 中村英郎：《新民事诉讼法讲义》，陈刚译，法律出版社 2001 年版，第 65 页。

② 参见陈荣宗、林庆苗：《民事诉讼法》，我国台湾地区三民书局 1996 年版，第 87 页。

极或消极事项。[①] 德国学说以为，辩论全趣旨包括当事人的事实陈述、在审理中的所有作为与不作为、在口头辩论中给法官的个人印象等。例如，当事人的沉默、拒绝作具体化陈述、不真实的或相互矛盾的陈述、陈述事实的时机、对事实主张的变更、证据申请撤回等，在法官依自由心证认定案件事实时应当考虑。德国联邦法院判例也持类似观点。[②] 有韩国学者认为，如当事人或代理人辩论的内容、通过法官释明处分获得的资料、当事人或代理人陈述态度（如陈述中脸红、出汗以及矛盾陈述）、攻防方法提出的时期、对证据调查的不合作态度（如违反文书命令、实施妨碍证明行为）都属于辩论全趣旨。[③] 辩论全趣旨虽可从学理层面予以定义，但作为回顾整个口头辩论过程所能感知到的事项，实际难以详细说明或具有只可意会、不可言传的性质，一些日本学者认为这正是辩论全趣旨的精妙之处。[④] 关于辩论全趣旨是否应纳入判决书说理环节，高桥学说以为，辩论全趣旨不宜纳入判决书说理的心证公开范围，不在判决理由进行具体描述是全趣旨性质使然，一定程度也是不得已而为之，但从事实认定可视性和防止任意裁判角度，应将全趣旨概要予以明示。[⑤] 能否仅依辩论全趣旨作出事实认定，学说判例观点不一，通说认为其属于补充性

---

① 参见姜世明：《证据评价论》，我国台湾地区新学林出版股份有限公司 2015 年版，第 87 页。

② 参见刘明生：《自由心证与穷尽原则》，载我国台湾地区《军法周刊》2015 年第 61 卷第 5 期。

③ 参见 [韩] 孙汉绮：《韩国民事诉讼法导论》，陈刚译，中国法制出版社 2010 年版，第 267 页。

④ 参见 [日] 高桥宏志：《重点讲义民事诉讼法》，张卫平、许可译，法律出版社 2007 年版，第 45 页。

⑤ 参见 [日] 高桥宏志：《重点讲义民事诉讼法》，张卫平、许可译，法律出版社 2007 年版，第 46 页。

证据原因，须结合证据资料才能成为证据原因。但也有判例认
为，对于撤销自认之错误要件等少数情形，可仅依辩论全部旨意
加以认定。①

英美法系并无辩论全趣旨概念，但陪审团根据当事人在庭审
中的表情、陈述态度判断证据可信度与证明力，系陪审制立身之
本与先天优势，英美法中与之类似的概念为情态证据（Demeanor
Evidence）。所谓情态证据，系根据庭审时当事人或证人的面部、
声音或身体等各部分及整体表现出来的能够证明案件真实情况的
情态来认定事实的依据。② 情态证据是英美法系直接原则、交叉
询问和陪审团制度下的产物，美国联邦法律和司法实践始终对情
态证据持认可态度，因其与英美法系诉讼结构及特征具有内生契
合性，可使裁判者掌握生动的案件信息，从而成为自由心证合理
化的重要保障。③ 尽管英美法对情态证据的研究相对集中于刑事
诉讼，但英美法采统一证据规则，情态证据原理在刑事与民事诉
讼中别无二致，相关原理可适用于民事陪审团。当然，大陆法系
辩论全趣旨之外延广于英美法系情态证据，情态证据仅包括当事
人、证人等诉讼参与人在庭审中表现出来的态度、神情、语气等
与身体相关的因素，而辩论全趣旨包含除证据资料之外的其他所
有资料，所含范围广于情态证据，如攻防方法提出的时机属于辩

---

① 参见［日］高桥宏志：《重点讲义民事诉讼法》，张卫平、许可译，法律出版
社 2007 年版，第 45 ~ 46 页。

② 参见蔡艺生：《现代司法局限背景下情态证据的证成》，载《甘肃社会科学》
2013 年第 3 期。

③ Olin G. Wellborn, *Demeanor*, Cornell. Rev, Vol. 76, 1991, p. 1076；Stephen
H. Peskin, *Non-verbal Communication in the Courtroom*, Rtial Dipl. J. , Vol. 3, 1980,
p. 157；J. Imvinkelreid, *Demeanor Impeachment：Law and Tactics*, Am. J. Trial Advoc,
Vol. 9, 1985, p. 183 – 186.

论全趣旨，但难以归入情态证据。

（二）陪审员参审对辩论全趣旨判断的价值

在陪审员参与事实认定的情况下，可一定程度促进辩论全趣旨判断的合理化，增进辩论全趣旨运用的可视性，从而使不可捉摸的辩论全趣旨得以充实。学界对辩论全趣旨的内容进行了罗列式解释，并未作进一步分类。笔者根据对辩论全趣旨的理解，将其具体内容分为两类：一类是将口头辩论一体视之，观察当事人攻击防御行为在整个口头辩论过程中的一致性、联系性与合理性，主要包括当事人攻击防御方法提出的时机、同一事实主张是否有反言、撤回自认、就其他事实主张违反真实义务及隐匿或毁坏证据方法、对法院或当事人提问的合作程度（沉默或拒绝回答）等。除此之外，有观点认为此层次的辩论全趣旨尚可包含当事人违反诉讼促进义务及真实义务、当事人不遵守法院所发到场命令等诸情形。[1] 另一类则是当事人、证人等诉讼参与人在庭审中表现出来的态度、神情、反应、语气、肢体语言等与身体相关的非语言因素，如陈述中脸红、出汗、闪躲、轻率、气馁、过度紧张等。[2] 后一类在英美法系大致被称为情态证据。

首先看辩论全趣旨的第一层次内容，对辩论全趣旨的使用有穷尽原则理论。所谓穷尽原则，系指法院必须从全辩论意旨与证据调查结果而穷尽其心证，法院须将全部可使用之资料为完整、穷尽的评价，禁止随意断章取义或仅凭个人好恶截取部分证据原

---

[1] 参见姜世明：《民事诉讼法（下册）》，我国台湾地区新学林出版股份有限公司 2015 年版，第 45 页。

[2] 参见骆永家：《民事诉讼法》，我国台湾地区新学林出版股份有限公司 2015 年版，第 174 页；陈荣宗、林庆苗：《民事诉讼法（中）》，我国台湾地区三民书局 2014 年版，第 132 页。

因而为判断。① 鉴于根据通说法官并无义务在判决中对辩论全趣旨运用情况进行说理，法官在事实认定过程中是否妥当履行辩论全趣旨穷尽原则是一个未知命题，以至于穷尽原则更多仅是倡导性规范，在实践中难以得到圆满实施。而陪审员的参与对辩论全趣旨第一层次的补充认知，可一定程度对法官就辩论全趣旨的理解形成补强，从而接近于辩论全趣旨原则。辩论全趣旨的第一层次涉及攻防方法提出时机、撤回自认、就其他事实主张违反真实义务等，具有较强的技术性，陪审员对当事人诉讼行为的效力及意旨的理解可能存有障碍。但大陆法系在事实主张与证据提出顺序上采证据结合主义，即当事人于各事实主张后为证据申请，或为一切事实主张之后提出证据申请均无不可，举证在事实主张后或事实主张时为当事人自由。② 同时，在攻防方法提出时机上采随时提出主义为主原则，并不要求当事人按法定时间先后顺序提出，也不产生失权效，仅为防止当事人滥用诉权、诉讼拖延而规定了个别的限制措施。总的说来，在证据结合主义与随时提出主义为主的诉讼结构中，事实主张与证据申请基本按自然顺序发展，实际比较便于陪审员从诉讼自然发展予以理解，不会受制于难以理解证据分离主义的证据判决与适时提出主义的失权效，陪审员可从当事人在后一相关事实主张中否认前一事实主张、频繁

---

① 参见刘明生：《自由心证与穷尽原则》，载我国台湾地区《军法周刊》2015年第61卷第5期。

② 事实主张与证据提出顺序上存在证据结合主义与证据分离主义两种学说。证据分离主义为德意志古代法所采，证据结合主义由法兰西、德意志、普鲁士法所采。证据分离主义，是指以证据判决使当事人事实主张与举证行为完全分离，法院对当事人事实主张作出证据判决后，当事人开始举证但不得再主张事实。证据结合主义则未按此顺序进行。参见［日］松冈义正口述：《民事诉讼法》，熊元襄编，李凤鸣点校，上海人民出版社2013年版，第170～171页。

撤回自认、攻击防御方法提出时机是否良善等诉讼行为中分析与证据资料的关联性，从而作出贴近真实的事实认定。

　　对于辩论全趣旨的第二层次内容，更与陪审员认知特征具有内在契合性，从情态证据与英美法系陪审团制度、直接言词、交叉询问的渊源可见一斑。情态是一种本能反应，人可以局部控制情态，但不可能拒绝情态表达，对情态的任何有意控制往往会表露出更多的异常情态。① 而这种原始情态以及变化着的情态，对于把握辩论全趣旨、判断陈述真实与否、发现案件真实是有益的。在口头审理主义下，民事诉讼行为载体主要为语言，在一些场景中语言会固化为文字，但诉讼活动并非仅由语言和文字构成，对证据原因的认知及案件事实的判断，需对诉讼活动中的当事人、证人行为进行整体性认知。情态证据可将此整体性认知直观化、生动化，事实认定者在长时间观察中，对当事人诉讼行为进行全方位判断，重新修正内心预先存有的偏见，或重新预设背景知识等并对内心判断进行验证，使得思维过程更易还原案件事实。② "眼见为实"能产生直接感官影响力，不需要经过他人有意识的加工，使情态证据具备生命力。③

　　对生动与形象兼具的情态证据的直观判断，陪审员显然比职业法官更在行。情态证据没有任何资格准入，体现一种平等和民主，陪审员并非法律职业人，可能欠缺专业知识，也未必擅长逻辑推理，但更善于根据自身社会经验和智慧直接而整体性地运用

---

　　①　参见蔡艺生：《情态证据研究》，群众出版社 2014 年版，第 7～10 页。
　　②　参见蔡艺生：《现代司法局限背景下情态证据的证成》，载《甘肃社会科学》2013 年第 3 期。
　　③　RHD Bock, *Fact-finding in Civil Litigation：A Comparative Perspective*, Tijdschrift Voor Civiele Rechtspleging, Vol. 21, no. 3, 2013, p. 99－102.

情态证据，通过观察"和他们一样的人"的情态来感受事实并进行相应的裁断。① 不同于职业法官与社会的疏离感，陪审员同当事人居于同一社会环境、处于同一认知水平、具有类似生活经历，对于普通人所共同具备的心理特点和行为方式更为熟悉，生活环境及思维方式的类似性使陪审员能够较准确地评价当事人情态，专业上的匮乏也使陪审员对当事人庭审行为的关注更集中于情态，通过持续观察当事人在庭审不同场景下的不同反应，最终形成对当事人情态具体而准确的解读。易言之，情态证据运用或许代表着对人类认知本能的坚守，陪审员认定情态证据的价值在于保持人们无法掌握的存在，这种"只可意会、不可言传"的判断难以用专业术语表达，无法用客观标准衡量，恰与陪审员认知规律实现了内生契合，为案件真实发现打开另一扇门。情态证据的一大问题是可能出现偏见，尤其是当事人或证人试图进行情态伪装，陪审员除了在理解情态上有优势外，对虚假情态的判断也因其同类人情境而富有优势，从而有助于发现伪装或虚假的情态，降低情态证据运用的不确定性。

三、证明度的合理化

（一）证明度的主观化

证明达到足以形成心证，认定事实的证明程度，称为证明度。证明度乃法院认定事实的基准或称为最低限度，自由心证源于对法官的信任，心证所欲获得的结果是一种主观状态，证明度取决于法官主观确信。普维庭将德国学界就证明度的观点与争议

① HS Sahm, *Demeanor Evidence: Elusive and Intangible Imponderables*, American Bar Association Journal, Vol. 47, no. 6, 1961, p. 580 – 584.

分为三个子问题，其中第三个问题即"一项事实主张达到怎样的确定程度，才算得到证明"。[①] 通说认为，德国民事诉讼要求在要件事实得到完全证明基础上的"法官对于真实完全确信"，鉴于心证的主观性，完全确信并非确定案件真实绝对为真，而是法官认为待证事实为真，且容许某些疑点存在，至于法官认为为真的标准为何则陷入一种循环论证。[②] 法官在事实认定中难免介入个人情感好恶等主观因素，证明度之基准完全取决于法官主观确信，可能难以保障事实认定妥当性，需获得进一步保障，两大法系各自发展出高度盖然性标准与优势证据标准。以德国为例，德国最高法院于 1885 年就因果关系认定改判联邦高等法院判决，判决主旨是形成心证之基准仍以主观确信为准，但由于人类客观认识能力有限，达到完全确信程度显然不能，故以实际生活为准之高度盖然性补充其不足之处。德国最高法院于 1939 年就"继承是否有精神障碍之事实"将高度盖然性由因果关系认定扩大至一般事实认定。盖然性标准的产生，实际是在坚持主观确信标准前提下，因人类认知能力有限及现实生活规范适用的实践意义而采取的一种补充方式。20 世纪中后期以后，德国法院对证明标准的理解，除了盖然性标准的发源处——因果关系认定外，更偏重法官内心确信，无须达到任何人皆无质疑的程度，即使第三人看来存有疑点但只要满足于实际生活所需的确定程度，则视为达到

---

① 第一个问题指向心证的目标，即心证所要获得的是法官个人的心证还是理性人的心证；第二个问题指向心证的内容，即心证是主观或客观；第三个问题涉及心证达到的条件。

② 参见［德］普维庭：《现代证明责任问题》，吴越译，法律出版社 2006 年版，第 93 页。

证明标准。① 从证明度作为心证基础的本质属性分析，判定证明度的标准应为主观，为一项主观判断活动的结果设定客观标准，本身在逻辑上难以自洽、在技术上也极为困难。在客观盖然性指引下发展出的相对频度说等盖然率数理计算方法试图将证明度客观化。② 如北欧各国事实认定多以纯粹盖然性为判断基准，即心证形成客观化。瑞典法院为事实认定之际，须就当事人所提证据，考量视其相互关系，究系相辅相成或相抵，各别算出其各自之证明值、证明点，其间若能以自然科学方法计算时，须算出其百分比。③ 一些学者受瑞典法影响，否认心证证明度为主观确信，但这些努力均未获得较好效果且未产生广泛影响。概言之，盖然性标准可作为主观确信的必要补充，但不可能取代主观确信标准。

（二）法官个人确信与社会中性人标准的缺陷

在明确证明度系法官内心确信后，寻求证明度客观化的努力集中在以他人内心确信检验法官个人内心确信路径上，即内心确信的标准是法官本人的确信或是社会中性人的确信。有学说以为，法官形成判决的过程，须达到其他法官复验之程度。④ 亦有

---

① 吴泽勇教授对德国学说及法院判决对证明度观点的发展变化进行过深入讨论。相关内容详见吴泽勇：《正义标尺还是乌托邦——比较视野中的民事诉讼证明标准》，载《法学家》2014 年第 3 期。

② 如以相对频度作为盖然性概念，即在一定数量之调查统计基础上，以集合数（该事象出现之或然率或盖然性之数值）求诸多次实验的平均值，如以吸烟对于癌之盖然率来确定盖然性高低。

③ 参见雷万来：《民事证据法论》，我国台湾地区瑞兴图书股份有限公司 1997 年版，第 99 页。

④ 参见刘明生：《民事诉讼法实例研习》，我国台湾地区元照出版公司 2015 年版，第 371 页。

认为，须达至有必要洞察力人复验的程度。① 还有认为，证明度的标准是普通人而非法官，即便法官自身对待证事实没有形成内心确信，但如果法官认为普通人对此已经可以达成确信，就已经达到证明度要求。② 以上观点共通之处是以拟制第三人作为主观确信的基准。拟制第三人大致可分为合理的平均人、富有深思熟虑的第三人、平均的法官、有见识的法官四层次。③ 以上四种拟制第三人，其差异仅限于适用之经验法则、逻辑法则程度不同而已，共同特征在于以抽象的脱离于本案法官的认知为证明度判定标准。引入拟制第三人作为法官内心确信标准，旨在以拟制第三人接近普遍正义之判断减少依法官个人主观倾向决定证明度的恣意，运用拟制第三人的经验确保心证形成的合理性。

　　然则，就自由心证的本义而言，内心确信是本案法官作为一个谨慎、清醒、经验人的一种具体、生动的确信，是法官在直接原则、言词原则、对审原则之下根据证据资料与辩论全趣旨，在本案具体情景中作出的具体主观判断，而并非拟制第三人抽象的脱离本案情景的判断，不可能设定一个理性的人通过表决、问题设置等方式获得心证，并不存在一个本案法官之外的拟制第三人，况且以拟制第三人方式否定心证可能造成法官心证为伪的错误命题，拟制第三人标准及思路在此遇到难以克服的障碍。

（三）陪审员参审对证明度适用困境的缓解

　　主观确信的判断标准是本案法官基于本案情事之判断，与其

---

　　① 转引自雷万来：《民事证据法论》，我国台湾地区瑞兴图书股份有限公司 1997年版，第 95 页。

　　② ［日］伊藤滋夫：《事实认定的基础》，有斐阁 1996 年版，第 85 页。

　　③ 转引自雷万来：《民事证据法论》，我国台湾地区瑞兴图书股份有限公司 1997年版，第 96 页。

他法官、社会公众的确信无关，即使其他法官或社会公众对证明度采用标准存有疑问也在所不计，不可能以拟制第三人代替。如普维庭所言，并不存在纯粹的客观真相与一个理想人的心证，只存在独立的法官心证，事实认定者的主观"视其为真"，是思想、自由和经验的耦合。① 但法官个人主观确信又需遵循合理化路径，需符合经验法则与逻辑法则，需接受社会不特定公众即类似于拟制第三人认知标准的制衡。确定陪审员在证明度判断标准确定中的作用，既可引进不特定公众认知标准，又可避免拟制第三人标准脱离本案情事、以抽象第三人代替本案法官之弊，使内心确信系由本案事实认定主体作出，未尝不是可尝试的路径。陪审员来自民间各行各业，相较职业法官更加接近一般理性的认知标准，尤其在参审制下陪审员与职业法官组成合议庭共司事实认定职责，陪审员对个案证明度的具体理解可为法官提供一般理性标准的具体素材，陪审员与法官之间就证明度的沟通交流实际是达成共识的过程，这种陪审员与法官间的共识实则法官个人内心确信与拟制一般理性标准的融合，最终形成法官与陪审员组成的审判组织的内心确信。以上内心确信的形成过程，既遵循了内心确信是本案法官确信的原理，又将一般理性标准引入诉讼程序，系两所兼顾的选择。尤其在证明度已至一般理性，但本案法官仍无法获得主观确信，或本案法官已取得个人内心确信但实际与一般理性相去甚远时，陪审员的存在及与法官的沟通对话机制可使法官个人确信与一般理性的差异降至最低，同时又不违背自由心证原理。

---

① 参见［德］普维庭：《现代证明责任问题》，吴越译，法律出版社 2006 年版，第 95 页。

在英美法系背景下，认定案件事实与客观真实的接近程度同样取决于依据经验法则进行主观判断时内心所产生的确信程度，只不过这种确信程度本现为超过50%的可能性，其中起主要作用的是陪审员的日常生活经验和常识。20世纪英美法系证据法走向与社会心理学等其他学科整合的新证据学路径，最具影响力的是里德·黑斯蒂等人创建的事实认定的故事模型，即双方当事人都会形成各自证明事实的故事，事实认定者的任务是从证据中摘取有价值的证据作为构建裁判的基础，并确定两个故事版本中哪个为真。① 最优故事版本的选取原则是确信原则，即确定故事接受度以及因此而产生的故事可信等级，包括一致性、唯一性与全面性，或者说故事版本选择的过程也是陪审员进行故事构造的过程。故事模型的基础是假设陪审员赋予审判信息一个叙事性故事结构，故事从三类信息而来，从审判中获取的本案信息、对与争议主题类似事件的了解（如对社区类似事件的了解）、对完整故事的一般性预期（通常是人类行为动机）。陪审员接受的故事是自己确认的、最大范围涵盖所有证据、前后最一致的故事。② 故事是通过推理生活知识和证据面构造的，事实认定者选择故事版本的过程与陪审员内心固有记忆密不可分，倾向于搜索头脑中符合自己生活经验和信仰的结论作为正确推理结论，将与信仰和生活经验相冲突的结论排除在外，是对直觉上可形成连贯一致版本证据的选择性概括。关于人类目的行为序列和故事结构的知识，以情节模型展现出来，具有按照陪审员所知觉的因果关系和意图

---

① 参见 ［美］里德·黑斯蒂：《陪审员的内心世界》，刘威、李恒译，北京大学出版社2006年版，第3页。

② Holstein, *The Interpretations of Juror and Jury Decision Making*, Law and Human Behavior, Vol. 9, no. 1, 1985, p. 83-100.

关系安排事实的作用。① 黑斯蒂甚至认为职业法官也会运用故事模型建构案件事实，仅是相较陪审员更注意与法律相关的要点和证明评价细致性，并在故事建构过程中不断寻找先例填补本案事实信息的不足，根据先例衡量故事版本选择结果，且根据前例的处理结果来度量本案可能的处理结果。② 在故事模型理论下，故事版本的选择实际是优势证据的另一种表达方式，只不过这种表达方式运用了社会心理学方式，从而与陪审员作为普通人可能擅长于故事描述判断和故事版本选择更为贴切。

四、专业知识的补充

陪审员参与专业事实认定逐渐成为两大法系共同的发展趋势，我国在专业陪审实践方面也取得一定效果。对于专门事实认定，职业法官通常不具备相关专业知识，在认定案件事实上可能遇到客观障碍，甚至在大前提的规范性理解上出现问题。如何谓医师施行器官移植时之医疗及礼仪上必要注意，何谓应禁建之土地崩塌地区，何谓微生物之发明专利，何谓积体电路之电路布局，何谓适于船舶航行之船舶结构强度，何谓足以影响驾驶的患病等，以上事实概念具有高度技术性及专业内涵，法官可能无从掌握法律规范内容中的法律化的事实概念。③ 具有相关专门知识或具备相当利益代表的参审员较职业法官具有一定优势，在商

---

① Frosch C. A, *The Revisions of Beliefs about Causes and Enabling Conditions*, The 28th Annual Meeting of the Cognitive Science Society，2006，p. 142.

② 参见 ［美］里德·黑斯蒂：《陪审员的内心世界》，刘威、李恒译，北京大学出版社 2006 年版，第 253 页。

③ 参见姜世明：《民事诉讼法（下册）》，我国台湾地区新学林出版股份有限公司 2015 年版，第 243 页。

法、知识产权、经济法、劳工法或社会法领域尤其明显，可对事实与必要的价值补充掌握得更精确，从而增进事实认定合理性。

以专门知识参审可分为两类：一是团体代表参审制，即由特定的团体代表参加审判活动的参审制，适用于劳动法院、社会法院等，劳动法院参审员从工会以及雇主中分别选任产生；二是专家参审制，即根据专业知识和技能而选任的专家参审员所构成的审判组织实施的审判，如德国州法院商事庭中的专家参审制以及联邦专利法院中的技术法官。美国蓝绶带陪审团则是专家陪审团的代表。后一种类型系典型的以专门知识参审，第一种类型既具有阶层代表、利益衡平的意义，又具有以专门知识参审的内涵。以德国劳动法院外行法官参审为例，劳动审判中的外行法官具有两个功能：一方面，将对于劳动生活领域的直接观察、专业知识及职业经验带入审判，并且在事实审中具有制度化的鉴定人意义；另一方面，从劳动关系协调特征出发，劳资双方代表同等加入法官席，是对司法权力刚性的弱化，有助于提升裁判的可接受性。[1]

专门陪审员参审重在实现陪审制有助案件真实发现的工具价值，而非司法民主政治价值。法官不应被苛求熟知各类专门知识，可利用专门陪审员在程序机制中的特殊衔接作用和知识优势，通过其专业知识补充法官在专门知识上的不足，使法庭有能力直接裁判专门问题，增强裁判的可接受性和当事人的信赖。[2]对于陪审员参与专门事实认定，一直受到陪审员专业化、精英化

---

[1]　参见邱琦：《德国专家参审制度简介——以汉堡地方法院商事法庭为中心》，载我国台湾地区《司法周刊》2006 年第 2 期。

[2]　参见曹志勋：《商事审判组织的专业化及其模式》，载《国家检察官学院学报》2015 年第 1 期。

倾向与陪审制大众化、司法民主价值不符的质疑。事实上，伴随现代社会发展及科技进步，民事诉讼中不断涌现金融、互联网技术、知识产权、医疗、公害等专门性纠纷，事实认定的复杂性日益增加，法官的法律知识难以满足专业事实认定的需求。实践中有专门案件由行业专家而非法律专家主导裁判的极端事例，如美国等知识产权纠纷、法国的医疗纠纷由非法院的准裁判机构作出一审裁判，对一审裁判不报提出上诉的方由法院审理。[1] 此例虽未必适用于我国，但足以说明专门知识在相关专门案件事实认定中的作用。

在专门领域引入专门型陪审员，正是引进另一种内涵的民智、民意，以专门陪审员的专门知识破解法庭事实认定困境，促进案件真实发现。专门陪审员在相关专业领域虽是精英人士，但与职业法官相比仍属外行法官，专门陪审员参审仍是以普通人身份参审，既在专门事实认定上体现"精英"作用，又作为普通人参与审判全过程，系从另一角度实现陪审制的价值，并未抵牾陪审制的司法民主价值。[2] 相反，如果人民陪审员在事实认定上不具备普通人常识优势或专门事实认定优势的一技之长，更易沦为陪而不审的陪衬，使所谓的司法民主价值仅成为空洞的口号。

五、公共案件事实认定的合理化

美国民事陪审团的新动向是审理案件类型逐渐集中于涉及公共利益、社会影响力较大的公共案件的审判，如民权案件、公众

---

① 参见傅郁林：《以职能权责界定为基础的审判人员分类改革》，载《现代法学》2015 年第 4 期。

② 参见曲昇霞、焦立颖：《论陪审职能新格局下专家陪审之引入》，载《扬州大学学报（人文社会科学版）》2016 年第 3 期。

关注度高的侵权案件等。① 大陆法系在劳动、社会保障诉讼领域推行参审制，一个重要考量是此类事件具有较强的社会公共性，通过参审员参与其中，有助消解不同利益团体的冲突，借此制度可获得更多利益调谐机会，从而实现一定的公共治理目的。尽管社会法在法律体系中的定位仍存争议，但社会类法观念及意识的发展是不争事实。② 社会法基于弱者保护理念而生，逐渐发展到为社会成员提供普遍保险和普遍福利，法益本位从弱者的利益逐渐提升为社会整体利益。③ 社会权是社会法的基本范畴之一，是基于福利国家或社会国家理念，防止社会矛盾与弊害，促进社会实质平等而形成的新型人权，是促进公民个人社会性生存的权利，根据《经济、社会和文化权利国际公约》的规定，包括健康权、工作权、社会保障权等。④ 随着福利国家的发展及公民权利保护的加强，与社会权相关的具有公共性的民事诉讼数量逐渐上升已成为世界各国共同趋势。此类事件往往与公民基本权利保护相关，并通过一定的具体实体法律关系得以体现，该诉讼在一国或一地区为社会公众广泛知晓、普遍关注，诉讼结果可能对立法、公共政策以及公众法治观念产生影响。

---

① 参见彭小龙：《非职业法官研究：理论、制度与实践》，北京大学出版社 2012 年版，第 43 页。

② 有观点认为社会法是公法、私法融合的第三法域，也有观点认为社会法是公法、私法之外的社会团体规则，还有观点认为社会法是国家运用公权力对以民商法为主体的私法进行必要修正而形成的，其实质是公权力对私法的改造而不是公法、私法融合。参见余少祥：《社会法法域定位的偏失与理性回归》，载《政法论坛》2015 年第 6 期；李炳安：《略论社会法的逻辑起点和基本范畴》，载《法学评论》2014 年第 2 期。

③ 参见陈步雷：《社会法的部门法哲学反思》，载《法制与社会发展》2012 年第 4 期。

④ 参见王广彬：《社会法基础的多视角论证》，载《当代法学》2014 年第 1 期。

对此类影响性社会公共类民事事件，社会公众极易从"以对法律的朴素理解为支撑、以通常的非判断主观为标准、以生活经验为依据、以个人好恶为尺度"等方面对案件事实认定及最终裁判结果作出评价，形成一种公众判意。① 公众判意能够一定程度反映民意，但又具有易变性、选择性、偏失性等问题，通过网络舆论、传统媒体、公众言论等形式影响司法审判，欠缺正当进入司法的渠道与程序。陪审员参审社会公共性民事案件，恰能以陪审员合法的审判主体身份以及正当的程序通道将公众判意引入审判。陪审员作为社会公众组成部分，可相对真实地反映社会公众对于公共案件事实认定及裁判结果的观点，同时陪审员作为审判主体一部，也会基于自身理解对公众判意进行一次初次评价，而后通过审理程序听取诉讼两造意见、与法官就公众判意如何融入审判进行对话沟通，将公众判意的合理要素引入事实认定及最终裁判，将非理性的偏失因素予以去除，从而使民事审判事实认定既尊重民意又保持司法理性。除此认知规律及程序技术的考量，陪审员参与此类案件审判所产生的标识象征意义也有利于此类案件事实认定外观要素的合理化，对于提升事实认定公信力具有积极作用。

第二节　陪审员认定民事案件事实的负向评价

尽管上文就陪审员参审对事实认定合理化从诉讼法原理及程序技术层面进行了分析，但仍不能消解关于陪审员认定民事案件

---

① 参见顾培东：《公众判意的法理解析——对许霆案的延伸思考》，载《中国法学》2008 年第 4 期。

事实的质疑。无论从主体方面的事实认定能力不足以及程序方面的高成本，还是司法民主价值的难以捉摸，抑或作为大陆法系参审制组织前提的合议制适用范围的缩小，都构成制约陪审员有效认定民事案件事实的负向因素。

一、事实认定能力存疑

尽管普遍观点认为陪审员作为普通人的认知有利于事实认定，上文更从活化经验法则在事实认定中的运用、辩论全趣旨判断的合理化、证明度的合理化、专业知识的补充、公共案件事实认定的合理化五个方面对陪审员认知促进事实认定合理化进行较精细分析，但对陪审员事实认定能力的质疑从陪审制度诞生之日起就未停止。美式陪审制在美国民事诉讼结构中的重要地位毋庸置疑，但数年来美国学者一直在进行陪审员事实认定能力的讨论。考克斯早在 1905 年即指出，陪审团不能够表述复杂事项。格瑞斯沃德认为，陪审团由外行组成，缺少理解复杂事实以及细致地适用复杂法律规则的知识和能力。[1] 日本于 2009 年在刑事重罪案件领域推行外行参审的裁判员制度，亦在国内形成较强的反对之声，质疑的主要理由为普通国民不具备足够的法律知识而可能产生误判。[2] 除了价值评价外，论证陪审员与职业法官事实认定能力孰优孰劣最有力的依据应来自实证研究，但在陪审制研究较为透彻的美国也未有全面系统且受公认的实证研究成果证明陪审员事实认定能力优于法官或反之。一些美国学者就民事陪审团

---

[1] William W. Schwarzer, *Reforming Jury Trials*, F. R. D., Vol. 132, 1991, p. 25.

[2] ［日］池田修：《解说裁判员法——立法の経緯と課題》，弘文堂 2009 年版，第 9 页。

事实认定能力进行过实证研究，但普遍认为这些研究并不足以证明陪审员与法官事实认定能力孰高孰低。①

陪审员事实认定能力在英美法系尚受到如此质疑，在大陆法系民事诉讼领域更易招致非议。大陆法系背景下陪审员认定民事案件事实的最大障碍在于事实认定的终局对象是要件事实，要件事实与实体法规范具有密切联系，已经超出陪审员认知范畴。在事实出发型的英美法系背景下，事实问题与法律问题的区分是民事诉讼发展的重要动力；在法规出发型的大陆法系要件事实论之下，实体法问题是事实问题的先决条件，事实问题与法律问题很难分离，而且裁判者认定事实的过程是一个在事实与法律之间来回往返的过程。即便是英美法系国家在数百年演进中形成了一定的划分陪审团与法官职权（事实与法律问题的区分）的技术，但亦承认"区分技术有不精确性和流动性，是不确定的指南"。大陆法系仅在上告审程序中涉及事实问题与法律问题的分离，但此时的事实是经过初审程序过滤、认定后的事实，事实问题与法律问题的区分难度已大大降低。我国在民事审级制度中尚未区分事实审与法律审，对初审程序中事实问题与法律问题的区分在理论上更较少涉及，这无疑加剧了陪审员参与民事案件事实认定的难度。当然，在商事、知识产权、海事海商、劳动争议等专门领域引入陪审制时，陪审员具有高于法官的理解和判断专门事实的能力则另当别论。

---

① Valerie P. Hans, *Citizens as Legal Decision Makers*, Cornell Int L. Journal, Vol. 40, no. 2, 2007, p. 303 – 314.

二、非专业化导致的高审判成本

无论采取英美民事陪审制或大陆法系民事参审制，均需设置一套不同于职业法官审理的程序装置，且因外行法官法律专业知识的欠缺，此程序装置一般较为烦琐。英美法庭二元结构下，民事陪审团独司事实认定职权，因此设置一套包括民事陪审团事实认定权排除机制、要求陪审团重新审理机制、法官对民事陪审团的指示机制等在内的极为精密的程序装置。大陆法系为保障外行法官行使事实认定权，也进行了专门评议规则等特殊制度设计，但不如英美法系精细烦琐。这些为陪审员参与审判设置的程序装置会加重职业法官的额外负担，陪审制（参审制）的适用可能招致劳动力及金钱的浪费，此负担最终将转嫁于一般民众。陪审员参审须经繁杂程序且陪审员审判能力较低可能降低案件审理速度，在整体上将耗费更多时间，造成诉讼程序迟滞，影响公民适时审判请求权的实现。陪审制的适用将诉讼程序人为拉长，可能导致案件积压，对整体司法效率的负面影响，与破解人案矛盾的改革方向并不一致。为保障司法民主、吸纳民意而设置的陪审制度，却可能最终形成不利于公民诉讼权实现的后果，从而违背陪审制设置的初衷。本书一直强调陪审员促进事实认定合理化应当进行精细化分析，需要寻找陪审员常识判断的认知优势融入民事诉讼过程的程序与技术，明确陪审员参审促进事实认定合理化的具体路径与形式。这种努力一方面可能活化陪审员参与民事案件事实认定，但也可能进一步加重程序负担，需要就利弊孰轻孰重进行衡平。

三、司法民主价值空洞化

尽管司法民主价值被视为陪审制安身立命的价值所向，尤其是其政治功能的要旨，对事实认定合理化等工具价值亦有指引作用，这在美国民事诉讼中体现尤甚，陪审团被视为美国司法民主与政治民主的标志之一，但不乏质疑之声。① 无论参与民事司法的民众如何优化选任，均不可能成为真正意义的全体国民的代表，而仅具象征意义，真正意义的民主审判、全民审判并不存在。参与民事审判的民众与职业法官共同作出的判决，不能当然认为是体现全体国民意志的民主化判决，进而不能当然认为民众参与司法即实现了司法民主。兼子一教授曾言，在民主法治国家，司法的使命是避免少数人之自由被多数意思之压力压迫，以此观之，如果法院的组织与立法、行政机构相同，采取多数意见决定的方式则存在一定危险。在民主主义下，立法或行政的阶层化固属自然，但如果司法也采此民主方式，则可能不利于司法使命的实现，可以说"司法的非民主化"才是"民主主义的合理运用"。此即民主司法须面对的"双刃论法"。② 兼子一教授之意在于，法官只需就个案公正适用由代议机构制订的法律，即已实现民主主义下司法的使命。如果除此以外，还以民众直接参与个案审判的方式体现多数人意志，而个案中的民众意见可能与民主立法相悖，故民众直接参与个案审判的方式不仅无助于严格执行民

---

① Paul D. Carrington, *Civil Jury and American Democracy*, Duke J. Comp Intl L., Vol. 13, no. 3, 2003, p. 23 – 28.

② ［日］兼子一、竹下守夫：《裁判法》，有斐阁2002年版，第24页。

主立法命，反可能对民主构成伤害。① 在东亚国家确存在一种意识，即民主原则的实现仅适用立法与行政，两者为多数民意的反映，而司法权乃一种少数保护，不是反映民意而是追求真实，不由多数决所能决定，故仅能由少数法律专家审理。② 亦有观点认为，民众参与民事司法所具备的监督功能可通过公开审理方式实现，无须进行民众直接参审的制度设计。③ 依此推论，长期以来的司法民主思维定式实际并不利于陪审制功能的实现，陪审员参审并不能直接推导出司法民主命题，陪审员参与民事司法的正当性，不能停留在对司法民主的路径依赖中，而应寻找其他正当性依据。

四、合议制的式微

如何应对案件数量快速增长，使司法在发现真实、效率与成本三维价值之间实现妥当平衡，是各国民事司法普遍面临的一道司法难题，各国从程序优化、纠纷分流、案件管理等方面形成各自的破解策略。④ 在这种程序简化的浪潮中，独任制因其灵活性、便宜性、效率性成为各国民事审判组织发展的趋势。关于独任制与合议制孰优孰劣，学界亦进行过深入讨论。合议制曾是经典的

---

① 参见张永宏：《研拟引进参审制度之讨论》，载我国台湾地区《法学杂志》2011 年第 2 期。

② 参见吴景钦：《日本裁判员制度之研究》，载我国台湾地区《国会月刊》2010 年第 7 期。

③ 参见邱联恭：《程序制度机能论》，载我国台湾地区三民书局 1993 年版，第 171 页。

④ 参见［荷］兰姆寇·凡瑞：《中欧民事诉讼中法官与当事人的角色》，载傅郁林、［荷］兰姆寇·凡瑞主编：《中欧民事审判管理比较研究》，法律出版社 2015 年版，第 7～11 页；［英］阿德里安：《危机中的民事司法：民事诉讼程序的比较视角》，傅郁林等译，中国政法大学出版社 2005 年版，第 1～5 页。

审判组织，亦是各国早期法院组织法、民事诉讼法规定的一项审判组织原则，即民事案件原则上适用合议制，其优势在于集体决策有助于校正个人偏见，发挥合议庭成员间互相监督的效应，促进认事用法的准确性。我国对审判组织及其改革的讨论亦主要以合议制为标准样态进行。① 合议制的劣势在于审判效率相对较低，需设置评议机制等配套制度，故而程序更加繁复。在全球案件高速增长背景下，普遍适用合议制可能加重程序负担，加剧人案矛盾。独任制的优劣之处恰好相反，个人决策模式使独任制更具效率和责任感，程序设置简单，但在集众人智慧上不及合议制。

基于案件数量高速增长成为各国民事司法共同面临的问题，同时在案件结构中常规案件、一般性案件占主导地位，各国在政策考量后普遍选择独任制为主、合议制为辅的审判组织配置模式。一些大陆法系国家在民事诉讼立法中凸显了独任制的地位，如德国民事诉讼中的独任法官制，前后经历过 1924 年民诉法修法确定"准备型独任法官"，主要负责庭前准备，在当事人同意情况下可审理完毕财产纠纷案件，具有受命法官性质；1974 年简化法确定的具有独立审判权的独任法官，突破了传统的合议制原则；1993 年司法减负法扩大独任法官审理案件范围；2001 年民诉法修法将独任法官分为"固有型独任法官"和"强制性独任法官"，民事案件原则由独任法官审理，法定情形下由合议庭审理，进一步扩大了二审程序适用独任制的范围。② 根据《德国民事诉

---

① 相关研究参见蔡彦敏：《断裂与修正：我国民事审判组织之嬗变》，载《政法论坛》2014 年第 2 期；重庆市高级人民法院课题组：《审判管理制度转型研究》，载《中国法学》2014 年第 4 期。

② 参见段文波、高中浩：《德国独任法官制度改革与启示》，载《西南政法大学学报》2016 年第 1 期。

讼法》第 348 条的规定，除印刷品、影音录放出版发行的请求权
争议，银行和金融争议，与建筑成果有关的建筑、建筑师及工程
师合同争议，律师、公证员、税务师、审计师、会计师职业争
议，医疗争议，商事争议，运输及仓储争议，保险争议，版权争
议，信息技术争议外，其他民事案件均可由民事庭委托给独任法
官裁判，但独任法官认为案件在事实与法律有无特殊困难、具有
原则性或双方当事人申请时，将案件提交合议庭，由合议庭决定
是否接受案件。[1] 除此之外，在案件在事实与法律上无特殊困难、
不具原则性等情形下，合议庭还可裁定将案件移交独任法官审
理。[2] 日本法院法亦有类似规定，民事案件原则由独任法官审理，
在案件疑难或有必要时可移送合议庭审理。[3] 同时就知识产权等
较为复杂的案件明确规定使用合议制，如专利权、实用新型权、
集成电路布图设计权、软件著作权纠纷的一审程序中，东京地方
法院和大阪地方法院可以五人大合议庭形式审判。[4] 尤其值得关
注的是，德国州法院商事庭采荣誉法官与职业法官共同审判的民
事参审制，合议制为其主要审判组织形式，《德国民事诉讼法》
第 349 条第 4 项明确第 348 条即第 348 - 1 条所指的基本型独任法
官不适用于商事庭，即对独任制的原则排除，但该条同时规定双
方当事人同意后审判长可就其他事项代商事庭作出裁判，即在双
方当事人同意前提下审判长可作为受诉法院对案件独任裁判。从
实证研究统计的适用率看，尽管德国州法院商事庭的基本审判组
织形式为荣誉法官与职业法官共同组成的合议制，但适用合议参

---

① 参见《德国民事诉讼法》第 348 条。
② 参见《德国民事诉讼法》第 348 - 1 条。
③ 参见《日本法院法》第 26 条。
④ 参见《日本民事诉讼法》第 310 - 2 条。

审制的比例为 30% 左右，由职业法官独任审判的占多数。[1] 美国民事陪审团近年来适用率较低，很重要的原因是适用民事陪审团审理需要较长诉讼周期，对当事人诉讼行为选择产生潜在影响，在审前程序分流中选择其他解纷方式，使进入庭审程序的民事案件本身比例极低。

我国法院组织法与民事诉讼法并未建立独任制的强制适用或倡导适用制度，但我国法院近年来受理案件数量急剧上升，仅 2015 年各级法院新收各类案件 17 659 861 件，同比增长 22.8%，基层法院一审民事案件适用独任制在全部民事案件中的占比为 70% 左右，合议制适用已降至较低比例。[2] 这一定程度上反映了人民陪审员参审民事案件不可能大规模适用。

第三节　对负向评价的回应

对于陪审员事实认定能力不足、与司法专业化相悖、司法民主价值空洞化的质疑有其道理，但亦有绝对化之虞。对负向评价予以回应，绝非为陪审员参审的正当性作出"辩护"，而是陪审员参审作为集生活经验优势与司法技能劣势于一体的"悖论性契合"，如何扬长避短是应当考虑的问题。对于其"短"，首先是毫无疑问地存在，之后应审慎、客观、中立地分析，方能对陪审员

---

[1]　参见邱琦：《德国专家参审制度简介——以汉堡地方法院商事法庭为中心》，载我国台湾地区《司法周刊》2006 年第 2 期。

[2]　相关数据参见最高人民法院司改办负责人就推进庭审全程录音录像改革答记者问时对基层法院适用民事简易程序的情况介绍。《以信息技术手段为助力、推进庭审全程录音录像改革——最高人民法院司改办负责人答记者问》，载《人民法院报》2017 年 2 月 23 日，第 3 版。

参审民事案件整体趋势以及参与事实认定的具体形式予以准确定位。

一、对陪审员事实认定能力存疑的回应

美国陪审团制的支持者认为，对陪审员的质疑与对陪审员的信任更多是一种理论层面的讨论，同时对民事陪审团能力的评价不能简单从成本效益角度进行比较，陪审团对美国司法制度具有塑形和支柱作用，须以此层面来考量民事陪审团制度。[①]

对陪审员事实认定能力的质疑有一定理据，但亦有扩大化之虞。大陆法系国家实行职业法官审理制，普遍认为法官审判能力优于外行法官，但一些大陆法系学者在承认法官知法、职业法官是法律适用专家的同时，也质疑职业法官是否理所当然是事实认定方面的专家。[②] 普通民众具有"四无四多"特质，虽无法律知识、无诉讼经验、无专业训练、无充分时间，但有"多样"新意观念、"多彩"人生历练、"多方"在地思维、"多元"价值包容。[③] 从应然角度分析，陪审员在事实认定能力上至少应不弱于法官，还具备法官不具备的特质与能力。事实认定能力，主要指记忆、理解所提交的证据，从中得出结论的能力。[④] 由于事实认

---

① Paul D. Carrington, *Civil Jury and American Democracy*, Duke J. Comp Intl L., Vol. 13, no. 3, 2003, p. 23–28.

② 参见［日］高桥宏志：《重点讲义民事诉讼法》，张卫平、齐可译，法律出版社 2007 年版，第 57 页。

③ 参见林裕顺：《人民参审与司法改革》，我国台湾地区新学林出版股份有限公司 2015 年版，第 62 页。

④ 参见汤维建：《英美陪审团制度的价值论争——兼议我国人民陪审员制度的改造》，载中国人民大学法学院《人大法律评论》编辑委员会编：《人大法律评论》（2000 年卷第 2 辑），中国人民大学出版社 2000 年版，第 153 页。

定需要借助日常生活经验和常理常识，法官作为法律职业家群体与社会相对隔离且应当保持一定距离，从而在日常生活经验和社会通行价值观掌握上不及陪审员。同时，保守性是职业法官特性之一，来自民间的陪审员对社会变迁及生活方式改变可能更为敏感，更能反映发展变化着的社会认知理念，参与事实认定有助裁判品质与司法公信力提升。此外，法官根据行为举止判断证言可信度以及识别谎言的技术并不比普通民众强，即便这种能力是可培训的，法官的传统教育也不包括此内容；虽然法官在庭审经历中会提升此能力，但非职业人士在日常生活中实际也在锻炼这种能力，法官只是庭审经验更丰富而已，法官在此方面并无特别优势可言。[1] 陪审员与当事人有类似的生活场景与经验，普通人视角、充满生活气息和经验色彩的知识有助于深入纠纷的真实语境，还原纠纷事实本来面目。[2] 陪审员虽可能因欠缺专业产生情绪化反应，但较职业法官对案件事实更具新鲜感，不至于形成思维定式，可做到耐心听审和认真分析，从而有助事实认定。

更重要的是，陪审员与法官组成的合议庭是"集体性 + 混合型"审判组织，共同认定民事案件事实是"集体性 + 混合型"审判行为，事实认定能力的比较亦会因此发生变化。陪审员与法官组成的合议庭的心证是一种集体心证，是在个人心证基础上通过讨论协商，以多数决原则形成的对事实的判断。集体心证作为一种拟制心证，具有覆盖个人心证的效果。[3] 陪审员来自不同社会

---

[1] Finkel, *Commonsense Justice: The Notion of Juror of the Law*, Harvard University Press, 1995, p. 180 – 181.

[2] Sanja Kutnjak Ivkovi, *An Inside View: Professional Judges and Lay Judges Support for Mixed Tribunals*, Law & Policy, Vol. 25, no. 2, 2003, p. 93 – 122.

[3] 参见李峰：《论心证公开——以民事诉讼为中心》，法律出版社 2014 年版，第 149~150 页。

阶层、行业，多样化组合的集体性具有明显的混合型特征，而不同于职业法官组成合议制的单一性。在大陆法系民事参审制下，职业法官与参审员共同组成合议庭的混合型特征尤为明显，职业法官与参审员共同进行事实认定，法官与参审员相互协作，不断进行沟通讨论，分享彼此经验知识，法官心证与参审员心证相互碰撞、说服、改变、融合，最终形成的心证状态为一种典型的混合型心证。英美法系民事陪审团虽未形成类似参审制的混合型心证，但陪审员来自不同社会阶层及行业，身份、年龄各不相同，知识及经验也各有所长所短，具有不同的价值倾向和利益取舍，可通过民事陪审团程序运行予以平衡和制约，并最终达到一种融合。① 借由"跨领域之代表"的"集体审议"（group deliberation），使民众正义融入司法，并反映民间社会的多元价值。② 一个生活经验丰富的人在衡量和理解案件中会更有优势，陪审团作为一个集合整体对证据的记忆从理论上讲可能比作为个体的法官优秀，多样化的人员组合无疑是一个生活经验丰富的"人"，在克服偏见整体上的"中和"效应会使其可能有较好表现，一部分陪审员可能向左出现偏差，一部分可能向右出现偏差，相互中和后可能会纠正偏差、实现衡平，通过提供多样化的经验可能将非专业化的劣势转化为优势。

二、对陪审员参审与司法专业化相悖的回应

司法专业性对于提升裁判精准率实属重要，但为使专门性充

---

① 参见张海燕：《民事诉讼案件事实认定机制研究》，中国政法大学出版社 2012 年版，第 76 页。

② 参见黄国昌：《美国陪审制度之规范与实证》，载我国台湾地区《月旦法学杂志》2011 年第 7 期。

分发挥机能，除维持专门性的自律功能，为保障与其他机制之有机联结，应确保其与各方多元情报及知识的交流，于审判内容中反映国民健全的社会常识，使司法获得更稳固的民意基础。① 陪审员将多样化观点反映于裁判中，并借由与法官的携手合作完成符合良知良能之判断，使市民健全的社会常识得以反映，是民众参与民事司法制度永恒的价值。民众参审制度特色，在于普通民众的程序参与观点回馈，诉讼过程中如何让普通民众的观点能够充分完整展现，是观察陪审员参审是否达到制度目的之关键。通过对陪审员参与民事案件事实认定工具价值的具体化分析发现，陪审制对事实认定合理化的意义并非泛化为民众常识与生活经验融入审判的空洞表达，而在活化经验法则在事实认定中的运用、辩论全趣旨判断的合理化、证明度的合理化、专业知识的补充、公共案件事实认定的合理化等方面具有内在价值，尤其经验法则、辩论全趣旨、证明度的判断表达既是自由心证主义的精妙之处，亦是自由心证易被滥用从而导致事实认定不当的集中体现，如何实现妥善运用一直难以找到妥切路径。陪审员认知规律与经验法则、辩论全趣旨、证明度原理的内在契合，对于证据评价与事实推理合理化、经验法则运用的合理化、辩论全趣旨尤其是情态证据的判断、证明度判断标准中一般理性的揣度，均具直接作用，从而为解决以上自由心证难题提供了新的路径，尽管此路径并不能成为全面适用的路径。

三、对司法民主价值空洞化的回应

陪审制从来就不是一项纯粹的诉讼制度，而与司法体制、政

---

① ［日］佐藤幸治、竹下守夫：《司法制度改革》，有斐阁 2002 年版，第 47 页。

治民主等休戚相关。从陪审员参与民事案件事实认定的政治价值看，尽管陪审制对于司法民主的实现价值仍存疑问，但其作为最简单而直接的民众参与司法方式却难以被轻易否定。通过民主选举产生的职业法官或由民主选举产生的权力机关任命的职业法官审判，系司法民主的实现方式；通过民众直接参与民事司法担任审判者，使得社会朴素价值观与生活经验在民事司法中得以实现，同样是司法民主的一种体现形式。引入外行参与民事司法活动，对于实现司法民主象征意义，防止法官权限滥用，避免法官职业傲慢皆有一定作用。尤其在司法公信力不彰、司法面临信任危机时，各国和地区通常将民众参与司法作为化解危机的应急之策，放宽对民众参与司法的限制；当然在民众参与司法达到一定程度、司法信任危机得以缓解后，又会产生对民众人事用法能力不足之质疑，如此循环往复，成为世界各国和地区民众参与司法的一大特征。① 此外，民众参与司法还具有教育功能，可提升民众对于国家权力运作及国家法律之认识与信赖，有利于强化裁判公开性，减少司法神秘感，增进民众在司法领域自治的积极性等。② 至于公开审理制度可以代行陪审员参审的监督功能问题，公开审理制度的监督功能具有间接性，且大部分案件皆不可能引起一般民众兴趣，所能达到的监督功能显然有限，使公开审理制度的监督功能更多是应然意义，而民众直接参与审理并享有事实认定权的监督方式无疑更为直接。③

---

① 参见姜世明：《法院组织法》，我国台湾地区新学林出版股份有限公司 2012 年版，第 176 页。

② 参见邱联恭：《司法现代化与程序法》，我国台湾地区三民书局 1992 年版，第 77 页。

③ 参见林裕顺：《人民参审与司法改革》，我国台湾地区新学林出版股份有限公司 2015 年版，第 78 页。

四、对合议制式微及高成本的回应

在针对陪审员参与认定民事案件事实的负向评价中，合议制式微为现代民事诉讼不可逆转之趋势，将必然导致陪审员参审受到限制，但如果在对陪审员参审进行利弊权衡后将陪审员参审民事案件限定在一定范围，那么合议制式微对陪审员参审实际并不产生阻隔效应，甚至在某种程度实现了暗合。同时，各国普遍设置独任法官在特定情事下将案件移交合议庭制度，证明合议制较独任制实际仍系较优的审判组织，仅是基于诉讼效率考虑而难以普遍适用，这为陪审员参审民事案件留下余地。陪审员参审导致的制度运行高成本是其诞生之日起即存在的问题，也是制约陪审制适用最突出的程序障碍，尤其是为陪审员促进事实认定合理化设置精细化程序装置后，可能进一步加剧程序冗长，这是在对陪审员参审进行总体定位时不得不正视的问题。如何降低或控制陪审员参审民事案件的运行成本，需在下一步制度设计重点考量。

第四节　类似制度的比较分析

一、"法庭之友"制度

"法庭之友"是指当事人以外的个人或组织向法院提供事实、法律问题以及背景信息的意见，以帮助法院公正裁决。[1]"法庭之

---

① 陈桂明、吴如巧：《法庭之友制度及其借鉴》，载《河北法学》2009 年第 2 期。

友"源于罗马法，一般认为曰英国在 17 世纪将其引入诉讼程序，检察总长或其他法律界人士可担任"法庭之友"，参与诉讼的目的是让法院知悉未掌握的案件事实及相关制定法。[①] 后被移植到美国法并走向成熟，《美国联邦最高法院法》《美国联邦最高法院规则》《美国联邦上诉程序规则》对"法庭之友"的类型、程序及书状作出具体规定，在美国司法实践被普遍使用。[②] 美国"法庭之友"分为两类，一是联邦或州政府，二是个人、社会组织或者利益集团。早期的"法庭之友"被科以中立性要求，现已不排斥与一方当事人有利益关联。介入诉讼的方式包括递交详细载明主张、事实、理由的书状以及直接参与法庭辩论、质证和交叉询问。

近年来，一些大陆法系国家及地区或国际组织也开始引入"法庭之友"制度，如在 WTO 争端解决机制、欧洲人权法院、国际刑事法院的运用。[③] 苏联、俄罗斯、蒙古等国民事诉讼法亦有类似"法庭之友"制度的规定。《苏联民事诉讼法》规定，国家机关、组织或公民个人可经法院通知参加诉讼或主动参加诉讼，向法院就诉讼案件提出自己的意见以完成他们所承担的义务并保护公民的权利、自由和利益，法院不受该意见的约束可作出相反判决，但必须说明不采纳意见的理由。[④] 苏联、俄罗斯、蒙古等

[①] 邱星美：《制度的借鉴与创制——法庭之友与专家法律意见》，载《河北法学》2009 年第 4 期。

[②] 黄东雄：《审判机构民主化之一措施——美国法院之友制度》，载我国台湾地区《刑事法杂志》1988 年第 5 期。

[③] 赵海峰：《论国际司法程序中的法院之友制度》，载《比较法研究》2007 年第 6 期。

[④] ［苏］C. H. 阿布拉莫夫：《苏维埃民事诉讼（下）》，法律出版社 1957 年版，第 12 页。

国的案外人参加诉讼制度一定程度源于受苏联法律体系影响较大的国家在社会治理中的国家本位主义和行政管理思维，与英美法系国家确立"法庭之友"制度的司法民主价值等有较大差异。

二、专业委员会与司法调查官制度

日本等大陆法系国家为推进专业事实查明与认定，建立专业委员会制度与司法调查官等制度，与专门陪审具有一定相关性。为促进医疗、建筑、公害等需要专业知识的案件的公正迅速解决，日本 2003 年民事诉讼改正法采纳《司法制度改革审议意见书》的提议，设立旨在寻求专家恰当建议的专业委员会制度。① 专业委员会制度既不在于直接收集诉讼资料、证据资料，也不是在争点等方面寻求专业委员意见，而是一项以征求正确理解这些资料的专家见识为目的并寻求说明的制度，制度目的充实和加速那些需要专业知识的案件的审理进程。专业委员会介入阶段并不限于整理争点的准备程序，其也可参与证据调查期日。让专业委员会具体参与哪个期日，要求对其就哪个事项做出说明，则委之于审判长基于诉讼指挥权的适时判断。法院可依申请或依职权撤销专业委员的参与决定，对专业委员的专门知识、能力或公平性发生怀疑时，应中止其程序参与，双方当事人都提出申请时必须撤销参与决定。②

日本最高法院及家事法院配备有调查官，调查官系法院职

---

① 参见［日］高桥宏志：《重点讲义民事诉讼法》，张卫平、许可译，法律出版社 2007 年版，第 508～509 页。

② 专门委员制度的趣旨在于使法院正确理解当事人主张及举证而听取专家说明，如果当事人不愿意通过专门委员之说明让法院来理解自己提出的主张及举证，就应予以允许，否则可能有违辩论主义。

员，受命于法官，负责对案件（在地方法院限于知识产权及租税案件）审理或裁判的相关事项进行必要调查。[①] 作为《司法制度改革审议意见书》的一环，为谋求裁判的充实及迅速化，在地方法院的知识产权案件中，负责进行审理及裁判相关调查的法院调查官的事务范围得到扩充并获得明确化，可从事期日的释明、对证人等的发问、对法官陈述案件意见等事务，调查官适用回避制度。[②] 调查官与专业委员会制度具有一定的重合性，日本学界也对两者功能重合存有争议。一般说来，调查官解决技术问题的难度低于专业委员，适用调查官可依法院职权进行无须当事人申请，更重要的是调查官属于法院职员，人员数量有限，而专业委员则不受制于法院编制，相对更为灵活。值得注意的是，我国于2014 年在北京、上海、广州设立知识产权法院后，已经设置技术调查室并配备技术调查官，丰富了我国知识产权诉讼领域查明专业事实的方式。

日本家事法院设有调查官，根据《日本家事审判法》第 3 条设立，由地方公共团体及社会人士中选任，可参与家事法院案件审理，在充分了解案情基础上发表对案件的意见供法官参考。与之类似，日本简易法院设有司法委员，根据《日本司法委员规则》的规定，地方法院每年度应为简易法院选任 10 名由社会人士担任的司法委员，由法院指定参与个案审理，指定方式包括根据法院确定的开庭日程指定和根据案件内容与司法委员的专业技

---

① 日本在专利侵权诉讼比较集中的大阪地方法院和东京地方法院都配有技术调查官。

② 董瑞舆：《日本司法制度》，中国检察出版社 1992 年版，第 114 页。

术或知识指定。① 从两种指定方式看，日本简易法院的司法委员
包括来自普通人的委员与具有专业知识的委员两类。

三、鉴定人制度

鉴定乃补充法官之判断能力，事实认定中常有一般人不能知
悉的特别经验法则，无法期待法官全部知悉此类特别经验法则，
为补充法官欠缺的此项判断能力而设置鉴定制度。② 鉴定制度相
较技术调查官的优势在于所涉技术范围广泛，可以解决不同类型
的技术事实认定问题，但并不能够彻底解决法官的专业事实认定
困境，法官可能对鉴定意见产生路径依赖，从而导致事实认定权
旁落，出现多方鉴定意见时法官往往难以取舍，鉴定制度还存在
周期较长、成本较高、影响诉讼效率等问题。鉴定意见属一种证
据方法，需经证据调查后才能作为证据资料从而作为法院认定事
实的依据。此过程属事实认定者自由评价的过程，否定鉴定意见
不必有一定依据或基于裁判上显著事实，采纳鉴定意见也不必对
形成结论的鉴定理由——判断，事实认定者从鉴定意见出发舍弃
其中哪些经验法则，进而选择哪些经验法则用于事实认定，均属
事实认定者自由心证问题。③

---

① 冷罗生：《日本现代审判制度》，中国政法大学出版社 2003 年版，第 303 ~
304 页。
② 吕太郎：《民事诉讼之基本理论（一）》，我国台湾地区智腾文化事业有限公
司 1999 年版，第 221 页。
③ ［日］田尾桃二、加藤新太郎：《民事事实认定》，判例时报社 1999 年版，第
168 页。

四、陪审员参与事实认定与相关制度的关系

陪审员参审是民众参与司法重要而直接的方式，但并不仅限于此，"法庭之友"、调查官、鉴定人等相关类似制度一定程度也能实现陪审制的某些功能价值，从而与陪审员参审形成制度竞争关系。将类似制度与陪审制度进行对比，对于明确陪审制度的未来发展定位具有先决意义，毕竟为实现同一或类似价值重复设置若干制度实为一种程序负担，最终可能形成制度功能闲置。

我国尚未建立"法庭之友"制度，学界对是否引入该制度亦进行过相关讨论，反对引入的理由之一正是人民陪审员制度足以实现"法庭之友"的司法民主功能。"法庭之友"并不具有人民陪审员的事实认定权，仅就案件的事实、法律及背景提出意见供裁判者参考；人民陪审员在审判结构中居于审判主体地位，"法庭之友"主要是一种新型的诉讼参与人，既可是公民，也可是政府、社会组织；人民陪审员的审判主体地位要求其必然保持中立性，"法庭之友"则既可保持中立，也可与当事人一方有利益关联。易言之，人民陪审员参审与"法庭之友"制度有一定联系，但两者分属不同适用领域，不存在真正意义的交叉。

专业委员会与司法调查官制度的旨趣在于为法官认定专业事实提供辅助性意见，不具有实质性裁判权，仅能通过参与口头审理等就专业事实向法官陈述意见，但对当事人的主张及举证、裁判结果等均产生影响，在此点上与"法庭之友"具有类似性，只是"法庭之友"主要侧重于公共意见的表达，而后者则侧重于专业意见的发表。专业委员会、司法调查官制度同专家陪审制度有较大区别。专门陪审员有可能架空职业法官对专业事实的认定

165

权,但其与职业法官组成混合合议庭后,审判主体为该合议庭,事实认定结论由该合议庭以集体意见作出,专门陪审员本身即为该主体组成部分,在逻辑上并不存在架空职业法官裁判权之说。同时,专门陪审员与职业法官的对话沟通机制、职业法官的诉讼指挥权可一定程度制衡专门陪审员的专业事实认定优势,从而形成一种妥当的平衡。技术调查官的另一局限是受编制限制人数较少,难以满足宽广的技术领域的需要,固定的人员配置也易形成专业知识僵化,无法适应新技术认知的发展趋势。

鉴定意见是对法官专业知识的必要补充,但如何评价鉴定意见仍是自由心证过程,职业法官并无足够的专业知识与经验对鉴定意见加以判断。如何使事实认定者对专业性鉴定意见的自由评价更加接近科学,专家陪审员的参与是有效途径,可一定程度解决职业法官审读鉴定意见的障碍,尤其是破解冲突性鉴定意见的认定困境。借由专家陪审员的专门知识及来自社会各阶层的社会经验,与职业法官的法律见解相结合,进而对鉴定意见作出衡量,即可提升裁判之准确性与合理性。专家陪审员可对鉴定意见进行"知识控制",从而弥补职业法官专业知识的不足,就合议庭整体而言实现了对鉴定意见的有效规制。专家参审的另一优势在于,鉴定人作为技术权威,与作为裁判者的法官分属不同领域,欠缺共同思维方式与交流语境,在证据调查中存在一定的身份隔阂与沟通障碍,因专家陪审员并非司法体系固定成员,而与鉴定人具有身份相近性与话语共通性,尽管专家陪审员直接发问值得商榷,但专家陪审员的加入使得合议庭在整体上更利于与鉴定人沟通。基于此,专家陪审与技术调查官、鉴定人等制度各具独立性,但可协调一致发挥作用。

第四章　我国人民陪审员参与民事案件
事实认定的基本框架

第一节　人民陪审员参审民事案件的总体定位

对人民陪审员参审民事案件进行总体定位，是在具体分析人民陪审员参审对事实认定合理化的积极作用，充分考虑人民陪审员认定民事案件事实的负向因素并予以客观回应，并在与相关类似制度进行比较分析的基础上得出的结论。只有准确界定人民陪审员参审民事案件的总体定位，才能明确人民陪审员参与民事案件事实认定的基本走势，从而成为构建基本框架首当解决的问题。

一、世界范围内的"衰而不落"

即使职业法官审理制是这个时代的精神与不懈追求，外行因素却依然相当普遍地存在于绝大多数国家的司法体制中。越来越多的国家和地区在坚持民众参与民事司法制度的同时，对适用范围、比例、方式等作出限定；即便如此，其生命力和价值仍在一定范围内得到认同。① 传统的大陆法系国家及地区也深受其影响，

---

① Hiroshi Fukurai, *A Cross-national Analysis of Legal Consciousness and the Jury Participatory Experience in Japan and the U. S*, Cornell Int L. J, Vol. 40, 2007, p. 54 – 60.

日本等东亚国家在司法民主性问题上一贯持保守态度，但日本经过十年准备后于 2009 年在刑事诉讼重罪领域正式施行裁判员制度，重要理由是基于国民主权原则，国民可以直接选举议员、参与行政，司法权似也不应有例外；国民参与审判最重要的正当化基础，即所谓民主原则的实现，既然审判权是主权的延伸，国民参与审判制度，自然是实现民主原则的方式之一。① 日本在引进裁判员制度时还对适用范围进行过深入讨论，支持论者认为应广泛适用于各类刑事及民事案件，审慎者主张适用范围应适当适量，另有少数意见主张陪审员参审应以适用民事近邻争议为主。② 最终基于国家财政负担及避免普通民众参审承受过多司法负担等原因，同时虑及新制引进的平稳性，确定先从刑事重罪领域开始实施。民事诉讼与刑事诉讼虽在参审的可适用性上存有差别，但在司法民主性评价上无本质差异。日本等东亚国家对司法民主观念的转变具备一定的启示意义。总体而言，陪审员参审的发展态势不是高歌猛进式的，而体现为一种"衰而不落"的状态。

二、我国人民陪审员参审民事案件的审慎发展

就我国而言，讨论人民陪审员参审的必要性须与我国人民民主传统联系起来考量。我国人民陪审员制度已成为既不同于中华人民共和国成立前仅具观审意义的人民陪审员制度但又深受其人民民主思想影响，既不同于苏式人民陪审制体系化的制度设置又部分移植苏式人民陪审制的核心内容，既不同于美式陪审制又与

---

① 参见［日］井上正仁：《日本裁判员制度现状与课题》，载林裕顺：《人民参审与司法改革》，我国台湾地区新学林出版股份有限公司 2015 年版，第 399 页。

② ［日］佐藤幸治、竹下守夫：《司法制度改革》，有斐阁 2002 年版，第 351 页。

欧陆几国民事参审制有所不同的独特的制度现象，是一个复杂的中国问题。

判断人民陪审员参审的未来与定位，必须充分考量本国的政治制度、民主传统、诉讼体制以及历史传承。我国的人民陪审员制度，就政治制度而言，系中国特色社会主义司法制度组成部分，从而成为中国特色社会主义政治制度的一部；就民主传统而言，人民陪审员制度系我国人民民主的标识之一，是人民民主在司法领域的最直接体现；就诉讼体制而言，人民陪审员制度尽管并未成为现行诉讼法的基本制度，但自中华人民共和国成立以来已在我国诉讼领域运行多年，成为职业法官审理制的补充；就历史传承而言，人民陪审员制度已烙入我国司法体制、政治制度与民主传统之中，已具有较深厚的历史传承性。我国人民陪审员制度尽管存在一些问题，但就政治制度、民主传统、诉讼体制以及历史传承的综合考量而言，在未有充分的、具有较强说服力的反向理由的情况下，仍应肯定其存在价值。同时，如前所论"法庭之友"、司法调查官、鉴定意见等类似制度并不能完全代替人民陪审员制度，人民陪审员制度与相关类似制度具有一定的互补性和共存性，这也是应肯定人民陪审员参审存在价值的另一原因。民事诉讼作为与民众日常生活、权利保障、社会基本价值联系密切的诉讼领域，亦难以将人民陪审员制度排除在外。前文曾对陪审员参审进行负向评价，但应当说这些负向评价均非根本性颠覆此制度的理由，而是提出了在施行中需克服的问题，均在制度可控范围内。当然，陪审员参审增加的程序成本、时间成本确是难以回避的问题，但另一方面其也可以促进事实认定合理化、提升民众对司法的信赖。两相权衡的结果不是取消陪审员参审民事案件制度，而是以制度规范其适用范围，设置相对简便的程序，从

169

而将陪审员参审所增加的整体程序成本、时间成本等降至最低。可以预计，我国人民陪审员参审民事案件将在相当长时间内存在，应当对人民陪审员参审职权、程序机制、具体流程进行重构与优化，以审慎的姿态进行制度发展。应当说，如同人民陪审员参审民事案件将在我国民事诉讼长期存在是政治制度、民主传统、诉讼体制共同作用下历史传承的产物，从而成为一种应然趋势，人民陪审员参审民事案件仅能审慎发展，同样是历史传承的选择。我国人民陪审员制度在经历晚近数十年发展历程后已不再在民事诉讼中全面适用而仅是局部适用，鉴于其不可回避的负向因素的存在，从今后发展趋势看亦无全面适用可能，故而审慎发展是我国人民陪审员参审民事案件的基调。

人民陪审员参审的定位是修法首当解决的问题。从全球范围看，美国民事陪审制立法体现在《美国宪法第七修正案》《美国联邦民事诉讼规则》《美国联邦证据规则》等法律体系中，欧陆几国民事诉讼仅在小范围适用民事参审制故并不存在宪法化问题，主要在法院组织法与民事诉讼法中对陪审员参审职权及程序予以规范。尽管人民陪审员制度是我国 1954 年《宪法》与《人民法院组织法》同时设置的一项重要制度，但改革开放后重建法制以来的《人民法院组织法》、历次《民事诉讼法》修正均仅在合议制中指出审判员可与人民陪审员组成合议庭审理案件。鉴于笔者分析的我国人民陪审员参审民事案件的定位，今后修法中应在《人民法院组织法》《民事诉讼法》与《人民陪审员法》中进一步明确人民陪审员参审的适用范围，以明确参审范围的方式实现人民陪审员参审的规范化与审慎性，参审的具体范围将在下文予以论述。

第二节　《人民陪审员法》未来
完善的重点领域

一、人民陪审员参审制度的体系化

民众参与司法的积极效应并不体现为人民陪审员参审数量越多越好、参审范围越广越好、参审权限越大越好，而应根据人民陪审员认知规律进行精细化设计，何种案件不适宜人民陪审员参审、人民陪审员具有哪些具体的事实认定权、人民陪审员具体参与哪些诉讼程序阶段，均需进行精细设计，以上内容构成模式选择的核心构造。根据"主体设置有利于行为合理化，行为模式与主体相适应"的"主体—行为"分析工具，人民陪审员参审是由主体职权、参审范围、参审阶段、诉讼程序构成的复合体；在我国人民陪审员参审审慎发展趋势下，主体职权、参审范围、参审阶段、诉讼程序及其相关关系均会发生相应变化。人民陪审员参审应以适宜其发挥作用为前提，就案件事实认定而言，全要素、全过程参与显然超越了人民陪审员能力范围，违背其认知规律，应根据其认知规律采取适度参审、限制参审的方式。通过参审案件类型的限缩使人民陪审员主要参与适宜其参审的案件，便于人民陪审员真正发挥作用，同时以此方式降低人民陪审员参审整体的制度成本；通过参审阶段的限缩，使程序更为集中高效，既便于人民陪审员形成心证，又可缓解人民陪审员参审导致的审理速度迟缓；通过参审职权与事实认定范围的限缩，使职权配置与其

171

认知规律相一致，更有益于促进事实认定合理化。

二、人民陪审员参审程序机制的细化

根据诉讼法理与人民陪审员认知规律进行精细的程序设计，从人民陪审员参审范围及职权、参与事实认定的流程、法官对人民陪审员的指示等方面，为人民陪审员如何认定案件事实及其程序作出指引，真正形塑实践可操作的人民陪审员参审操作技术。尤其是《人民陪审员法》对人民陪审员参审职权所作的较大调整需依托一定程序进行，更需要程序保障方能实现。职业法官作为专业法律人而形成的程序习惯会因引进参审而有所调整，人民陪审员参审也会形成一定的分割审理状态，需注意程序间的衔接，以保障参审程序有效运转。人民陪审员参审下的审判流程应体现人民陪审员的实质性参与，按照审前准备整理确保迅速审理、充分争点整理确保焦点集中、审判计划有效提升效率、证据调查浅显易懂、判决理由法官整理明示、公平妥适迅速审判、司法判决合理可信的路径进行，保障人民陪审员事实认定权的独立行使，使人民陪审员心证对混合型心证合理化起到重要作用。

三、事实问题与法律问题区分机制的健全

人民陪审员主要参与事实认定使何为事实问题、何为法律问题成为亟待解决的理论与现实难题。即使人民陪审员制度改革及《人民陪审员法》设定的七人大合议庭未作出此制度设计，仍采法官与人民陪审员同权旧制，何为事实问题亦是人民陪审员参审下的核心问题，因为人民陪审员显然不适宜裁断法律问题，适宜发挥作用的领域在事实领域。从回归陪审制度本源的视角出发，

事实问题也应成为人民陪审员参审下审理的主要对象。我国学界对诉讼中事实问题与法律问题关系的研究相对较少，如何界定人民陪审员在诉讼中发挥作用的具体领域欠缺理论支撑，亟待进一步分析。① 英美法系处理事实与法律混合问题的实用主义思维以及大陆法系关于司法三段论的本源分析具备一定参考价值。对于事实问题与法律问题的区分，加大理论研究力度，尽快建立一种最低限度区分标准系当务之急。

四、专家陪审的明确入法

《人民陪审员法》基于各种原因未写入专家陪审制，但并未排斥专家陪审制，仍为专家陪审留有制度空白。《人民陪审员法》下步完善中应将专家陪审制明确纳入立法之中。一方面，伴随社会生活现代化而带来的复杂化、专业化、区隔化、疏离化，民众越来越无力探知及理解个人生活工作外的广大社会生活事实。② 不但普通民众如此，职业法官作为社会一分子，同样有此困境。另一方面，由于社会高度发展，国家功能日益扩张，为实现管制目的或福利国家等功能之新形态法律日益增加，从而导致专业型诉讼增多，职业法官较为单一的价值观、文化观和专业局限，可能难以有效排解现代社会之专门纷争。陪审员参与专业事实认定渐成两大法系公民参与司法共通之处，欧陆几国民事参审制主要

---

① 相关研究成果参见张卫平：《民事诉讼法律审的功能及构造》，载《法学研究》2005 年第 5 期；傅郁林：《审级制度的建构原理——从民事程序视角的比较分析》，载《中国社会科学》2000 年第 4 期；傅郁林：《论最高法院的职能》，载《中外法学》2003 年第 5 期；陈杭平：《论事实问题与法律问题的区分》，载《中外法学》2011 年第 2 期。

② 参见何赖杰：《从德国参审制谈人民观审制》，载我国台湾地区《台大法学论丛》2012 年第 41 卷特刊。

集中于专门领域，美国蓝绶带陪审团在复杂事实认定中发挥重要作用，我国应实现专家陪审法定化，专业类案件应成为陪审员主要参与的案件类型之一。

五、人民陪审员参审审判组织及审判职权的优化

《人民陪审员法》同时设置三人合议庭与七人合议庭，七人合议庭是一大制度创新，但应处理好与三人合议庭的关系问题。基于人民陪审员参审的价值初衷在于在重大案件中运用常人思维或专业知识与职业法官共同作出理性判断，那么从长远看，三人合议庭与七人合议庭应当适用于同样情形，同时人民陪审员在三人与七人合议庭中应具有同样职权，或均有事实认定与法律适用权，或均为有事实认定权、无法律适用权，不应出现二元设置的状况。基于人民陪审员认知规律，更合理的选项是均为有事实认定权、无法律适用权。当《人民陪审员法》实施到一定阶段后，可以实行以"七人大合议庭为主、三人合议庭为辅"的审判组织模式，至于何种情事适用七人大合议庭或三人合议庭，则应根据具体情事选择适用。一方面，可赋予当事人选择权，一方当事人申请适用大合议制的，由法院酌定是否应予适用，双方当事人均主张适用大合议制的，原则应当许可其申请。另一方面，法院亦可根据案件情事决定是否适用大合议庭审理，除如《人民陪审员法》规定的公益诉讼等强制适用大合议制的情形外，对于公共型私益诉讼及专业型案件、常规案件，是否适用大合议庭参审，则由法院裁量。当然，在人民陪审员制度高度成熟，我国法院人案矛盾相对缓解、司法运行更加科学的更远未来，可以考虑人民陪审员参审全部实行七人大合议庭制。

六、中国化法官指示制度的构建

法官指示制度是人民陪审员有效发挥作用的重要制度保障，我国法官指示制度构建尚处于起步阶段。构建我国法官对人民陪审员指示机制的意义，一是由于人民陪审员参审能力不足，可能使流程机制运行出现运行障碍，法官的必要指示可消除人民陪审员的理解障碍并提升程序效率，促进人民陪审员参审有效、高效运行。二是对于解决事实问题与法律问题难以区分的谜团，除了概念层面的区分探索，法官对人民陪审员的指示机制是区分事实问题与法律问题的程序保障。事实问题与法律问题最低限度的区分以及适宜由其认定的事实问题，均需通过法官指示机制才能融入程序进行中。基于此，法官对人民陪审员的指示制度在具体运行机制构建中的意义极其重大，建立符合我国实际的法官指示体系便成为《人民陪审员法》实施需要着力探索、总结的重要制度。

第三节　人民陪审员参与民事案件
事实认定的模式选择

一、模式选择的法系意识

法系意识对我国人民陪审员参与民事案件事实认定模式的影响，应从对民事诉讼法制的影响及对人民陪审员制度的影响两方面展开。就我国民事诉讼法制而言，历史渊源在于中华人民共和国成立后对苏联民事诉讼制度的选择性移植以及中华人民共和国成立前中央苏区、抗日边区、解放区民事诉讼及纠纷解决的实践积累。① 改革开放至今，我国成文法经历从基本无法可依到法律体系初步建成的发展进步，民事法律成文法已渐成体系，与规范出发型民事诉讼相比较具备了类似的成文法基础。同时，我国法学教育已根深蒂固地依托成文法的三段论式逻辑推理，以及司法实践中形成法官严格依成文法裁判的传统，更毋论近年来民诉学人对大陆法系民事诉讼理论的体系化解释及中国化构建，使我国民事诉讼理论及实践具有愈发明显的规范出发型及要件裁判的特征，这在最高人民法院民事诉讼法司法解释中得以集中体现。当然，美式民事诉讼也在一些司法理念及诉讼程序制度上对我国民事诉讼发生作用并产生影响。至于苏式民事诉讼，虽已被我国民事诉讼理论及实践所抛弃，但在个别领域的潜在影响并未彻底涤清。

就人民陪审员制度的建立而言，远非中华人民共和国成立前名为人民陪审、实为人民观审的初步尝试所能比拟，而直接从苏式人民陪审制原样移植而来，但并未进行强制性庭前程序、不间断审理、直接主义等体系化移植，从而在实践中难以真正发挥作用。人民陪审员制度在中华人民共和国成立后的发展中由在民事诉讼全面适用变为仅在部分民事案件适用，从而在形式与内容上均与苏式人民陪审制大有不同。我国人民陪审员制度变为在部分民事案件中适用后，就与大陆法系少量适用的民事参审制具有形似性，差异在于大陆法系民事参审制仅限商事、劳动、社会保

---

① 参见张卫平：《对民事诉讼法学贫困化的思索》，载《清华法学》2014 年第2 期。

险、农业租赁等专门领域，而不同于我国人民陪审员制度局部适用之任意性，纯粹由法院自行决定在何种案件、何类情形适用。党的十八届四中全会决定作出人民陪审员仅与法官共同负责事实认定改革后，使人民陪审员制度又体现出大陆法系参审制与美式民事陪审制相糅合的特征。如前所论，美式民事陪审制与美式民事诉讼相生相伴，必须配之以法定序列主义、证据能力与证明力的二阶化评价、证据开示等程序机制，否则为无本之木。陪审制素与一国文化、传统、民主亲缘极深，我国人民陪审员制度更需置于国家背景考量。我国在"时空挤压"的进程中发展，区域、城乡发展不平衡使"熟人社会＋现代结构"的复合结构存在于各地区、各领域，纠纷类型与诉讼样态呈现出较大的地区与地区差异、理论与实践落差，我国人民陪审员制度改革应当契合我国特定的时空结构与文化结构。概言之，在法系意识、中国语境双重话语体系下，我国人民陪审员参与民事案件事实认定模式应当形成自身逻辑，并引领全球民众参与民事司法制度的发展。

二、模式选择的基本方法

每一程序机制的具体程式在其"原产地"均有着各自内在的逻辑一致性和多样化的动机层次，在比较参照基础上构建适合国情的组合模式，并非根据外观形似性想当然地自由选择并随机组合，而应讲求方法与技术。

首先，以"主体—行为"关系为分析工具。此处所指的分析工具，是指为人民陪审员参与民事案件事实认定模式选择提供一种本源的方法论支撑。事实认定关系是主体、职权、程序共同构成的相关关系，需对主体制度与程序机制进行合理的制度整合，这在人民陪审员参审下尤其重要。对人民陪审员参与民事案件事实认定模式的选择，可将"主体—行为"关系作为模式选择的分析工具。"主体—行为"分析工具是一种"主体设置有利于行为合理化，行为模式与主体相适应"的动态配置样态，体现主体制度与程序制度的互动性。就民事诉讼法律关系的基本构成而言，可分为诉讼主体、诉讼客体、诉讼行为。诉讼主体主要包括审判主体（法院、法官及其他裁判者）与当事人，诉讼客体主要指诉讼标的，诉讼行为包括法院的诉讼行为和当事人的诉讼行为，诉讼程序则是诉讼主体就诉讼客体为一定诉讼行为的场域空间。事实认定实质系法院的诉讼行为，具体可称之为审判行为，事实认定的行为逻辑需置于民事诉讼法律关系背景下，与诉讼主体、诉讼程序一并考量，尤其是诉讼主体与事实认定行为的内在联系。诉讼主体中的当事人主体、审判主体与事实认定行为均直接相关。① 其中，审判主体是事实认定行为的实施者，构成最直接的"主体—行为"关系。基于人民陪审员与职业法官在认知规律上的差异，其行为模式与程序保障也应有所不同，应当设计适宜人民陪审员参审且不同于职业法官审理制的诉讼程序。

其次，以同大陆法系民事诉讼标准配置的对比为分析思路。尽管在大陆法系框架下，陪审员在自由心证合理化、经验法则运用、穷尽辩论全趣旨、专业事实认定、公共案件事实认定等每一领域都是"边角料"式的存在，但将这些"边角料"串联起来却可能在大陆法系民事诉讼之一隅形成体系。当然此体系相对于大陆法系民事诉讼结构仅是个别、局部和补充。陪审员事实认定在

---

① 当事人主要通过诉讼证明及辩论主义与自由心证主义的关系同事实认定行为发生关系，裁判者适用自由心证时应受辩论主义划定的认定事实范围的限制。

表面上好像游离于大陆法系民事诉讼逻辑体系外，毕竟均以职业法官审理制为基础设计，未给外行人判断留有空间。在大陆法系民事诉讼体系的铜墙铁壁前，人的认知规律在事实认定（心证形成）中具有本源性作用，使陪审员事实认定在大陆法系民事诉讼体系中具有哲学意义与人性基础，从而使其能够契入铜墙铁壁，大陆法系国家民事参审制的少量适用亦为例证。关键是需高度关注设置成本等制约因素，同时防止仅为司法民主的形式性意义而贸然引入外行人裁判，而实际职业法官同样可为甚至所为更佳。同时，需深入探讨为何须由外行人认定事实、外行人认定事实有何优势、为了获得此优势效果须付出的制度成本和时间成本等，进而进行利益衡量并确定其适用范围及程序。人民陪审员参与民事案件事实认定构建须避免陷入经验法则与事实推定、诉讼资料与证据资料、严格证明与自由证明、证据能力与证明力等民事诉讼各具体制度的简单罗列，而应以人民陪审员认知规律为线索探求其与各具体制度的内在关联、共性规律，并与职业法官审理下的标准配置进行对比检视，从而实现人民陪审员参与民事案件事实认定模式的逻辑自洽。

最后，对不同事实认定模式合理借鉴。对人民陪审员参审事实认定模式的具体设计，大陆法系民事参审制的立法、理论与实践能够提供部分信息支撑，日本裁判员等刑事诉讼领域的非职业法官参审制度可从跨诉讼领域视角提供少量参考。[①] 英美法系陪

---

①　鉴于刑事诉讼与民事诉讼的差异，德国刑事参审制、日本裁判员制度等刑事领域的外行参审相当部分内容在民事诉讼难以适用，如阅卷在刑事诉讼中是大陆法系裁判者最正常不过的职权，对参审员（裁判员）是否具有阅卷权在德日刑事诉讼中曾引发广泛讨论，既有观点认为不可阅卷，现在的通说及实践认为参审员（裁判员）在疑难案件中可以阅卷，但这个问题在民事诉讼中根本不存在。在口头审理的民事诉讼中，不可能存在裁判者阅卷问题。

审团与法官空间隔离、权限分立，陪审团对事实认定的评议秘密
独立进行，为保障事实认定正确性，产生成熟的系列审前、审后
对陪审团事实认定权的程序控制机制。我国法官与人民陪审员空
间并未隔离，共享事实认定权，但基于大陆法系民事诉讼的复杂
性、技术性及事实问题与法律问题的交错，法官对陪审员仍有指
导控制必要。就法官对陪审员的指引控制而言，英美法系程序控
制技术的参照价值胜于大陆法系，因其在理念上并不涉及诉讼体
制、程序结构等根本性事项，而主要是一种指引技术，可选择部
分不涉及程序结构的指引性程序机制与技术细节予以借鉴。鉴于
英美法系法官对陪审员程序控制技术较好，进行选择性的局部借
鉴已足以解决我国问题，我国可就此适度参照英美法但进行精细
度弱于英美法的程序设计。

三、模式选择的核心构造

民众参与民事司法的积极效应并不体现为人民陪审员参审数
量越多越好、参审范围越广越好、参审权限越大越好，而应根据
人民陪审员认知规律进行精细化设计，何种民事案件不适宜人民
陪审员参审、人民陪审员具有哪些具体的事实认定权、人民陪审
员具体参与哪些诉讼程序阶段，均需进行精细设计，以上内容构
成模式选择的核心构造。

明确基本要旨——利用人民陪审员认知规律在发现真实中发
挥作用。明确引入人民陪审员参与事实认定的目的是首需解决的
问题。如果目的在于促进事实认定合理化、提升裁判品质而非政
治话语式的增进人民信任，则引进专业参审与团体代表参审的比
较法经验值得参考；如果目的侧重于政治性的司法民主而非提升

事实认定合理性，则这些经验又有全然不同的意义。大陆法系审理结构设计很大程度决定于实现案件审理的逻辑性，而英美法系则强调便于民事陪审团理解。[①] 便于陪审团理解，是英美法系民事诉讼系列程序设计的根本缘由，所谓英美法系民事诉讼活动均在可能接受民事陪审团审判的阴荫下进行正是此意，尽管适用民事陪审团的案件数量已比重较低，但并不能改变作为英美法系民事诉讼结构立论基础的民事陪审团制度潜移默化的作用，集中审理、指示机制、证据开示等系列程序设计的存在价值，很大程度在于便于陪审团理解。我国人民陪审员参与民事案件事实认定模式不可能选择美式模式，故其核心构造亦不宜采便于陪审团理解的美式价值。鉴于我国采职业法官审理制以及接近于大陆法系的诉讼结构，我国人民陪审员认定民事案件事实的核心价值在于在发现真实中发挥作用，通过在常规案件中将生活常识和社区观念融入事实认定、在专门案件中以专门知识补充法官事实认定能力不足两种路径实现。概言之，我国人民陪审员参审模式的基本要旨在于发挥人民陪审员认知规律优势的工具价值，而不是便于人民陪审员理解的目的价值，尽管发挥人民陪审员认知规律优势需以人民陪审员首先理解案情为前提，但这与以便于人民陪审员理解为制度设计要旨大相径庭，最大差异在于不会为便于人民陪审员理解而对诉讼程序进行结构性调整。

界定主体权限——人民陪审员事实认定权的进一步限缩。人民陪审员参审是民事诉讼领域最矛盾的事项之一，在事实认定合理化、发现案件真实方面具有重要作用，但囿于人民陪审员法律

---

① 参见段文波：《我国民事庭审阶段化构造再认识》，载《中国法学》2015年第2期。

专业知识不足的先天缺陷以及民事诉讼技术化的高门槛，改革设定的人民陪审员仅与法官共同负责事实认定实际仍难以实施，对试点法院的实证分析充分反映了这一问题。结合全球趋势及我国国情进行远期展望后，我国人民陪审员参审民事案件仍将长期存在，但需对人民陪审员参与民事案件事实认定改革进行再改革。改革思路是，尽管民事诉讼事实认定具有技术化的高门槛，但高门槛中仍有"低门槛"，且这些"低门槛"更适宜由人民陪审员完成，因此需要对人民陪审员事实认定权进一步限缩，将其难以胜任的部分予以排除。对人民陪审员事实认定权予以进一步限缩，并非对人民陪审员职权的限制与剥夺，也不是对公民接受人民陪审员审判权利的限制与剥夺。反之，限缩的再改革是在精细化界定及区分前提下，使人民陪审员有效行使其能够行使的事实认定权。试想，尽管名义上授予人民陪审员完整的事实认定权，但由于民事诉讼事实认定的高门槛致使人民陪审员实际难以承担，仅徒具其名而已，正是"陪而不审"问题的根源所在。

规范适用范围——顺应现代社会发展确定参审案件类型。伴随社会生活现代化而带来的复杂化、专业化、区隔化、疏离化，民众越来越无力探知及理解个人生活工作外的广大社会生活事实。① 不但普通民众如此，职业法官作为社会一分子，同样有此困境。另一方面，由于社会高度发展，国家功能日益扩张，为实现管制目的或福利国家等功能之新形态法律日益增加，从而导致公共型民事诉讼增多（包括民事公益诉讼与具有公共性的私益民事诉讼），职业法官较为单一的价值观、文化观，可能难以有效

---

① 参见何赖杰：《从德国参审制谈人民观审制》，载我国台湾地区《台大法学论丛》2012 年第 41 卷特刊。

排解现代社会之公共性纷争，尤其难以实现公共理性。公共型民事诉讼的事实认定有赖于民众多元化的文化、社会价值观融入其中，以实现公共理性与社会公正。近年美国民事陪审团审理公共类案件呈上升趋势，可资印证此规律。陪审员参与专业事实认定渐成两大法系公民参与民事司法共通之处，欧陆几国民事参审制主要集中于专门领域，美国蓝缎带陪审团在复杂民事案件事实认定中发挥重要作用，我国在专家陪审方面亦进行一定尝试，专业类案件应成为人民陪审员主要参与的案件类型。

　　厘清审理对象——人民陪审员参审下事实问题的界定。人民陪审员主要参与事实认定使何为事实问题、何为法律问题成为亟待解决的理论与现实难题。即使改革未作出此制度设计，仍采法官与人民陪审员同权旧制，何为事实问题亦是人民陪审员参审下的核心问题，因为人民陪审员显然不适宜裁断法律问题，适宜发挥作用的领域在事实领域。从回归陪审制度本源的视角出发，事实问题也应成为人民陪审员参审下审理的主要对象。我国学界对民事诉讼中事实问题与法律问题关系的研究相对较少，如何界定人民陪审员在民事诉讼中发挥作用的具体领域欠缺理论支撑，亟待进一步分析。① 英美法系处理事实与法律混合问题的实用主义思维以及大陆法系关于司法三段论的本源分析具备一定参考价值。对于事实问题与法律问题的区分，试图建立一种最低限度区分标准，同时提出另一种思路：不必拘泥于事实问题与法律问题

---

　　① 相关研究成果参见张卫平：《民事诉讼法律审的功能及构造》，载《法学研究》2005 年第 5 期；傅郁林：《审级制度的建构原理——从民事程序视角的比较分析》，载《中国社会科学》2000 年第 4 期；傅郁林：《论最高法院的职能》，载《中外法学》2003 年第 5 期；陈杭平：《论事实问题与法律问题的区分》，载《中外法学》2011 年第 2 期。

的区分，而从符合人民陪审员认知规律角度出发明确"适宜由人民陪审员认定的事实问题"，至于事实问题与法律问题如何区分则不必过分纠缠。

第四节　人民陪审员参与民事案件
事实认定的限缩适用

根据"主体设置有利于行为合理化，行为模式与主体相适应"的"主体—行为"分析工具，陪审员参与民事案件事实认定是由主体职权、参审范围、参审阶段、诉讼程序构成的复合体；在我国人民陪审员参审审慎发展趋势下，主体职权、参审范围、参审阶段、诉讼程序及其相关关系均会发生相应变化，在技术方向上体现为人民陪审员参与民事案件事实认定的限缩。人民陪审员参审应以适宜其发挥作用为前提，就案件事实认定而言，全要素、全过程参与显然超越了人民陪审员能力范围，违背其认知规律，应根据其认知规律采取适度参审、限制参审的方式。通过参审案件类型的限缩使人民陪审员主要参与适宜其参审的案件，便于人民陪审员真正发挥作用，同时以此方式降低人民陪审员参审整体的制度成本；通过参审阶段的限缩，使程序更为集中高效，既便于人民陪审员形成心证，又可缓解人民陪审员参审导致的审理速度迟缓；通过参审职权与事实认定范围的限缩，使职权配置与其认知规律相一致，更有益于促进事实认定合理化。

一、参审案件类型的限缩

人民陪审员参审的审慎适用，包括人民陪审员主要侧重参审何种类型的民事案件、具体参与哪些诉讼程序阶段、具有哪些具体的事实认定职权等，首要问题是人民陪审员参审范围的确定，将人民陪审员参审范围界定在相对具体的诉讼类型上，使人民陪审员在事实认定中真正发挥作用。

（一）公益诉讼的准强制适用

人民陪审员参与涉及公共利益、社会影响力较大的公共型民事案件的审判，可促进公共案件事实认定的合理化，同时有助消解不同利益团体的冲突并实现一定的公共治理目的。公共利益不是国家机构强加于人的观念，而应通过公民与代表国家的相关机构以及公民与公民间理性的讨论沟通，将之作为各主体公共规范的自愿选择，成为建立在共识基础上的公共意志。[①] 同时，公共利益具有典型的不确定性，体现在利益内容的不确定性和受益对象的不确定性，国内外政治学、管理学、法学、经济学学者对公共利益进行了持续深入的研究。在公共利益实体界定方面，公共利益既与私益相对立但又源于私益，是绝大多数人可享用的非竞争性、非排他性利益，是整体性利益而非私益简单叠加。[②]

鉴于公共利益认知的需沟通性以及不确定性，单一法官作为职业法律人的认知结构在公益诉讼事实认定中并非最佳选择，陪审员的参与可一定程度解决公共利益认知的需沟通性以及不确定性问题。人民陪审员虽是中立的裁判者，但来自普通民众之中，在庭审中倾听诉讼两造对公共利益的论争后会结合自身对公共利益的理解形成一种初步认知，进而通过与法官的讨论评议将朴素

---

① 参见徐卉：《通向社会正义之路——公益诉讼理论研究》，法律出版社 2009 年版，第 336 页。

② 参见陈新民：《德国公法学基础理论》，山东人民出版社 2001 年版，第 205 页。

的初步认知与法官对公共利益的理解结合起来，此种公益诉讼的事实认定方式无疑同人民陪审员认知规律是契合的，公益诉讼制度与人民陪审员制度可实现对话与融合。

值得注意的是，根据最高人民法院关于《人民法院审理人民检察院提起公益诉讼案件试点工作实施办法》的规定，对于检察机关提起的民事公益诉讼，原则上适用人民陪审员制度。① 该试点办法的实施意味在民事检察公益诉讼领域强制实行人民陪审员制度，这是公益诉讼制度与人民陪审员制度结合的良好开端。在民事公益诉讼中强制适用人民陪审制，与检察机关提起公益诉讼无关，而在于人民陪审员认知规律与公益诉讼的内在契合，故应推广至全部民事公益诉讼。苏式民事诉讼实行超职权主义，强制适用的人民陪审制成为苏式民事诉讼发现客观真实机制中的一环；民事公益诉讼实行职权探知主义，似乎与苏式民事诉讼有一定类似性；民事公益诉讼适用人民陪审员制度，与苏式民事诉讼强制适用人民陪审制具一定形似性，民事公益诉讼引入人民陪审员制度是为了更好地认定公共性事实，人民陪审员的作用是作为消极裁判者居中判断证据原因，对于超出当事人事实主张调查案件事实等职权探知主义职责主要由法官行使，不可与苏式民事诉讼的超职权主义中的人民陪审员定位同日而语。

至于民事公益诉讼适用人民陪审员制度后，人民陪审员是否限定为专家人民陪审员，有观点认为"应当尽量选择具有相关领域专业知识的人民陪审员参加检察机关提起的民事公益诉讼审

---

① 参见《人民法院审理人民检察院提起公益诉讼案件试点工作实施办法》（法发〔2016〕6号）第7条。

判，以发挥专业特长并与法律判断形成互补"。① 民事公益诉讼的适用领域中，生态环境和资源保护等公益诉讼因其专业性，确可吸纳专家人民陪审员参与，但民事公益诉讼适用人民陪审员制度的要旨不在其专业性而在于公共性，消费者权益保护等领域的民事公益诉讼亦无专家人民陪审员参与必要，故不宜将人民陪审员身份限定为专家人民陪审员，可从公益代表角度选择普通民众参审，形成专家陪审与普通民众陪审并存格局。

（二）公共型私益诉讼的选择性适用

所谓选择性适用，是指案件类型虽适宜人民陪审员参审，但并非一律要求人民陪审员参审，若基于诉讼效率考察以及具体案件对人民陪审员参审的需求并不迫切，仍可采法官独任审判制，可赋予当事人相应程序选择权或法院职权酌定权。公共利益受到侵害的前提是私益受侵，在决定是否应予救济时，只需要判断是否有违法行为存在，而无须判断侵害的是公益还是私益。② 随着国家治理社会化的推进、公害事件的多发以及公民权利保护的加强，公共型私益诉讼的类型及数量在世界各国呈扩大趋势。日本将之称为现代型诉讼，尽管难以界定现代型诉讼的内涵与外延，通常认为包括公害、医疗、环境、消费者诉讼，所涉利益不限于个人利益，而呈现出利益集团化、扩散化倾向。③ 美国对公害诉讼主要通过集团诉讼方式解决。对于环境权等新兴权利，有学者认为其是一种社会性权利，并正在形成一种以社会性公权与社会

① 范明志、韩建英：《人民法院审理人民检察院提起公益诉讼案件试点工作实施办法的理解与适用》，载《法律适用》2016 年第 5 期。

② 参见杨会新：《去公共利益化与案件类型化——公共利益救济的另一条路径》，载《现代法学》2014 年第 4 期。

③ 参见段文波：《日美现代型诉讼比较》，载《社会科学研究》2007 年第 1 期。

性私权的平衡、协调与制约为特征的社会法律关系。① 与公益诉讼中陪审员的定位与作用同理，在国家利益与地方利益、经济利益与社会利益、整体利益与个人利益、本位利益与代言利益的判断中，陪审员能够从普通民众视角提出有价值的意见，可在公共型私益中选择性适用。具体案件类型包括：造成严重后果的环境污染侵权案件、人数众多的劳动争议纠纷、人数众多的消费者权益保护和产品质量纠纷、涉及众多购房者的房地产开发及商品房买卖纠纷、涉及道德伦理和风俗习惯的案件。② 此外，尽管民事陪审团在英国几近消灭，但仍在涉及 10 000 英镑以上赔偿请求的诽谤诉讼中予以保留，我国香港特别行政区也与英国类似，仅在诽谤领域适用民事陪审团，重要原因在于是否构成诽谤的事实认定需要借助社会普通人的判断。对于诽谤等侵害名誉权案件，是否侵害名誉权的事实认定标准，取决于权利人在一定地区社会评价度的降低，陪审员的参与可使审判主体对社会评价度是否降低作出合理判断，故侵害名誉权诉讼可作为陪审员参审案件类型之一。

（三）专业型案件的选择性适用

大陆法系民事诉讼的专业类案件参审分为专家参审制与团体代表参审制两类，前者如德国州法院商事庭中的商人法官、联邦专利法院中的技术法官，后者指德、法两国的劳动法院、住屋法院、农事租赁法院等，参审员从特定阶层代表中选择产生，既具阶层代表、利益衡平意义，又有专业型案件专家参审的价值。以

---

① 参见吕忠梅：《环境诉讼初探》，载韩德培主编：《环境资源法论丛（第3卷）》，法律出版社 2003 年版，第 189 页。

② 参见高翔：《民事诉讼行政介入的程序规制研究》，载《重庆大学学报（社会科学版）》2016 年第 3 期。

下结合大陆法系专业类案件的具体类型，就在我国适用的可能性逐一探讨。

对于商事案件的参审制，[①] 在商事案件审理中增加专家型陪审员具有一定可行性，商人同行或商业专家的参与能够弥补法官商事知识的不足，从而促进商事案件事实认定合理化。随着现代经济与贸易的发展，股票证券、金融期货、保险理财、票据结算等商行为的复杂性日益增强，金融衍生品、对赌协议等金融创新更具有极强的专业性，商事案件事实认定很大程度是商事案件中商行为的认定问题，此认定须以相关专业知识为依托，引入商人法官（商事专家陪审员）系一种合理选择。推进商事审判专业化建设、培育精通商事知识的职业法官不失为另一路径，但商事知识涉及银行、保险、票据、股票、期货、互联网金融诸多领域且创新速度一日千里，职业法官的知识更新难以与之相适应，培育全才型、精通型的商事职业法官系一种理想。而引入商事专家陪审员制度后，可根据商事案件具体情事选择相应专业陪审员，使审判主体的认知规律、知识结构与商事案件事实认定相契合。同时，不同于技术性专业事实法官可通过鉴定补充专业知识之不足，商事案件的专业知识往往难以通过鉴定方式解决，使引入商事专家陪审员更具必要性与可行性。我国并未广泛建立商事专业人民陪审员制度，但个别地区进行了积极探索，如福建省个别基层法院在涉台商事纠纷中引入台商陪审员，其较熟悉两岸政策法规和风俗民情，对于社会商事活动发展演变有一定见解，能较深入了解新型商事活动的本质，可与职业法官形成优势互补，以其

---

　　① 比较对象为德国普通法院商事庭中的民事参审制以及法国部分商事法院的混合参审制。

实践经验和商事活动上较专业的角度为事实认定提供合理合情合法的依据。[①] 丹麦海事法院设有海事混合参审制度，其原理与商事案件类似，如同商事专家陪审员制度，我国海事诉讼亦可参照引入专家陪审。对于知识产权案件陪审，我国已有较广泛实践并积累一定经验，可将其确定为专业型陪审类型之一。对于知识产权审判中专业人民陪审员与技术调查官、鉴定人的功能重叠与衔接问题，第三章已作论证，此处不再赘述。德、法、丹等国在劳动法院均适用参审制，尤其德国劳动法院是团体代表参审制典型代表，由劳资阶层各推荐一名参审员，劳动法院的形成在德法两国具有深厚的历史传统，我国难以全面复制或移植劳动法院的法院组织与诉讼结构。但我国劳动争议诉讼面临劳资双方较尖锐冲突，可参照德国劳动法院在劳动争议诉讼尤其是群体性劳动诉讼中，引入劳动者、经营者或劳动行政主管部门人员等担任人民陪审员，至于是否需要参照德制选择劳资双方各一名代表以体现制衡观念，则可根据个案情事而言。类似立法例还有法国农事租赁法院、丹麦住屋法院，涉及工程量、工程造价等专业事实认定，医疗纠纷中的事实认定亦需要一定的专业知识，医疗纠纷与建设工程纠纷均可引入专家陪审制。

故而，我国专业型案件选择性适用专业人民陪审员制度的具体范围包括商事诉讼、海事诉讼、知识产权诉讼、劳动诉讼、医疗诉讼、建设工程诉讼。

（四）常规案件的例外适用

以上第一至三类的案件类型概括起来即民事公益诉讼、造成

---

① 薛永慧：《台商陪审员参审的制度设计与成效分析》，载我国台湾地区《日新司法年刊》2014 年第 1 期。

严重后果的环境污染侵权案件、人数众多的劳动争议、人数众多的消费者权益保护和产品质量诉讼、涉及道德伦理、风俗习惯的诉讼、侵害名誉权诉讼、商事诉讼、海事诉讼、知识产权诉讼、劳动诉讼、医疗诉讼、建设工程与房地产诉讼。其中，民事公益诉讼为强制适用，其他为选择适用。

　　笔者将上述案件类型之外的案件统称为常规案件，常规案件原则由职业法官单独审理，但如果常规案件事实认定需要借助人民陪审员的常人观念与日常生活经验，可依当事人申请适用人民陪审员参审，但法院原则上不得主动适用。之所以将常规案件适用人民陪审员参审限定为仅在当事人申请情况下，理由在于第一至三类案件类型已基本囊括适宜人民陪审员参审的情形，此处的常规案件实为兜底条款，意在弥补第一至三类案件类型之不足，以保障当事人接受人民陪审员审判的权利，但人民陪审员又不适宜参与各种类型民事案件之审理，故在启动程序上限制为须经当事人申请方能适用人民陪审员参审，从而使其适用范围得到进一步限缩。

二、参审阶段的限缩

　　苏式民事诉讼审理结构与英美法系法定序列主义外观相似，审前与庭审严格分离，庭前整理争点后进行集中审理（苏联为不间断审理）。大陆法系口头辩论由若干期日组成并被视为完整过程，即口头辩论一体化，从第一次口头辩论期日到口头辩论主期日被视为完整的口头辩论过程。在若干口头辩论期日的关系上，既有各期日平行进行关系，也有以第一次口头辩论期日进行准备性活动，再确定主期日进行核心审理活动的主次分列关系。对于究竟是适用准备性口头辩论程序，还是不分主次以第一次口头辩论期日加上后续期日的方式，需根据案件具体情形由法官酌定。自"斯图加特"模式改革后，大陆法系国家的通行做法是第二类情形，即适当注意口头辩论各期日的分工，尽管口头辩论各期日均为开庭审理的一部分，但应适当区分准备活动和实质性开庭审理。可以说两大法系以不同形式在不同程度上实现了准备活动与庭审活动的适当分离，这为限缩陪审员参审阶段创造了前提条件。

在陪审员参与审判阶段方面，英美法系审前程序由法官负责、陪审团只参加庭审程序自不待言，欧陆几国民事参审制、苏式人民陪审制尽管强调陪审员与法官有同等职权，但庭前准备程序主要由法官主持，陪审员发挥作用的场所仍在庭审阶段。如《德国法院组织法》第30条明确规定，主审判程序之外的裁定，均由职业法官作出，受《德国法院组织法》调整的州法院商事法庭审理商事案件时，荣誉法官权限仅限于口头辩论程序，主期日外的准备程序事项无权参与。在受《德国劳动法院法》调整的德国劳动法院诉讼程序中，只要不是基于诉讼当事人间言词辩论所生之处分与裁定，均由职业法官负责，如通知当事人到庭或和解程序的进行等。

尽管我国民诉法及其司法解释从形式上初步构建了审前程序，但审前程序存在功能事务化问题，因其功能不明在实务中被虚置，法官宁愿多次重复开庭审理争议较大或争点有反复的案件，也不愿意事先进行审前程序，因此可认为我国并未建成具有争点整理意义的审前程序。基于人民陪审员作为普通人的认知规律以及未受法律专业训练的特征，其仅适宜对清晰、明了、新鲜的证据资料进行判断，人民陪审员心证的形成主要通过居中、集中聆听庭审阶段的口头审理实现，并行式的口头辩论期日不利于其心证作出。概言之，人民陪审员参与审理阶段的限缩包括两层含义，一是基于人民陪审员的认知规律特征及陪审制与诉讼结构的对应关系，人民陪审员参审下应当实行准备程序，人民陪审员参审应作为适用准备性程序的事由之一，以准备程序使庭审程序更加充实、简洁、迅速，从而便于人民陪审员参审。二是人民陪审员参与的审理阶段仅限于口头辩论主期日，准备性口头辩论等准备性程序则不予参加。

三、参审职权的限缩

英美法系严格区分审前程序与庭审程序，从而形成法定序列主义，具有自由序列主义传统的大陆法系在坚持口头辩论一体化的同时也逐渐注意两者的区分，重要目的是把审理过程界分为审理对象的形成和针对审理对象作出实体判断两部分。[①] 前者主要属于当事人权能，后者主要归于裁判者，但审理对象形成也需要裁判者在程序进行上的安排指挥和实体上的介入调整，即审理对象形成与实体判断均离不开裁判者参与。在明确陪审员职权行使阶段仅限于口头辩论主期日后，审理对象形成的相关职权显然归于职业法官，而陪审员的职权限于作出实体判断，同时需进一步明确陪审员在口头辩论主期日的职权，即陪审员是否该在口头辩论主期日阶段与法官享有完全同等职权。从两大法系经验看，英美陪审制民事陪审团事实认定权受法官诸多限制；欧陆几国民事参审制声称参审员与职业法官同权，但实际参审员职权远小于职

---

① 参见王亚新：《对抗与判定：日本民事诉讼的基本结构》，清华大学出版社2002年版，第45页。

业法官。为厘清法官与陪审员在口头辩论主期日的具体职权，拟对陪审员可以行使和不宜行使的职权予以明细化，作为实践中陪审员职权与法官职权区分及衔接的依据。

（一）陪审员可以行使的审判职权

1. 证据调查阶段的证据审查权

证据调查是对当事人的证据申请予以审查并决定是否进行证据调查，进而在证据调查中认定证据可靠性的活动。裁判者在证据调查结束后基本形成针对待证事实的心证；法官仍对要件事实不能形成真实与否的心证时，依据证明责任分配原则作出判决。从证据提出到证据调查一般按"当事人证据申请—对方当事人异议—法官证据决定—证据提出—法官证据审查"路径进行。其中，证据申请是指当事人对于认为能够支持自己主张的证据，在表明其证明对象及其他必要事项前提下，向裁判者提出要求得到审查的申请；对方当事人异议包括两种情形：一是通过口头或书面对证据与待证事实关联性、是否错过提出时机等提出异议，二是证人有拒绝作证事由；证据决定是指法官对证据申请是否合法以及是否有证据调查必要性作出决定，在申请不符合法定方式、逾期提出、客观不能、证据方法与争点无关或不具价值等情形下，可决定不予进行证据调查；证据审查则是裁判者对包括证明力在内的证据价值进行自由评论。可见，证据决定与证明审查属归于裁判者的权力。

法官对证据的审查，原则只能作为口头辩论的一环在开庭审理时进行，审查证据是法官判断待证事实是否达到判断标准的最主要手段，审查证据程序是否公正合理，直接关系事实认定结果的正当性，故证据审查须在公开、对审、直接环境下直接由负责作出判断的裁判者以口头方式实施。[1] 最能发挥直接主义、言词主义长处的是证据调查，特别是证人询问。[2] 根据日本民事诉讼法及诉讼规则的规定，在主期日进行的证据调查的主要内容是人证的审查。[3] 在证据调查阶段，于询问人证过程中可观察当事人及证人陈述的动作、表情等，较能确保心证形成之新鲜度及明确性，有助于自由心证功能的促进。[4] 即是说德日民事诉讼中的集中审理主要是集中实施证据调查，尤其是进行证人证言与当事人陈述的调查。对证人证言、当事人陈述的审查须在正式开庭审理的场所口头进行，不宜在诉讼准备阶段实施，一般应在准备程序结束后最终阶段开庭审理时集中进行并尽量一次完成。受命法官在准备程序进行人证调查仅限于特殊情形，即只有自始就认为在口头辩论主期日无法对证据资料获得直接印象或作出适当判断，才可由受命法官在审前进行，或为发现真实在某一现场询问证人较在口头辩论主期日询问更为适当，或证人因客观原因在口头辩论主期日无法到达受诉法院时。[5]

概言之，人证询问在庭审阶段（大陆法系为口头辩论主期日）进行是两大法系通行做法。无论我国民事审理结构采何种形

---

① 参见唐力：《证人证言质证原理分析》，载何家弘主编：《证据学论坛（第五卷）》，中国检察出版社 2002 年版，第 80 ~ 82 页。

② 参见［日］三月章：《日本民事诉讼法》，汪一凡译，我国台湾地区五南图书出版公司 1985 年版，第 58 页。

③ 《日本民事诉讼法》第 182 条规定，对证人和当事人本人的询问，应尽量在争点和证据整理结束之后集中实施。《日本民事诉讼规则》第 100 条规定，证人及当事人询问应尽可能一并申请。

④ 参见姜世明：《证据评价论》，我国台湾地区新学林出版股份有限公司 2015 年版，第 7 页。

⑤ 参见王亚新：《对抗与判定：日本民事诉讼的基本结构》，清华大学出版社 2002 年版，第 102 页。

式，对证人证言及当事人陈述的调查均应在庭审阶段进行。如果对证人证言的证据调查不集中进行，将导致证言内容与案情的联系变得极为松散，裁判者对事实的记忆也会随整个诉讼过程的推进而渐渐减退。在对证人证言的集中调查中，当事人能在充分准备后向证人提出更有针对性和关联性的问题，裁判者能在保持对证言内容新鲜记忆的情况下一举达到对案件事实的最终判断。证人证言在性质上易与口头方式结合，与书证或物证等其他证据方法相比，其可靠性更依赖个人观察、认知，需以当庭对审方式进行。

这与陪审员擅长对直观、直接、生动的证据资料进行判断的认知规律极为契合，在证据方法转向证据资料这一过程中，陪审员对书证、物证等其他证据方法未必在行，但对人证这一证据方法的判断却可能得心应手。特别是在辩论全趣旨第二层次即英美法系话语体系中情态证据的判断上，陪审员更善于从当事人、证人在证据调查中表现出来的态度、神情、反应、语气、肢体语言等与身体相关的非语言因素对证据进行有效评价，在这个过程中，陪审员不仅有判断证据方法是否有资格成为证据资料的能力，也有判断人证证明力的能力，可从直接感知出发合理地作出认定。因陪审员参审下原则上需由法官单独进行准备程序，准备程序将完成书证等非人证的证据调查，那么陪审员参加的口头辩论主期日的证据调查主要集中于人证，陪审员享有的人证证据审查权即与其参与的口头辩论主期日实现了一致性与匹配性。

对于鉴定意见，大陆法系对其进行的证据审查一般准用人证程序。应当说鉴定意见在性质上居于书证和证人证言之间的位置，或者说对鉴定意见的审查兼具书证与人证两种证据审查方式的特点。鉴定意见的调查需在准备阶段即行实施，先采取书面形式提出并在开庭前就其内容向裁判者和当事人开示，接近于书证；但在主期日又可对其进行审理，接近于人证。[①] 在口头辩论主期日，根据审判长的裁量，鉴定人陈述可以口头或书面方式进行。鉴定意见究其实质是对于特别学识经验的经验法则及其他专业知识或意见作出的陈述，法官针对鉴定意见舍弃其中哪些经验法则或选择哪些经验法则用于事实认定，属于事实认定者的自由心证。[②] 在专家参审情况下，专家陪审员可在听取鉴定人陈述及双方质证意见后，运用其在专业知识方面的经验法则对鉴定意见予以甄别取舍，故专家陪审员参审情形下鉴定人意见的证据调查原则上应采用口头审理形式，而不宜采取书面形式，由专家陪审员与法官共同作出认定。

概言之，陪审员拥有对口头辩论主期日证据调查阶段的证据方法尤其是当事人陈述、证人证言的审查判断权，同时就专家陪审员对鉴定意见的审查判断权应当予以实现和保护。

2. 陪审员的其他实质性判断权

陪审员的其他实质性判断权主要是事实认定权中适宜由其行使的部分，主要包括四个层次：一是认定间接事实，并依经验法则从间接事实推定某项主要事实；二是依经验法则合理评价证据证明力，依证据直接认定某项主要事实；三是与法官之间就证明度的沟通交流促成法官个人内心确信符合社会公众认知标准，从而形成对若干项主要事实组成的本案事实是否存在的认定；四是通过参与判断辩论全趣旨，在本案证据资料之上或之外形成对本

---

① 参见王亚新：《对抗与判定：日本民事诉讼的基本结构》，清华大学出版社2002年版，第51~52页。

② 参见［日］新堂幸司：《新民事诉讼法》，林剑锋译，法律出版社2008年版，第452页。

案事实的整体判断，并结合证据资料对本案事实作出合理认定。具体内容已在第四章详论，此处不再复述。

3. 案件评议表决权

陪审员与职业法官同权在案件评议环节可得到完全体现，即陪审员与法官享有完全平等的评议权、一人一票的表决权，如《德国法院组织法》第105条第2项所言，包括荣誉法官在内的商事法庭之全体庭员有相同之表决权。不可因陪审员专业判断能力不足而限制其评议权，相反因为陪审员法律专业素养的欠缺、评议技术的相对不足、评议过程中心理易受波动影响等因素，应当在程序设计上给予其特殊保护，实现陪审员与职业法官等同的评议权，本书第五章将对具体程序予以论述。

（二）陪审员不宜行使的审判职权

1. 除人证外的证据采纳决定权

在当事人提出证据申请至法院进行证据调查阶段中，证据决定与证明审查均属归于裁判者的权力。以证明力判断为核心的证据审查权是陪审员核心职权自不待言，但是否享有证据采纳决定权则另当别论。考察证据决定的基本运行规律，由法官在审前程序中负责筛查证据，确保具有证据能力、与本案有关联的证据进入民事陪审团视野，是英美法系二元法庭结构最突出的特征之一。依据大陆法系自由主义序列的传统，证据申请既可在口头辩论期日提出，也可在之前提出，既可在口头辩论主期日提出，也可在准备期日提出，但随时提出证据申请的做法在实际运行中导致程序拖沓、诉讼迟延、庭审集中审理效果不佳。为保障诉讼程序迅速进行，德日等大陆法系国家民事诉讼法修订中侧重引导在口头辩论主期日前实施证据申请和证据调查。如《日本民事诉讼法》要求书证和物证原则上尽可能在准备期日全部提出并经双方辩论，即书证和物证审查主要作为准备程序考虑。两大法系将非人证的证据决定事项置于准备阶段的做法，对我国人民陪审员参审的启示是基于人民陪审员认知规律，除人证外的证据采纳决定权不宜由人民陪审员行使。理由如下：

其一，证据采纳决定权的性质决定其不适宜由人民陪审员行使。是否采纳证据申请主要是一种证据能力的判断，也被认为是广义的诉讼指挥内容之一，而证据能力判断适宜由法官行使而不宜由人民陪审员行使，诉讼指挥权更不宜由人民陪审员承担。就对方当事人提出的证人拒绝作证事由等异议，德日等大陆法系国家多以审寻方式审理，审寻是口头辩论的替代形式，不一定采取对审结构，由法官以较随意的方式听取当事人及参与人的口头或书面陈述，不一定公开进行，形式较为简略，主要用于决定类的审理。如前所论，我国人民陪审员参审情形下，对申请书证、物证是否适格的审查多在准备程序进行，这种审查并不一定具备公开、对审、辩论等程序保障要素，这种略式审判方式并不适宜人民陪审员形成判断。基于此，对书证、物证申请是否适格的审查应由职业法官在准备阶段进行，负责对证据申请进行筛选，将不合法、不适格、无必要的证据申请隔离在证据调查之外，从而不进入人民陪审员的眼睛，就此而言已与英美法系职业法官对证据能力的审查机制有几分神似。

其二，非人证的证据申请是否适格不适宜由人民陪审员判断。人民陪审员的认知规律决定其优势在于判断证人证言是否真实以及其证明力，对书证、物证等非人证的审查并不依赖于趣旨与情态判断而更注重规则性，实乃人民陪审员所短。美国法院曾将书证与证言可靠性认定加以区别，认为书证认定必要时可作为法律问题。① 1933 年《英国司法管理法》在限制民事陪审团适用范围的同时指出，即使对于可适用民事陪审团审理的案件，如需长时间审查书证、账目，法官可以拒绝使用陪审团的申请。由此也可推论认定书证并非陪审员所长。② 书证的证据申请是否适格，可转换为判断书证是否成立的问题。尽管书证是否成立仍为自由心证问题，不能以法定规则限定何种书证成立或不成立，但职业法官在长期的裁判实务中积累了更成熟的书证判断经验，由职业法官负责非人证证据申请的判断更为妥当。

其三，人民陪审员不参与准备程序仅参与庭审程序，为人民陪审员不行使证据采纳决定权提供了程序空间。人民陪审员参审下的理想民事审理结构是基于促进诉讼考虑，非人证的证据申请及审查均在准备阶段进行，口头辩论主期日主要进行证人证言、当事人陈述的调查。依本书设计的程序人民陪审员并不参与准备程序，而根据人民陪审员认知规律不适宜参与的非人证证据申请及审查等均被置于审前程序，不得不说是一个"巧合"。"巧合"的内含之义在于庭审阶段、准备阶段的功能分野与人民陪审员认知规律的内在联系，与人民陪审员认知规律相关的要素被集中在庭审程序，实际是程序发展的自然选择，具有内生合理性。

2. 诉讼指挥权

诉讼指挥权包含诉讼程序运行与形成实体内容两个层次。在陪审员参审之下，因审判主体增加外行人士而使诉讼程序进行可能被调整。为保障程序稳定性及有效推进，陪审员参审制下的诉

---

① ［美］米尔建·R·达马斯卡：《比较法视野中的证据制度》，吴宏耀译，中国人民公安大学出版社 2006 年版，第 159 页。

② Jack Isaac Hai Jacob, *The Fabric of English Civil Justice*, Stevens & Sons Ltd, 1987，p. 58.

讼指挥较之职业法官单一审理制更不可或缺，而诉讼指挥权专业性较强，在合议庭中为审判长所专有，陪审员参审制下职业法官为审判长，故诉讼程序运行方面的诉讼指挥权显然由职业法官行使。具体包括诉讼期日决定权，如期日指定、延长、变更等；程序整理权，如口头辩论的次数、准备程序中的争点整理、口头辩论主期日的庭审指挥等；程序性争议的决定权，如是否构成回避、管辖权异议等诉讼要件的争议、诉之追加及变更的准驳等。①形成实体内容的诉讼指挥权主要指释明权，包括法律观点的释明、事实主张的释明、证明责任分配及收集提出证据的释明。陪审员不适宜进行法律观点的阐明无须多言，裁判者对当事人事实主张的释明需以实体法构成要件下的要件事实为标准，证明责任分配是指引法官在真伪不明情况下如何裁判及适用法律的理论，实际是一个法律适用问题，故释明权的全部内容均不宜由陪审员承担。

最值得关注的是陪审员是否享有发问权，陪审员可否在庭审中发问是美国民事陪审制近年来涌现的新问题。尽管个别州对此有所松动，但禁止陪审员在庭审中发问仍是美国民事陪审制的一项传统。《德国民事诉讼法》第139条所指的法官释明权包括法官与当事人的探讨、晓谕及发问，即发问本身是释明权行使的一种重要形式。②通过法官就事实及法律事项向当事人发问，促使当事人妥当陈述事实和提供证据，以明确案件事实和法律关系。③

---

①　参见唐力：《法院诉讼指挥权之法理分析》，载《法律适用》2006年第5期。

②　参见［德］汉斯－约阿希姆·穆泽拉克：《德国民事诉讼法基础教程》，周翠译，中国政法大学出版社2005年版，第154页。

③　参见熊跃敏：《民事诉讼中法院释明的实证分析》，载《中国法学》2010年第5期。

由此可见，发问实为释明权重要组成部分，进而系诉讼指挥权之一部，不宜由陪审员行使。此外，发问权作为一种诉讼指挥权，体现法院对诉讼的适度干预，具体形式为法官向当事人提供诉讼技巧支持，这显然并非陪审员的本职。[①] 多数改革试点法院均将人民陪审员可在庭审中发问作为增强人民陪审员参与庭审活性的不二选择，实则是未认清发问权系专属于法官的诉讼指挥权的体现。人民陪审员职权仅限于居中聆听诉讼两造论辩并对证据资料作出判断，对于庭审中对事实问题的疑惑应通过事后与法官的沟通予以澄清，确有必要需在庭审中澄清的，应在征得审判长同意后由审判长代为提问，而非在庭审中越俎代庖式的发问。

3. 调查取证权

辩论主义第三原则排斥法院依职权调查取证，但为弥补辩论主义之不足，辩论主义的新近发展允许辩论终结阶段仍无法形成心证时，法院可依职权调查，但这并不属于法院义务，法院可不依职权调查而径直依证明责任分配规则直接裁判。我国出于对司法国情的考量，《民事诉讼法》及其司法解释对法院依职权调查取证及当事人申请法院调查取证作了较详尽规定。[②] 对于调查取证权，无论其适用范围宽与窄，均系法官专有职权，不宜由人民陪审员行使。有的改革试点法院基于对发挥人民陪审员主观能动性的狭隘理解以及迅速解决陪而不审问题的冲动，在试点方案中鼓励人民陪审员与法官共同调查取证，实则违背了诉讼规律，应

---

① 参见严仁群：《释明的理论逻辑》，载《法学研究》2012 年第 4 期。

② 参见《民事诉讼法》第 64 条、《最高人民法院关于适用〈中华人民共和国民事诉讼法〉的解释》第 94 条等。

当予以纠正。①

4. 案件调解权

我国人民陪审员制度实践中存在人民陪审员广泛参与诉讼调解甚至诉前调解阶段的现象，相当数量法院将其作为发挥人民陪审员作用的改革举措予以推介。人民陪审员参审民事案件的制度价值在于通过庭审阶段的居中口头审理，将普通人社会生活经验与常情常理融入证据原因的判断中，从而促进事实认定合理化。人民陪审员的邻人角色、普通人身份与对社会生活的了解有助于促成调解，却与人民陪审员参审基本价值有所冲突。众所周知，调解中形成的法官前见对调解不成后审理过程的影响，素来受到广泛质疑，也是主张调审分立的重要原因。理论上职业法官应当具有主动遮断调解前见的能力，但实际上基于人的认知规律，即使职业法官亦难以杜绝调解前见对后续审理过程中心态、心证的影响。作为普通人的人民陪审员参与诉讼调解后，可能因诉讼调解中形成的对案件事实的了解、对当事人的主观评价而作出先入为主的判断，但调解程序欠缺基本的程序保障，也不具备对审辩论的程序设计，更缺乏作为心证基础的证据资料，在调解中形成的前见极可能是主观臆断甚至偏见。这种前见进入审判程序中后，作为普通人的人民陪审员更不具备将之遮断的能力，从而易造成臆断、偏见性前见影响人民陪审员心证的不当言果，既使人民陪审员参审失去意义，又将导致事实认定不当。基于此，应当明确人民陪审员不宜参与案件调解。至于在多元化纠纷解决机制

---

① 如有法院规定，案件依申请或依法进行调查取证，承办法官可通知人民陪审员参加调查取证，人民陪审员应当积极参加；有法院规定，经审判长授权，人民陪审员可以参与收集与案件有关的证据、资料、线索，提供给合议庭参考。

中人民陪审员能否作为特邀调解人受法院委托或委派参加其他案件调解，则是法院对特邀调解人对象的选择方式而已，与案件诉讼及事实认定无关，当不在被限之列，即人民陪审员不能参与本案诉讼调解，只能作为特邀调解人的组成部分在非本案诉讼中参与调解。

（三）参审职权法定化

本书对人民陪审员与法官享有同等事实认定权作了另一层面的解释，指出其主要存在于庭审中核心事项的判断权，并对人民陪审员职权进行了明细化界定。这种较为繁杂的划分应当以一定形式予以固定，否则就可能因为过于细微而被实践忽略，甚至导致不同个案中人民陪审员职权范围不一的乱象。我国人民陪审员参审职权法定化，首当在《人民法院组织法》中明确"人民陪审员在法定范围内享有事实认定权，人民陪审员事实认定权的范围及行使方式由《民事诉讼法》具体规定"。[①] 在《民事诉讼法》及其司法解释中增加人民陪审员行使事实认定权的相关条款，首先明确"人民陪审员不参与庭前准备程序"，其次规定"人民陪审员具有对当事人陈述、证人证言、鉴定意见等证据方法进行证据审查的权力，根据心证判断证据价值，法官应引导人民陪审员在经验法则运用、证明标准确定等方面发挥作用；人民陪审员在案件评议中与法官具有同等权限"，最后明确"除人证外，人民陪审员不对证据能力作出认定；人民陪审员原则上不在庭审中发问，不参与法院调查取证，不参与案件诉讼调解，不参与对程序

---

① 本书虽认为除事实认定权外，人民陪审员对法律适用具有社会性评价的建议权，但这种建议权并不具有决定性，并非一种严格意义的判断权，故在《人民法院组织法》的立法表述中未将其纳入其中。

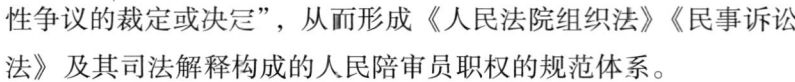

性争议的裁定或决定"，从而形成《人民法院组织法》《民事诉讼法》及其司法解释构成的人民陪审员职权的规范体系。

四、事实认定范围的限缩

尽管裁判者的事实认定与当事人的诉讼证明并不等同，具有相对的独立性，但当事人必须主张事实并对争点事实予以证明。证明不仅意味着当事人通过证据使主张得到支持，也包括裁判者就一定事实是否达到相当确定判断并予以认定之意；诉讼证明活动被理解为旨在影响法官形成关于待证事实心证的活动，这种强调法官认知但又把法官心证形成直接系于当事人诉讼证明活动的关系，构成了裁判者事实认定的预设前提。从另一方面设想，事实认定权尽管归于法官，但事实认定结果实际由当事人诉讼证明决定，其法效果也由当事人承担。① 归根结底，事实认定实为对证明的评价，证明评价就是检验证明的程序，包括裁判者需检验一项事实主张是否需要证明以及具体情况下一项事实主张是否已经得到证明两个层面。② 将两个层面予以比较，第二个层面的权重与价值更为突出。基于此，人民陪审员事实认定范围的限缩，可以诉讼证明为参照系，确定哪些证明活动的裁断者适宜由人民陪审员担当，从而主要以考察诉讼证明活动的方式，确定人民陪审员事实认定范围限缩的具体领域。

（一）适用于诉讼证明，不适用于司法认知

在英美法系国家，传统上司法认知通常被简单地定义为法庭

① 参见王亚新：《对抗与判定：日本民事诉讼的基本结构》，清华大学出版社2002年版，第44页。
② 转引自〔德〕普维庭：《现代证明责任问题》，吴越译，法律出版社2006年版，第86页。

将某一事实接受为真实而无须通常意义的证据证明。① 司法认知在英美法系是排除陪审团事实认定权的一项机制，根据《美国联邦证据规则》的规定，"在民事诉讼中，法庭必须指示陪审团接受任何被司法认知的事实具有确凿性"。② 即法官对某一事项采取司法认知时，法官必须对陪审团作出指示，要求按照司法认知进行事实认定。司法认知是一项重要的证据规则，性质上是法庭的职务行为，也是一项职权干预诉讼证明与事实认定的特殊制度，法效果是当事人证明责任的免除，凡属司法认知事项当事人无须举证，由法官依职权或依当事人申请直接认定。英美法系司法认知的主要内容包括两类：一是众所周知的事实，指具有普通知识和经验的人均知晓的事实，如著名历史事件、自然灾害等；二是通过某种准确性不容置疑的来源可以确定的事实，如某年某月是周几可通过查阅日历方式得以确定。③ 这些事实被排除在作为证明对象的待证事实之外，不待当事人主张或举证由法院自行将其纳入审理范围并用作判决的根据。④ 大陆法系国家并无司法认知概念，大陆法系语境下的免证事实包括当事人自认的事实、众所周知的事实和法院知悉的显著事实。两大法系共通之处在于众所周知的事实和法院知悉的显著事实均无须证明。⑤ 众所周知的事实是社会一般人均应知悉并确信无疑的事实。作为生活于该社会

---

① 周萃芳：《司法认知论》，中国人民公安大学出版社 2008 年版，第 9 页。

② See Federal Rules of Evidence 201（g）.

③ See Federal Rules of Evidence 201（b）.

④ Jack Isaac Hai Jacob, *The Fabric of English Civil Justice*, Stevens & Sons Ltd, 1987, p. 168.

⑤ 大陆法系司法认知的范围相对英美法系司法认知的范围较窄。大陆法系国家一般将司法认知的范围限制在众所周知的事实与法官知悉的职务事项上。而英美法系无论是学理还是司法实践都存在着扩大司法认知范围的倾向，不仅包括众所周知的事实、科学定律，而且包括法律、立法事实，甚至包括属于主观范畴的个人知识经验。

的法官，也应知悉该事实，众所周知性保证了事实存在的确定性，故无须进行诉讼证明。法院知悉的显著事实是法院履行职务应当知悉的事实或依据法院记录即可迅速便捷调查的事实，如本案法官之前的判决、受诉法院作出的假扣押及假处分等。① 鉴于两大法系司法认知事项均由法官作出，同时司法认知制度的重要价值在于提升诉讼效率，由职业法官径直进行司法认知符合该制度的效率价值，而陪审员参与不仅与司法认知事项的意旨不符，更不利于实现设置该制度的诉讼效率价值。司法认知事项既可由当事人申请认知，也可由法院依职权主动认知，一项事实是否属于众所周知的事实，归根结底仍需由法官作出判断，并允许当事人以证据反驳法院关于众所周知的事实的认定。在对众所周知的事实发生争议时，陪审员作为普通人对某一事实是否公众所周知能够作出贴近真实的判断，故在发生争议时，陪审员可以参与对该事项是否众所周知的认定。但从理论和实践看，重大历史事件、重大自然灾害等众所周知事实发生争议的概率相对较小，适用此程序的可能性较低。

（二）适用于严格证明，不适用于自由证明

严格证明与自由证明区别在于是否按法定程序进行，前者是指证据提出和审查均严格按照法定程序或形式进行的证明，后者指证明程序不受法定证据调查程序所拘束，可根据具体情况自由进行的证明。② 对涉及当事人权利义务关系的实体审查即本案要件的审查均需实行严格证明。诉讼要件中的基础事实可通过自由

---

① ［日］松冈义正：《民事证据论（上）》，张知本译，中国政法大学出版社2004年版，第21页。

② 骆永家：《民事诉讼法Ⅰ》，我国台湾地区三民书局1999年版，第161页。

证明的方式加以证明，诉讼中较为容易掌握的事实或形式上的事实包括外国法事项，采取自由证明不至于影响诉讼正当性且有利于迅速审理，均无必要进行严格证明，可采自由证明方式。① 在自由证明过程中，证据的提出和审查不一定必须经过法定程序，可采比较自由的方式，不一定必须开庭让双方当事人提出相应证据并相互质证和辩论，相反只要认为合理，就可采取包括询问在内的各种灵活方式，接受当事人提交的证据并对其进行审查。②

　　当事人必须主张事实并对争点事实予以证明，裁判者基于当事人证明活动认定当事人事实主张是否成立，在陪审员参与事实认定情形下，仅适用于严格证明情形，不适用于自由证明情形。理由之一，基于陪审员作为普通人的认知规律以及未受法律专业训练的特征，其不具备排除干扰以及鉴别不当审判信息的能力，为保障其自由心证及事实认定的准确性，必须辅之以严格的程序保障，使陪审员通过居中聆听诉讼两造言词辩论后得出准确心证。如果证明过程未按法定程序进行，可能在某些环节有遗失，或在顺序上有改动，或在对审上不充分，均可能影响陪审员充分得知相关证据资料，甚至会对陪审员心证形成干扰导致错误判断。基于此，与自由证明相关的待证事项不适宜由陪审员认定。理由之二，自由证明主要适用于诉讼要件审理，诉讼判决事项不适宜陪审员参审。民事诉讼程序事项设置目的可分阶段表达为：（1）以一定的形式条件排除不合法之诉的提起，维持应有的民事诉讼门槛；（2）以一定的程序条件排除不合法之诉，避免作出不

---

　　① ［日］高桥宏志：《重点讲义民事诉讼法》，张卫平、许可译，法律出版社2007年版，第32页。
　　② 王亚新：《民事诉讼中的证据与证明》，载《证据科学》2013年第6期。

必要的判决，具有过滤与监控不适法之诉之功能；（3）以实体法基准判断诉讼请求是否有理，驳回无理之诉。[①] 实现以上三阶段目的需符合的条件分别为起诉要件、诉讼要件和本案要件；前两个阶段目的为程序性目的，为实现程序性目的而具备的要素为程序性事项，第三个阶段的目的为实体性目的。[②] 大陆法系尽管在民事诉讼法及法院组织法中明确参审员与职业法官同权，但参审员职权主要集中于实体事项的核心判断，而不涉及诉讼程序事项。基于此，陪审员职权应排除诉讼判决事项，故不适用于以诉讼要件证明为主的自由证明。当然，目前大陆法系诉讼要件与本案要件采复式平行结构、依辩论主义原则采取同样的程序一并审理，但可以明确陪审员不对审判权范围、管辖权、当事人确定、当事人能力、诉讼能力、当事人适格、诉的利益等诉讼要件进行审理。

（三）适用于证明，不适用于疏明

通说认为，证明和疏明的区别着眼于法官的心理状态，有必要使法官对该事实的存在抱有确信态度的为证明，大体确定的为疏明。[③] 疏明是指事实认定者对一定的特殊事项的真伪与否，出于效率考虑而采用降低心证确信程度作出的一种大致确定的认定。证明与疏明的分类标准不同于严格证明与自由证明，一般来说，由于疏明所要求的心证程度相对较低，疏明适用的事项主要

---

① ［日］中村英郎：《新民事诉讼法讲义》，陈刚译，法律出版社2001年版，第152页。

② 参见唐力、高翔：《我国民事诉讼程序事项二阶化审理构造论——兼论民事立案登记制的中国化改革》，载《法学科学》2016年第5期。

③ ［日］新堂幸司：《新民事诉讼法》，林剑锋译，法律出版社2008年版，第677页。

是程序性事项，而与诉讼实体无关。① 如诉讼中较常见的财产保全、申请法官回避等。日本民事诉讼中，任何人均可阅览法庭诉讼记录，但第三人阅览将明显使当事人生活产生障碍时，当事人可就诉讼记录向法院申请特定保护，经法院审查同意后此诉讼记录不对社会开放，当事人此项主张适用疏明的标准。②

在陪审员参审情形下，仅适用于证明而不适用于疏明。理由之一，疏明的制度旨趣在于诉讼效率，如果疏明与证明采相同证明度，将导致诉讼程序迟延冗长，故对一些程序事项降低证明度，而陪审员参与事实认定从理论上会使程序装置更加复杂，会加重程序冗长感，就此而言，两项制度的旨趣相悖，难以结合加以运用。理由之二，如前所论，陪审员参审促进事实认定合理化的重要因素之一在于可使内心确信的证明度标准进一步明晰化，更接近于社会中性人标准，而疏明并不需要达到内心确信状态，陪审员参加疏明事项认定的价值也不复存在。理由之三，疏明适用的事项主要包括申请财产保全、法官回避等程序性事项，陪审员行使判断权的领域集中体现于涉及实体的核心判断事项，程序性事项不在陪审员审理范围之列。

（四）适用于证明力评价，不适用于证据能力判断

基于对证据属性的认识，将证据评价分为证据能力评价与证明力评价，前者解决证据是否具有证明案件事实的能力或资格，后者解决其与待证事实关联强度问题。具备证据能力资格，才能进一步判断其与待证事实间的关系。证据能力与证明力的二阶区

---

① ［日］松冈义正：《民事证据论（上）》，张知本译，中国政法大学出版社2004年版，第15页。

② 参见《日本民事诉讼法》第91条。

分有助于厘清法官证据裁判思路。证据能力问题实为证据的可采性问题，英美法系二元法庭结构下，证据可采性评价由法官负责，并制定严格的可采性规则，如关联性规则、传闻规则、非法证据排除规则等，证明力评价则由陪审团自由心证。大陆法系实行职业法官制和更彻底的自由心证制度，法律不对证据可采性作出规定，证据能力与证明力均由法官自由心证。在日本刑事诉讼领域的裁判员制度中，证据能力有无的诉讼程序判断事项由职业法官行之，由职业法官于准备程序即作证据能力有无之裁定，以免影响陪审员心证，再者证据能力有无，常需法律解释，由法官处理为要。① 此外，在民事诉讼中亦有非法证据排除问题，德国民事诉讼法并未就以违法方式取得的证据的效力进行明确规定，而是在司法实践中强调以"衡量采纳的适用规则"在个案中根据具体情势通过利益衡量方法来决定是否采纳非法证据。② 日本民事诉讼法原则上不对证据能力进行限制，对证据能力存有瑕疵的证据可在证明力评价中予以降低评价。但近年来基于对公共程序的维护，如果证据的采集是通过严重的反社会手段，或存在诸如限制人的精神自由或肉体自由等侵害人格权的情形，则该证据采集行为本身为违法，其证据能力可予以否定。具体而言，还应考虑取证方式违法程度的高低对证据能力的影响，如违法性未达到严重的反社会程度，则可以认可其证据能力；但同时应认定该证据的证明力较低。由此可知，民事非法证据排除系一个法律判断过程，非陪审员所能承担。总体而言，证据能力（可采性）更多

---

① ［日］井上正仁：《日本裁判员制度现状与课题》，载林裕顺：《人民参审与司法改革》，我国台湾地区新学林出版股份有限公司2015年版，第391～420页。

② 杨柳：《德国民事诉讼非法证据的效力：以证人窃听的证言为例——基于德国联邦宪法法院和普通法院的司法裁判》，载《法律适用》2013年第1期。

是法律问题，证明力更多属于自由心证问题。基于此，在陪审员参审模式下，不应赋予陪审员证据能力认定权，而由职业法官专司此责，陪审员仅负责证明力判断。

（五）适用于主要事实与间接事实，不适用于辅助事实

在陪审员参审情形下，陪审员参与认定主要事实无须多言，至于间接事实依通说被视为证据，属于自由心证范围，由陪审员参与认定也无问题，陪审员甚至在以经验法则为大前提，间接事实为小前提，经事实推理认定主要事实中具有一定优势。辅助事实是判断证据可靠性或证明力的事实，如证人诚实性、认知、记忆与表达能力以及与当事人间利害关系等事实，不适用辩论主义，法院可不经当事人主张径直认定。在法院径直认定前提下，是否适宜陪审员参与作出认定，则需进一步研究。辅助事实主要涉及证据的审查判断，调整范围主要是与证据能力相关的事实，如上所论，与证据能力相关的事实具有法律判断性，不宜由陪审员参与认定，故辅助事实亦不宜由陪审员参与认定。此外，对于待证事实的属性判断即究竟属于三类事实的何一种类，严格意义应归于适用法律范围。① 故待证事实属性判断应由法官行使而不宜由陪审员行使，尽管主要事实与间接事实的区分在非确定性概念场合存有一定争议，但主要事实与间接事实作为一个整体与辅助事实的区分较为明显，故对待证事实属性判断并不存在多大争议。

---

① 许可：《民事审判方法：要件事实引论》，法律出版社 2009 年版，第 45 页。

第五节　人民陪审员参审下事实问题与
法律问题的区分障碍及解决路径

一、事实问题与法律问题的解释

（一）关于事实问题

事实是一个语义丰富的词汇，在社会生活及学术研究中频繁使用，人们常在同一语境、司一研究中从不同角度、不同含义使用事实的概念。事实是多学科重点关注的对象，哲学、逻辑学等非法学社会科学以及法学学科下的法理学、诉讼法学、民法学等二级学科均从不同视角研究事实，从而产生生活中的事实、哲学中的事实、法律中的事实、诉讼中的事实等诸多不同层面的事实概念。① 与之相对应，民事斥讼领域的事实也存在生活事实、民事法律事实、裁判事实等不同表达方式。

对于生活事实。存在两种不同理解方式。一种观点认为，生活事实是案件事实形成的第一阶段，将生活事实与原始事实等同起来，原始事实是事实的历史维度，是社会生活中客观存在的人与人之间的冲突，以流动的状态稍纵即逝地存在于日常生活中，包括事实发生所占用的时间、空间，主体、客体、原因、手段、

---

① 参见吴经熊：《法律哲学研究》，清华大学出版社 2005 年版，第 6～8 页；彭猗涟：《事实论》，上海社会科学出版社 2005 年版，第 2～7 页；杨勇：《法律语义系谱系学：事实、规范与裁判》，人民法院出版社 2012 年版，第 10～11 页。

结果等客观历史过程，其实质为客观事实。另一种观点认为，生活事实是原始事实之后的阶段，是按逻辑准则、经验法则对原始事实的发现和认识，但未经法律解读、取舍、加工的经验事实。生活事实不是原始事实本身，是在人类普遍理性指导下认知的事实，受制于人理性的局限性，生活事实可能与客观事实不符。就此而言，生活事实并非原始事实，而系按一般生活常识对原始事实的解读。①

民事法律事实主要是民事实体法的概念，其性质存在"因果关系说""为法律所规范之事实说""构成要件说"等观点。② 通说认为，民事法律事实的法律后果引起民事法律关系变化，根据客观事实与人的意志的关系，法律事实由事件与行为构成。③ 事件与人意志无关，但可引起民事法律关系产生、变更或消灭；行为是人有意识的活动，行为人通过行为确立、变更、终止民事权利义务关系。④ 新近学说将以上简略区分法扩展至复式区分法，即将法律事实分为自然事实和人的行为，自然事实包括状态与事件，行为包括合法与违法行为、民事与非民事行为等。⑤ 民事法律行为非本书研究重点，不再赘述。

民事裁判事实，系法院以民事案件事实认定者身份面对的事

---

① 参见赵承寿：《司法裁判中的事实问题》，中国政法大学出版社 2015 年版，第 51 页。

② 参见王利明：《民法总则研究》，中国人民大学出版社 2003 年版，第 180～181 页；黄茂荣：《法学方法与现代民法》，法律出版社 2007 年版，第 236～244 页。

③ 参见佟柔主编：《中国民法》，法律出版社 1990 年版，第 37～38 页。

④ 参见王利明：《民法总则研究》，中国人民大学出版社 2003 年版，第 183～184 页。

⑤ 参见梁慧星：《民法总论（第四版）》，法律出版社 2011 年版，第 63～64 页；龙卫球：《民法总论（第二版）》，中国法制出版社 2002 年版，第 153～159 页。

实，部分学者将之界定为法官认定的民事案件事实，[①] 亦有学者认为在形成裁判事实之前尚有案情事实阶段。所谓案件事实是指进入诉讼程序后当事人以语言表达的纠纷事实，案件事实对于裁判者而言，仅是关于纠纷事实的假设及关于过去事实的历史命题；裁判事实是指事实认定者确定为真的案件事实，是事实认定者在证据基础上对案件事实进行思维重构的结果。[②] 裁判事实的形成是一个与实体法规范循环往复的过程，涵摄发挥着方法论作用，将事实涵摄于法律规范，检验事实是否满足法律规范的事实构成并因此导致实体法规范适用并产生所规定的法律后果。[③] 这样的过程通常由众多复杂的思维步骤组成，如恩吉施所言，在大前提与生活事实间往返流转、相互解明的过程，是一种具有诠释学意义的循环。[④]

（二）关于法律问题

法律问题作为广为熟知的概念，主要任务是对事实的规范表达与评价，其本体论无须多言，本书语境下的裁判活动中的法律问题更多指法律适用。法律适用往往是在司法三段论框架下讨论的，规范出发型的大陆法系裁判方法固然是司法三段论的代表，英美法系裁判方法遵循事实出发型，但从整体框架看仍然体现三段论推理思路，差异在于大陆法系三段论推理将成文法确立为大前提，而英美法系法官眼中的大前提是一个融合先例、制定法的

---

① 参见孙日华：《裁判事实如何形成》，载《北方法学》2011 年第 6 期。

② 参见吴宏耀：《诉讼认识论纲：以司法裁判中的事实认定为中心》，北京大学出版社 2008 年版，第 185 页。

③ 参见王舸：《案件事实推理论》，中国政法大学出版社 2013 年版，第 13 页。

④ 参见〔德〕卡尔·拉伦茨：《法学方法论》，陈爱娥译，商务印书馆 2003 年版，第 160 页。

不断发展变化的过程，法官根据社会发展赋予其新的含义，从而使英美民事司法在回应社会发展、促进社会进步方面更为积极，而在大前提确定后的思维过程实际与大陆法系差别不大。就发展趋势而言，英美法系愈发重视根据争议事实寻找类似案例，之后从类似案例中抽象出一般裁判规则，并作为大前提适用于系争案件。① 在整体思维均接近于司法三段论的前提下，两者的区别在于在司法三段论的具体行进路径上，大陆法系的法规出发型从找法开始，当事人提出诉讼请求并确定请求权，继而根据请求权确定与之相关的实体法规范，此过程存在法官对当事人请求权主张不当、找法错误进行的释明过程，之后法官再根据实体法规范进行构成要件解构，当事人再围绕构成要件对应的要件事实就有争议的部分进行证明；而英美法系则由当事人主张诉讼请求并提出相关事实，再对争点事实予以证明，再根据事实寻找类似判例进而寻找相应一般裁判规则并适用于本案。以大陆法系为例，法律适用的核心问题是找法问题，理想意义的找法是针对包括了构成要件与法效果的完全法条，完全法条是可以独立作为请求权基础的法条，同时完全法条中的构成要件应与本案事实具有关联性，找法的过程中法官须进行法律解释；在法无明文规定时，法官在找法过程中还须进行法的续造、漏洞填补与利益衡量。②

二、两大法系中的事实问题与法律问题

基于事实问题与法律问题在性质上的差异，言及两者关系的

---

① HW Jones, *Legal Methods*: *Cases and Materials*, Westbury: Foudation Press, 2003, p. 76.

② 参见王利明：《法学方法论》，中国人民大学出版社 2011 年版，第 118 ~ 134 页。

第一感觉即为两者的区分，进而涉及事实与法律的区分是否可能、是否绝对、是否需要反思等问题，以下讨论按此线路展开。

（一）英美法系事实问题与法律问题的区分与交错

在法庭主体与功能二元化配置下，英美法系必须对事实问题与法律问题作一定的区分，事实出发型的民事诉讼结构也为其区分事实问题与法律问题提供了一定可能性，英美法系事实问题与法律问题的区分是在历史实践中形成的技术，具有零散性而不具有体系性，具有经验性而不具有逻辑性，从来都是区分与交错并行。如果经验与传统对某一问题究竟是事实或法律问题语焉不详，往往从陪审团或法官何者更适于判断此问题予以解释，此种区分是一种实务中的分配技术而非逻辑下的分析规则，体现了英美法系一以贯之的实用主义取向。①

英美法系基于二元法庭设置而不得不寻求事实与法律的区分并取得一定经验，但两者区分素来被认为是一项最难之题，在混合问题判断上尤其困难，对过失、理性人的注意义务及特定情况下的注意义务等的认定，陪审团须对特定情况下的过失、注意义务的恰当标准做出解释，不仅是事实判断，也是法律判断，称之为事实与法律的混合问题。当陪审团对个体性、不确切、尚未定型的问题做解释时，其决定是个别、具体、针对性的，对于特定诉讼相关的当事人具有约束力，但对将来的诉讼当事人，甚至将来的陪审团并无约束力，此问题往往会被视为事实问题。陪审团决定的不公开，甚至不会对何为理性人注意义务进行解释，使混合问题的理解欠缺清晰的认知渠道。尽管陪审团裁决只会宣布最

---

① 参见陈杭平：《论事实问题与法律问题的区分》，载《中外法学》2011 年第 2 期。

终结果，但关于注意义务的特定标准仍蕴藏在判例中，从而对抽象标准进行了具体解释。涉及过失的案件是典型的需裁判者借助社会价值观来适用并不精确的法律规则的案件，在认定过程中陪审团通常比单个法官更能代表整个社会。在书面合同诉讼中，在合同约定是否清楚的认定上，根据陪审团与法官的分工，当合同存在模糊时，其含义由陪审团从各当事人提交的证据中来加以判断；若合同不模糊，则由法官解释和适用合同。在交通侵权诉讼中，驾驶人在接近交叉路口是否减速、是否在事故发生时保持适当的注意等事实问题由陪审团认定；驾驶人是否有义务减速属于法官决定的法律问题，这是对假设理性谨慎之人的通常行为标准进行界定的一项任务。但将行为标准适用于本案具体情况，即被告在临近交叉路口是否已充分注意以达到理性人的标准，则为陪审团权限。① 正因为事实问题与法律问题的区分困难，法官对陪审团的指示、陪审团对法官的请求解释等互动方式就显得非常重要，法官需要根据案件具体情况作出初步指示、阶段性指示、最终指示与补充性指示。另一方面，英美陪审团职责并不仅限于事实认定，在某些情况下包括将事实涵摄至法律之工作。② 陪审团在损害赔偿诉讼中需同时认定损害事实并裁定赔偿数额，尤其适用惩罚性赔偿系民事陪审团的重要功能，已不仅是事实问题，而具有法律适用性质，就此意义讲，陪审团职权已经不限于事实认定，也从一个侧面反映出事实问题与法律问题的交错。

---

① ［美］格兰农：《民事诉讼法（第四版）（注译本）》，孙邦清等译，中国方正出版社 2004 年版，第 211 页。

② 汪海燕：《自由心证新理念探析——走出对自由心证传统认识的误区》，载《法学研究》2001 年第 5 期。

（二）法规出发型民事诉讼同区分论的冲突

在法规出发型的大陆法系民事诉讼结构下，实体法问题是事实问题的先决条件，事实问题与法律问题很难从概念上予以分离。从实用主义的角度看，大陆法系对事实问题与法律问题区分的依赖性与需求度相对较弱。尽管大陆法系上告审程序为法律审，法律审的适用前提是区分事实问题与法律问题，但大陆法系在事实问题与法律问题区分上与英美法系相比仍缺乏足够动力，欧陆几国少量适用的民事参审制亦难以激起大陆法系对事实与法律问题区分的关注度。两者冲突体现在两个方面，一是要件事实并非单纯的事实，是实体法构成要件对应的具体案件事实。要件事实具有记述要素和规范要素，前者凭经验认知即能确定，如电动车撞伤行人；后者涉及价值判断与法官裁量，如电动车是否属于高度危险物。[①] 大陆法系的诉讼逻辑是根据实体法规范来发现事实，再将发现的事实涵摄于实体法规范之下从而得出裁判结论的过程，是一种在事实与法律之间来回往复的状态。在作为辩论主义第一原则的主张责任原理之下，审理对象的形成取决于当事人的事实主张，当事人对事实主张的过程是一个语言言说的过程，这个过程体现了对法律的理解与判断，就此而言事实问题与法律问题亦难以区分。二是事实问题与法律问题区分作为一种实用主义的产物，与大陆法系概念法学的思维路径不相一致，一些概念难以在事实问题与法律问题间作出准确界定。如经验法则在评价证据方法及事实推理中具有重要作用，事实认定即法官依据各种经验法则通过评价各种证据来认定事实，或是通过间接证据

[①]　张平华：《事实与法律：损害的二象性及其展开》，载《现代法学》2016 年第 2 期。

来推定事实的过程，事实认定中经验法则的选择及取舍，委之于事实审法官的自由心证，依据自由心证对象必是事实问题之原理，经验法则应属事实问题。但日本学界亦有观点将经验法则视为法令，违反经验法则的事实认定可以直接认定为违反法令。[1]又如法律行为的解释，日本主流观点初期认定其系事实问题，后转而认为其属于法律问题，理由是法律行为解释在于解释法律效果的内容，是对法律行为进行评价的过程，而不是确认当事人主观意思的过程，故属于法律问题。[2]

三、司法三段论下的事实问题与法律问题

司法三段论以事实与法律为构造前提，大小前提泾渭分明，事实归事实，规范归规范，大小前提分属不同领域；小前提具有客观性、实在性与可感知性，对此回答真伪问题；大前提为主观评价，具有可领悟性，对此回答对错问题。

传统的司法三段论是一种涵摄的推演过程，逻辑学将涵摄推论理解为将外延较窄概念划归外延较宽概念下的推演，在法律适用中是将特定案件事实归于法律规范构成要件之下，以得出特定法律后果的推论过程。[3]尽管以涵摄推演为内核的司法三段论一直居于法律论证的正统地位，但亦不断受到质疑。代表性观点是，演绎的三段论不可能产生新知，尤其在大前提不明或缺失的

---

① 参见［日］高桥宏志：《重点讲义民事诉讼法》，张卫平、许可译，法律出版社 2007 年版，第 34 页。

② 参见［日］小室直人：《上诉制度研究》，有斐阁 1961 年版，第 201 页。转引自张卫平：《民事诉讼法律审的功能及构造》，载《法学研究》2005 年第 5 期。

③ 参见［德］卡尔·拉伦茨：《法学方法论》，陈爱娥译，商务印书馆 2003 年版，第 34~35 页。

情况下往往力所不逮，此时需对大前提进行法律解释与漏洞补充；大小前提的区别并非上位概念与下位概念在夕延上的区别，而分属事实与规范，两者内涵差别极大。法律诠释学派主张大小前提均具"被建构"特征，即规范与事实是方法过程的"原材料"，规范与事实都有被"制造"的必要性，即案件抽象化、规范具体化。① 逻辑学与法理学关于传统司法三段论的质疑系针对涵摄决定论、涵摄唯一论的反思，所谓涵摄决定论与唯一论，是指主张涵摄模式决定并穷尽法律适用的过程，法官只要寻找法律并认定事实，即可得出判决。但这些质疑与反思均不能否定以涵摄为思维方式的三段论是裁判结果形成的最低形态或标准配置。司法三段论体现了法律思维的规范底色，在分析民事诉讼中的事实问题与法律问题时，并不妨碍将涵摄推演作为分析起点。

　　裁判结果形成的过程，是通过涵摄将被认定的案件事实归属于实体法构成要件的过程，一方面将法律规范解构为若干构成要件，并进而确定要件事实，一方面根据生活事实探求与之最为接近的法律规范并剖析要件，来回穿梭于两者间，当要件事实完全该当于所有实体法构成要件时，涵摄始告完成，从而可适用法律，确定当事人间的权利义务关系。法院所认定之事实，并非所有一切社会生活之事实，而系依据实体法规范所选取之要件事实。法院通常就当事人所主张的诸多事实，依据实体法规范的抽象规定，予以认定、选择、再组合，使之渐渐抽象化，而以构成要件与法律效果为内容之抽象法规范，因事实认定而趋向具体化。在这个抽象化及具体化的过程中，生活事实因法规范之作用分析出要件事实，实体法构成要件因事实之修正而具体化，最终

---

① 参见雷磊：《为涵摄模式辩护》，载《中外法学》2016 年第 5 期。

目的在于形成具体的裁判结果。要件事实与实体法构成要件并不相同，只是充分满足了构成要件要素而已。在涵摄过程中，生活事实对于实体法构成要件过于具体；在法律适用三段论中，实体法构成要件之于具体个案仍太抽象，尚不能足够详细、具体地描述该个案所引起的具体法效果，该法效果未经具体化尚不能适应要件事实的要求。在实体法中将一定的法效果联结于一定的实体法构成要件并作为大前提，然后当一定的生活事实经评价为该实体法所规范的要件事实时，可充为小前提。

民事诉讼中的事实认定问题即三段论演绎推理中小前提认定的正确性问题，之后将经自由心证认定为存在的要件事实正确涵摄于实体法构成要件。欲借用涵摄的推理认定要件事实，须先将要件事实转化为叙述语句，该叙述语句须将其所涉及生活事实的一切特征充分描述以作为小前提。为了认定该生活事实的特征以充作前述涵摄的基础，裁判者须进行回溯的连锁涵摄，直到裁判者认为达到最基本的地步。这些基本的生活事实，或可用自己或他人的感官，或可依据经验法则来探知和判断。易言之，将要件事实涵摄于构成要件，不仅需要通过概念性特征的解析与列举将要件事实涵摄于其下，还需辅之以经验法则判断、人的行为及意思表示的注解等判断。在实体法规定清楚、构成要件明晰的情况下，可进行涵摄式推演，但在回溯式的连锁涵摄中，还需要人的感官或社会共认经验，来认定在涵摄连锁上游的基本生活事实。[①]

从以上分析可知，在三段论涵摄推理过程中，存在两个回溯式连锁涵摄。其一，生活事实抽象化与实体法构成要件具体化之

[①] 参见黄茂荣：《法学方法与现代民法》，法律出版社 2007 年版，第 211 ~ 212 页。

间的来回往复，形成一种回溯式涵摄，使事实与法律相互交织、难以分离；其二，小前提的确立仍需利用类似涵摄的思维方式，即通过人本能的认知方式认定涵摄连锁上游的基本生活事实，此问题主要是事实问题。

四、要件事实下的事实问题与法律问题

理想的实体法规范以"构成要件 + 法效果"为内在逻辑结构，这种发端于德国刑法的构成要件理论已成为德日民事实体法的规范构成模式。抽象的实体法构成要件如何与案件相结合，纷繁的生活事实如何接受法律要件的评价，要件事实起到联结两者的作用，是一种法律与事实在民事裁判中的结合。要件事实论是"在明确要件事实法律性质基础上，对民事实体法规范的结构以及民事诉讼审理结构进行的"。[①]

要件事实作为事实认定的终局对象，与主要事实同义又与间接事实相关，同时要件事实认定受到当事人主张责任制约，当事人未主张事实不能成为事实认定对象。以日本为例，作为通说的兼子说认为当事人主张之事实限于主要事实。[②] 通说根据间接事实与证据具有同质性以及自由心证展开，间接事实与证据地位等同，在证据评价领域发挥作用的自由心证主义可适用于间接事实存在与否的判断，即法院可无须当事人主张而自由认定间接事实。如果间接事实适用主张责任，那么当事人未主张之际，法院就不能利用其他证据认定间接事实，使事实认定处于不自由及不

---

① 参见许可：《民事审判方法：要件事实引论》，法律出版社 2009 年版，第 9 ~ 10 页。
② 参见〔日〕高桥宏志：《民事诉讼法制度与理论的深层分析》，林剑锋译，法律出版社 2002 年版，第 340 页。

自然困境，进而违反自由心证主义。① 小林秀之教授认为日本通说是对德国法的误读，在德国辩论主义适用于所有事实，不过因自由心证主义，间接事实即使未经当事人主张法院也可作出认定。② 有观点认为，重要的间接事实适用辩论主义，但如果法院未经释明则予以认定可认为不违反辩论主义，而是违反释明义务。③ 接下来的问题是，主要事实与间接事实在一般情况下较易区分，但在一些具有争议的情形下如何确定主要事实。大陆法按记载内容抽象程度的不同将法律要件分为事实性要件与评价性要件，前者所含评价较低，如致人损害的事实，后者所含评价较高，如过失等，常对应为实体法中的不确定性概念，亦有观点认为两者间存在价值性要件，如要约的到达，较事实性要件评价高，但较评价性要件评价低。④ 对于评价性要件，能否形成"评价"的心证，除考虑根据事实外，还需考虑存在障碍事实。⑤ 对过失等评价性要件，旧有学说将评价性要件本身作为主要事实，其根据性基础事实则作为间接事实不适用辩论主义，如构成过失的各种不同情形，从而可能导致对当事人的裁判突袭。⑥ 现有学说认为，主要事实应是能成为审理对象的事实，须是能够成为证明及证据调查对象的具体事实，评价性要件不能作为事实认定对

---

① 参见［日］高桥宏志：《民事诉讼法制度与理论的深层分析》，林剑锋译，法律出版社 2002 年版，第 340～341 页。

② ［日］小林秀之：《民事裁判的审理》，有斐阁 1987 年版，第 77 页。

③ ［日］伊藤滋夫：《事实认定的基础》，有斐阁 1996 年版，第 223 页。

④ 参见许可：《民事审判方法：要件事实引论》，法律出版社 2009 年版，第 25 页。

⑤ 参见段文波：《规范出发型民事判决构造论》，法律出版社 2012 年版，第 84～87 页。

⑥ 参见［日］高桥宏志：《民事诉讼法制度与理论的深层分析》，林剑锋译，法律出版社 2002 年版，第 341 页。

象，事实认定对象是评价性要件的根据性基础事实，即此事实方为主要事实。某一评价性要件对应的是何种具体根据性事实，属于法解释问题，而非严格意义的事实认定。

五、事实问题与法律问题区分的最低限度标准

（一）确定最低限度标准的方法

1. 厘定最狭义的事实问题

尽管民事诉讼中事实问题与法律问题难以区分，要件事实是法律化的具体事实，但要件事实是在依实体法对生活事实进行裁剪后形成的，要件事实的前端对应一定的生活事实。如 B 以 A 将其打伤为由提起人身损害赔偿诉讼，A 的请求权基础为《民法典》侵权责任编相应的实体法规范"行为人因过错侵害他人民事权益"，构成要件为过错、侵权行为、损害后果、因果关系，对应本案的要件事实为 A 是否有过错、A 是否实施侵权行为、B 是否受损及损害情况、受损结果与行为是否有因果关系，对应本案的生活事实为 A 为何要打 B、在何时何地打 B、B 所受之伤是否为 A 所致。概括而言，判断某一事实或行为是否存在属于事实问题，如具体的时间、地点、人物、事件构成的特定事实状况；此外，行为人特定的主观意愿及心理状态也是事实问题，如从侵权人主观心态判断其是否有过失，主观心态为事实问题。判断某一事实或行为是否存在法律上的价值，则属于法律问题，涉及对特定事实或特定行为的法律评价。[①] 如承诺的认定，承诺人是否有意思表示为事实问题，此意思表示是否构成合同法意义上的承

---

① 参见张卫平：《民事诉讼法律审的功能及构造》，载《法学研究》2005 年第 5 期。

诺，则为法律问题。

2. 混合问题根据裁判主体认知规律酌定

如前所述，大陆法系规范出发型诉讼结构下，事实与法律问题呈来回往复关系，要件事实是与法律构成要件对应的案件事实，事实问题与法律问题存在较频繁的交叉，英美法系亦承认两者的混合与交织。如过失的认定既需从证据中推论侵权者的主观意愿，又需理解法律针对该情形设定的注意义务标准，前者为事实问题，后者为法律问题，英美法系将此类问题称为混合问题。[①]对混合问题究竟是由陪审团还是由职业法官处理，英美法系从不同裁判者之间司法能力的比较、一致性或多元性的司法政策偏好、事前还是事后的法律价值、证据不充分的特例等方面考量并进行选择。其中，"不同裁判者之间司法能力的比较"的指向为法官与陪审员各自的认知规律，而此项标准并不受法系差异影响与制约，对我国有参照价值。对于难以区分的混合问题，可将陪审员认知规律作为参照物，如符合陪审员认知规律则可将其视为事实问题由陪审员参与认定，当然这是一种实用主义路径，在逻辑证成上仍待斟酌。

3. 混合问题根据裁判对象特征酌定

对混合问题适宜由法官还是陪审员处理的判断上，除了考量裁判主体认知规律，裁判对象特征亦是重要参酌因素。对于一些混合问题，其在社会或一定区域并未形成普遍性认知，有的甚至与新出现的社会问题相关，但其判断又依赖于日常经验和社区共识，并需要依据常人认知进行推论，此问题就可能属于事实问题，适宜由陪审员参与判断。陪审员参与作出判断是基于对个案

---

① 参见陈杭平：《论事实问题与法律问题的区分》，载《中外法学》2011 年第 2 期。

事实的妥当认定以及案件的妥当解决，是一种纯粹基于个案的考量，而不涉及对今后裁判具有指引作用。此类问题的结论，通常依赖于常识，较少求助于政策，先例也仅有极少的影响，而且没有一个强制、统一、可预测的结果。以游戏装备等数字财产的认定为例，作为互联网时代的新生事物，数字财产并未有明晰的法律定义与解释，但对数字财产的认定，需要结合由社会观感、技术发展、生活经历等综合形成的主观感受作出，陪审员参与其认定并非不具合理性。

（二）最低限度标准的内容

1. 可以通过感观直接感知的事项

事实的陈述常以感知为基础，判断者以自身感知为基础判断事实存否是事实认知的最原始状态，这种感知往往以人最基本的耳闻目睹以及直观判断为基础，不涉及价值判断。[1] 如某人在一次交通事故中身体被伤害、某人之物被他人毁损、某人在某地被某人饲养的动物所伤、某人在特定场合的言辞等。此类事项是生活事实，属于比较典型的事实问题。

2. 小前提的回溯式涵摄

法院认定事实除了直接以证据对要件事实予以认定，确定小前提仍需进行回溯式涵摄，最典型的莫过于事实推定。事实推定是以经验法则为大前提，以间接事实为小前提推定相关要件事实。尽管作为大前提的经验法则居于类似法规的地位，但经验法则确定系心证过程，应属事实问题而非法律问题，对于事实推定的涵摄过程，系依据已经确定的经验法则，从一项间接事实推导

---

① 参见〔德〕卡尔·拉伦茨：《法学方法论》，陈爱娥译，商务印书馆 2003 年版，第 166 页。

要件事实，这个过程并不过多涉及法律问题，而是现实生活中时时运用的演绎推理，实际是一种常人思维，更多被认为是事实问题。在间接事实部分，其第一阶层间接事实并非当然自第一阶层证据即可获得认定，经常须借助于第二阶层的间接事实，依此类推。[①] 在第一阶层间接事实推论主要事实、后阶层间接事实推论前阶层间接事实的过程中，小前提的回溯式涵摄涉及的应为较纯粹的事实问题。综上，回溯式涵摄是"经验法则＋间接事实"的推理过程，经验法则运用是事实认定问题，间接事实被视为证据，两者均适用自由心证，属于适宜陪审员发挥作用的事实问题。

3. 事实认定中的非法律性价值评价

德日等大陆法系民法学者在民法解释学研究中对价值评价进行过长期的讨论。德国学者拉伦茨认为，除了可以直接感知的事实，事实判断还涉及以人类行为解释为基础的判断、借社会经验而取得的判断以及价值判断。[②] 以人类行为解释为基础的判断，如出卖人给付买受人货物的行为可依此认定为交付，人类行为中的意思需要以语言形式表达，一项事实被涵摄进入法律的规范秩序，须先在语言层面进行，既以日常语言理解为基础，又受法律语言的影响，日常语言的认识论基础为普通人意识、社会渊源与共同经验。借社会经验而取得的判断是对人类行为解释更进一步的判断，如物有瑕疵是指未达物的通常效用，而物的通常效用判断是一个社会经验运用过程。

---

① 参见姜世明：《证据评价论》，我国台湾地区新学林出版股份有限公司 2015 年版，第 97 页。

② 参见［德］卡尔·拉伦茨：《法学方法论》，陈爱娥译，商务印书馆 2003 年版，第 167 页。

日本民法学者我妻荣借鉴德国自由法学者丹兹观点，认为语言的含义只能根据具体个案情事决定，裁判者应该具有作为社会一员的国民知识来评价具体情事，强调法律行为判断具有一定的非法律因素。① 川岛武宜、高岛平藏推动了日本民法实用法学方法论的发展。② 高岛学说认为，民法解释中的价值判决包括三个层面的内容：一是基于一定价值观，判断什么样的社会关系是理想的，简称为社会关系形成的价值判断，具有较强政策性；二是依据价值观为应当确立的规范制定基本方向，简称为解释原理的价值判断；三是以实定法规范为前提，通过解释予以具体化的方法，使规范建立在逻辑无矛盾且与相关规范协调的基础上，简称为解释技术的价值判断。③ 第三层面是标准的职业法官释法问题，对于前两个层面，尤其在法律规定较为原则，需以新案例推动法律规范健全时，更多是一种非法律的社会判断。在日本法律实务家群体中，普遍认为事实认定离不开裁判者的价值判断，如就盖然性的认定标准而言，与其说是真实发现，不如说是事实创造。前日本最高裁判所法官谷口正孝认为，事实认定并非对事实记述的复述，实际在一些情景下是价值判断指引下对事实的取舍，当然这种情形在事实认定中并非随时发生。④ 日本曾有判例，医生为出席一学术年会，匆忙对患者施行手术数次均告失败，从这些事实出发就可能产生对医生的责难，而这一价值判断对于认定因果关系有影响，肯定了价值判断对事实认定的作用，反对观点认

---

① 转引自段匡：《日本的民法解释学》，复旦大学出版社2005年版，第123页。
② 实用法学是以为法律实务提供必要技术为目的的学问。
③ 参见段匡：《日本的民法解释学》，复旦大学出版社2005年版，第73页。
④ 参见段匡：《日本的民法解释学》，复旦大学出版社2005年版，第256～258页。

为此方法会造成事实认定过于简单、宽松。① 折中的观点是事实认定过程中原则不应掺杂价值判断，例外的是价值判断可以进入事实推定、证明度的决定等领域。②

在英美法系，麦考密克将事实认定分为"一级事实问题"与"二级事实问题"，"二级事实问题"是对事实的一种评价，"一级事实问题"属于纯粹的事实问题，后者则较为复杂。③ 如经营者安全保障义务之诉中，经营者是否尽到安全保障义务的认定就是"二级事实问题"。以上两类事实问题均可由陪审员参与判断，"一级事实问题"自不待言，"二级事实问题"的判断虽具有一定法律性，但陪审员所代表的常情常理、社会认知与普通人观念对正确判断亦具价值。如在经营者安全保障义务的认定上，陪审员可从自身立场表达对安全保障义务是否履行到位的判断，尤其是在两名陪审员一名来自普通民众、一名来自经营者时。

鉴于评价性要件的不确定性与抽象性，在"评价"心证过程中除了法律价值的考量，也需考虑法律之外的社会经验等，这些领域为陪审员参审提供了最低限度的空间。陪审制的基本功能是将社会价值输入法律体系，就此而言陪审员相对侧重于价值，法官则关注法律形式主义，陪审员参审是社会多元价值的一种整合，是在形式理性框架下运用实质理性认定事实的过程，亦是以形式理性整合实质理性的过程。④ 应当说事实认定有其固有规则

---

① 参见［日］高桥宏志：《重点讲义民事诉讼法》，张卫平、许可译，法律出版社 2007 年版，第 40 页。

② ［日］伊藤滋夫：《事实认定的基础》，有斐阁 1996 年版，第 6 页。

③ 参见［美］麦考密克：《麦考密克论证据（第五版）》，汤维建等译，中国政法大学出版社 2004 年版，第 57 页。

④ 汪栋：《英美陪审制度及其程序价值考论》，载《东南大学学报（哲学社会科学版）》2016 年第 4 期。

及规律，过分强调价值判断可能导致事实认定技术的虚无及过度随意性，但在事实推定、证明度确定等领域的确难以绝对回避价值判断，而这些判断或许对于陪审员而言是擅长的。

六、从"区分事实问题与法律问题"到"适宜由陪审员认定的事实问题"

以上对事实问题与法律问题的区分作了力所能及的建构，但对于这项世界级难题而言，这些尝试都微不足道甚至毫无助益。无论从司法三段论的涵摄推演还是从要件事实论的性质来看，均是难以回避的事实与法律交错现象。英美法系基于陪审团与法官职权的二元分野，形成了历史性的、实用主义路径的事实与法律区分技术，主要是基于裁判者的能力、司法政策的选择等因素进行的"结果导向式"的区分方式。在英美法系的实用主义路径下，在事实判断与价值判断上，都是情势决定原则，而不是原则决定情势，甚至认为两种判断依循的定律是相同的，正是所谓的价值依赖于情境。[1] 面临事实问题与法律问题交错的混合问题时，这种区分是不确定的，混合问题是个别的、需要社会公众判断的，可界定为事实问题，交由陪审团处理；混合问题是普通的、需要专业认知的、对之后裁判具有影响力的，可界定为法律问题，交由法官处理。无独有偶，日本等大陆法系国家在辩论主义

---

① ［美］博西格诺：《法律之门》，邓子滨译，华夏出版社 2002 年版，第 52 页。

适用范围的后期讨论中形成三种观点。① 第一种观点认为，不论是否属于主要事实，只要对于诉讼胜败产生影响的重要事实都应适用辩论主义，与其基于主要事实与间接事实的区分，不如从事实与诉讼的关系出发，从该事实是否对诉讼胜败产生影响的角度来作出判断，以该事实是否真正成为诉讼真正的争点作为标准。② 高桥宏志先生评价第一种观点的特色在于从纯机能的层面来考察问题，但突破了辩论主义适用于主要事实的通说。③ 这种侧重从纯机能层面、而非从逻辑起源角度分析问题的视角，并非大陆法系民事诉讼通常、主流的分析方式，其对辩论主义适用于主要事实的突破也值得商榷。但如果暂对其内容在所不问，将此思维方式运用于事实问题与法律问题的区分时，这种侧重机能的分析方法未尝不是一种必要补充。

拘泥于事实问题与法律问题的区分，实际将陪审员参与民事案件事实认定带入一个难以摆脱的认知迷雾，尽管笔者试图建立事实问题与法律问题区分的最低限度标准，也从方法与内容层面进行了最简单的构建，但笔者亦承认这种尝试的效果可能极其有限。同时，笔者建立最低限度标准的方法并非严谨的逻辑分析，

---

① 该讨论源于日本最高法院一则判例，A 在一二审中主张与 B 形成行纪合同，二审法院认定 B 的代理人 C 与 A 形成行纪合同，A 以法院认定当事人未主张的事实违反辩论主义为由提出上告，最高法院驳回上告，认为是本人还是代理人意思表示是主要事实，C 作为证人参诉，可能违反辩论主义，但没有产生裁判突袭。以此判例为契机，日本学界就辩论主义适用范围形成三种观点。参见 ［日］高桥宏志：《民事诉讼法制度与理论的深层分析》，林剑锋译，法律出版社 2002 年版，第 344 页。

② ［日］田尾桃二：《对于主要事实与间接事实的二三点疑问》，载《兼子一博士纪念论文集——裁判法的诸问题（中）》，有斐阁 1969 年版，第 269 页。转引自 ［日］高桥宏志：《民事诉讼法制度与理论的深层分析》，林剑锋译，法律出版社 2002 年版，第 345 页。

③ 参见 ［日］高桥宏志：《民事诉讼法制度与理论的深层分析》，林剑锋译，法律出版社 2002 年版，第 346 页。

而是从裁判主体认知规律与裁判对象特征出发，分析哪些具体事项符合事实问题最低限度标准，从而可以认为是事实问题，进而适宜由陪审员处理，采取的是类似于英美法系的实用主义分析进路。简言之，英美法系基于二元法庭设置及功能区分，在事实问题与法律问题难以区分时，采取的区分技术是"该事项适宜法官还是陪审团审理的对比分析—确定适宜由何种主体审理—以主体不同确定是事实还是法律问题"的"三步式方式"。而我国并无二元法庭设置，也未全面实行人民陪审员制度，引入人民陪审员参与民事案件事实认定的价值在于利用人民陪审员认知规律在发现真实中发挥作用，那么是否实际并无必要将裁判对象泾渭分明地区分为事实问题与法律问题，尤其在面对混合交叉问题时，这种区分更像是一种"逆向行驶"，不仅难上加难夏无多大意义。在上述"三步式方式"中，完全可以去除第三步，不必拘泥混合问题是事实问题还是法律问题，而从混合问题性质与裁判主体特征的对应关系考虑，判断混合问题是否吸纳人民陪审员参与认定，即简化为"该事项适宜法官还是陪审员参审的对比分析—确定适宜由何种主体审理"的"二步式方式"。解除必须进行事实问题与法律问题区分的禁锢后，所有难题均迎刃而解，陪审员参审的功能也可得以有效发挥。

党的十八届四中全会提出的人民陪审员主要负责事实认定改革思路，其原意亦并非指向我国应建立事实问题与法律问题区分制度，根本意旨在于解决人民陪审员法律能力不足导致的陪而不审问题，以便充分发挥人民陪审员参审作用，同时将事实问题界定为适宜人民陪审员发挥作用的领域，将法律问题理解为不适宜人民陪审员发挥作用的领域，从而提出人民陪审员主要负责事实认定；在确定人民陪审员主要负责事实认定后，又不得不衍生出一个结果导向下的反向推演问题，即事实与法律的区分。易言之，区分事实与法律问题的产生与形成并非源于内在的逻辑生成，而是一种非正常、不得已的逆向生成路径，其存在必要性值得质疑。如果拘泥于事实问题与法律问题的区分而置待证事项与裁判主体认知规律的对应关系不顾，无异于舍本逐末。基于以上分析，在新一轮人民陪审员制度改革试点期届满后，可将人民陪审员负责事实认定、强调法律问题与事实问题区分的改革策略进一步明确为"人民陪审员参与认定适宜由其认定的事实问题"。至于何为适宜陪审员认定的事实问题，本书已有详述，可资参考之用。

第五章　我国人民陪审员参与民事案件事实认定的具体运行

第一节　人民陪审员参与民事案件事实认定的流程

陪审员事实认定职权的调整以及参审案件范围的进一步限缩需依托一定程序进行，更需要程序保障方能实现。尤其对陪审员事实认定职权的限缩可能导致职权碎片化问题，职业法官作为专业法律人而形成的程序习惯会因引进参审而有所调整，陪审员参审也会形成一定的分割审理状态，需注意程序间的衔接，以保障参审程序有效运转。陪审员参审下的审判流程应体现陪审员的实质性参与，按照审前准备整理确保迅速审理、充分争点整理确保焦点集中、审判计划有效提升效率、证据调查浅显易懂、判决理由法官整理明示、公平妥适迅速审判、司法判决合理可信的路径进行，保障陪审员事实认定权的独立行使，使陪审员心证对混合型心证合理化起到重要作用。

一、陪审员参审的启动程序

（一）启动陪审员参审的权利基础

《美国宪法第七修正案》确定适用民事陪审团应以双方当事

人一致同意为前提，当事人有权决定是否接受陪审团审判。大陆法系法院组织法普遍设有法定法官原则，于1791年由《法国宪法》首先确立，在《德国基本法》及《德国法院组织法》得以体系化，《德国基本法》第101条第1项第2句明确"任何人不得被剥夺法定法官之权利"，即何等案件由何等法官审理应事先以一般抽象之规则明定，法定法官亦包括荣誉法官。① 大陆法系普遍认为法定法官原则是实现民众听审请求权的重要保障。听审请求权是指当事人有就案件以何种方式被法院审理以及就案件事实、证据资料及法律问题向法院充分发表意见、知悉法院意图并以此影响法院审判程序及结果的权利。在德国等大陆法系国家，违反当事人听审请求权保护的审判行为可能产生无效后果，导致上诉审不当评价甚至引发侵害听审请求权的宪法诉愿。从当事人听审请求权保障出发，当事人有权决定本案是否由陪审员参与审判；从法定法官原则出发，当事人申请适用陪审员参审的权利应当在法院组织法或民事诉讼法中实现法定化。

除保障当事人听审请求权外，实现法院审理利益是启动陪审员参审面向的另一权利基础。如专业型案件的事实认定涉及相关专业知识，引入专家陪审员是为了弥补法官专业知识不足，主要效用是满足法院审理利益需要尤其是促进事实认定的合理性，而是否需要满足法院审理利益需要，显然法院最为知悉，应当由法院作出判断。在民事公益诉讼、公共性民事私益诉讼、专业类案件等可适用陪审员参审的不同情形中，选择陪审员参审基于不同

① 法定法官原则的具体内容包括案件由何种法院、何一法院管辖，由何一审判体审理，何等法官参与组成审判体即审判体如何组成三个层次。案件系属于法院、审判组织及法官，均非随意为之事项，而应以事先明定为原则。

目的与功效，或基于当事人听审请求权保障，或侧重于维护法院审理利益。如果是基于当事人听审请求权保护的考量，自然应赋予当事人申请陪审员参审的权利，如果是基于维护法院审理利益的考量，自然可赋予法院依职权发动的权力。当然，保障当事人听审请求权显然居于首先被考虑的位置，故而陪审员参审的启动机制从整体而言是一种"当事人申请为主＋法院职权发动为辅"的多元化启动机制。

（二）多元化启动机制的具体内容

基于两大法系经验，结合陪审员参审适用案件类型的分析，我国应建立"当事人申请为主＋法院职权发动为辅"的人民陪审员参审启动机制，使人民陪审员参审更具活性与实际价值。其于不同目的或功效，人民陪审员参审的启动机制亦有所不同。

除民事公益诉讼为强制适用外，对于公共型私益诉讼——人数众多的劳动争议诉讼、人数众多的消费者权益保护和产品质量诉讼、涉及道德伦理和风俗习惯的诉讼、侵害名誉权诉讼，事实认定需要引入陪审员对社会公共观念的认知与判断，主要效用是为了保障当事人的听审请求权，原则上在当事人申请时方能适用；法院如果认为基于维护公共利益的需要有必要引入陪审员参审，应在征得双方当事人一致同意后方可适用。

对于专业型案件——造成严重后果的环境污染侵权案件、商事诉讼、海事诉讼、知识产权诉讼、医疗诉讼、建设工程与房地产诉讼，引入专家陪审员的主要效用是满足法院审理利益需要，故以法院依职权主动适用为原则，引入专家陪审员可不经得当事人同意而由法院依职权适用。德国商事法庭的运行经验提供了较好范例，双方当事人可以合意商事案件由审判长代混合商事法庭进行独任审判而不适用参审制，但此合意对受诉法院无拘束力，审判长认为案件裁判需要商事法官的专业知识，可不顾当事人合意仍与商事法官组成混合合议庭审理。

对于公益诉讼、公共型私益诉讼、专门案件之外的常规案件，陪审员参审仅能在当事人申请下方能适用，未经当事人申请，法院原则上不得主动依职权适用。法院未经当事人申请适用陪审员参审的，当事人有权向受诉法院提出异议，审判长应作出变更审判组织的决定。

除专门案件之外，当事人双方合意申请陪审员参审的，法院自然受合意拘束。当事人一方申请的，原则上应在第一次言词辩论期日（准备期日）前以书状为之，由法院判断本案是否需要陪审员参审，如果同意其申请则启动陪审员随机选择程序并告知当事人，如无必要法院应以决定方式驳回其申请。对于专业型案件适用陪审员的申请，法院判断的标准是法官在本案中是否有足够专业能力认定事实、是否在本案中可通过司法调查官等其他形式解决专业知识欠缺问题；对于公共型私益诉讼适用陪审员的申请，法院判断的标准是案件是否需要借助陪审员对社会公共观念的感知、社会公共秩序的认知，如名誉侵权中是否构成损害的认定需借助一定范围内社会公众的评价；对于常规案件中陪审员的申请，法院判断的标准是本案是否需要借助陪审员的常人观念与日常生活经验。对于法院作出的是否引入陪审员参审的决定，当事人可即时抗告（我国民事诉讼语境为申请复议），由上一级法院审查法院不准许陪审员参审的理由是否有理。为便于直接理解，以表8对陪审员参审的启动程序及具体机制予以展示。

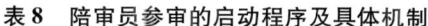

表8 陪审员参审的启动程序及具体机制

诉讼类型	总体适用方式	法院可否主动适用	双方当事人是否可合意不予适用	一方申请适用时的申请	一方申请适用时法院的处理	不服法院决定的救济措施
公益诉讼	强制适用	可以	不可	不存在此情形	不存在此情形	不存在此情形
公共型私益诉讼	当事人申请适用为主	经双方当事人同意方可	可以	准备期日前提交申请书状	以是否需要借助陪审员对社会公共观念的认知为标准判断	向上一级法院提出即时抗告（申请复议）
专门案件	法院依职权主动适用为主	可以	合意对法院无拘束力，法院仍可主动适用	准备期日前提交申请书状	以是否需要补足法官专业事实认定能力及是否系唯一方式为标准判断	向上一级法院提出即时抗告（申请复议）
常规案件	当事人申请适用	不可	可以	准备期日前提交申请书状	以是否需要借助陪审员的常人观念与日常生活经验为标准判断	向上一级法院提出即时抗告（申请复议）

二、陪审员参审的准备程序

(一) 准备程序的主体

如前所论，以陪审制为制度设计原点的英美法系形成以证人证言调查为主的庭审构造，准备程序由法官负责；大陆法系民事诉讼庭审结构并不需要以陪审员参审为基准设立，证据调查可与口头辩论一并进行，也可分开期日进行，基于促进诉讼进行的考量，德日等国开始重视准备期日的作用。为保障陪审员有效获得心证并促进诉讼快速进行，原则上陪审员参审均应进行准备程序，法官在诉讼系属后应尽快确定准备期日，并在准备程序完成相关事宜。对于陪审员参审下职业法官在准备程序完成的事项，大陆法系的受命法官制度提供了较好借鉴。受命法官系大陆法系通用诉讼法术语，指应审判长之命实施一定诉讼行为的法官，可进行建议当事人和解、实施庭外证据调查等审前准备程序。[①] 近年大陆法系民事诉讼法修改推动了受命法官扩权运动，日本受命法官权限在 2003 年民诉法修正后从和解劝导、庭外证据调查扩展至审寻、辩论准备程序中的书证调查、书面准备程序、证据保全、协议程序进行期日等。[②] 韩国受命法官可在整理争点范围内作出是否采纳证据的裁定，以及实施除人证询问之外的证据调查。[③] 在陪审员参审制下，准备程序的"受命法官"角色只能由

---

① 参见姜世明：《法院组织法》，我国台湾地区新学林出版股份有限公司 2012 年版，第 1 页。

② 参见 [日] 新堂幸司：《新民事诉讼法》，林剑锋译，法律出版社 2008 年版，第 156 页。

③ 参见 [韩] 孙汉琦：《韩国民事诉讼法导论》，陈刚译，中国法制出版社 2010 年版，第 64 页。

职业法官担当。

（二）准备程序的形式

陪审员参审情形下准备程序的首要价值在于为陪审员参与的庭审程序集中高效进行创造有利条件。在准备程序的几种方式中，准备性口头辩论最有利于实现促进庭审主期日程序集中高效进行的目的，同时在陪审员参审下，书证等非人证的证据调查在准备程序进行，使准备程序的程序保障在该环节甚至达到了开庭的要求，准备程序从整体上呈现一种审寻等低程序保障方式与开庭等高程序保障方式交错推进的结构（即对证据申请是否采纳以审寻方式进行，对书证等的证据调查以口头辩论方式进行）。而书面准备程序方式，主要适用于案件较为简单或当事人不在诉讼法院本地、难以参加准备程序的情形，显然难以达到陪审员参审下准备程序的设置要求。尽管准备性口头辩论制度成本相对较高，但因陪审员参审案件限制在较小范围内，采取准备性口头辩论方式就整体而言制度成本并不高，且陪审员参审案件基本为非常规案件，具有一定的重大性，相对于促进这些案件庭审程序集中高效的效果，在准备程序付出这些制度成本应是合理的。

（三）准备程序的内容

法官需在准备程序完成以下事项：（1）书证等非人证的证据调查及对其证据能力的判断。其中，证据能力的判断是关键之点。由于实行职业法官审理制，大陆法系普遍不对证据能力进行限定。《德国民事诉讼法》并未就以违法方式取得的证据的效力进行明确规定，而是强调以"衡量采纳的适用规则"在个案中根据具体情势通过利益衡量方法决定是否采纳非法证据。① 日本民事诉讼法不对证据能力进行限制，由法官在审理中进行裁量和判断，对证据能力存有问题的证据可在证明力评价时予以降低。② 虽对证据能力没有限制，但也存在违法收集的证据不予采纳的观点。如小岛武司认为，如果证据的采集是通过严重的反社会手段，或存在诸如限制人的精神自由或肉体自由等侵害人格权的情形，则该证据采集行为本身为违法，其证据能力应予否定。③ 在陪审员参审情形下，又专门设有职业法官负责的准备程序，对于以严重违法形式收集的、可能影响公序良俗的证据，法官可在准备程序予以排除，对于一般违法性证据可不在准备程序直接否定其证据能力，而由法官在庭审程序中告知陪审员相关证据在证据能力上的瑕疵并指示其作降低证明力的评价。（2）关于全部证据申请的审查。在"当事人证据申请—对方当事人异议—法官证据决定"的程序结构中，法官应在准备程序中以审寻方式对证据申请是否符合法定方式、与待证事实的关联性、是否错过提出时机、证人是否有拒绝作证事由等进行审查后，对证据申请是否合法以及是否有证据调查必要作出决定，从而确定口头辩论主期日进行证据调查的证据目录及证据调查顺序。（3）进行详尽的争点整理。在准备程序中，法官应与当事人充分讨论，在排除自认事实的基础上，确定本案口头辩论主期日审理的争点。为保障口头辩论主期日程序进行的集中性、高效性，争点应以适当形式固

---

① 杨柳：《德国民事诉讼非法证据的效力：以证人窃听的证言为例——基于德国联邦宪法法院和普通法院的司法裁判》，载《法律适用》2013年第1期。

② ［日］高桥宏志：《重点讲义民事诉讼法》，张卫平、许可译，法律出版社2007年版，第7页。

③ ［日］高桥宏志：《重点讲义民事诉讼法》，张卫平、许可译，法律出版社2007年版，第7页。

定，法官可将争点整理结果进行总结并记入争点整理笔录，经当事人确认后视为在法院和当事人之间确认了庭审范围。[①]（4）依整理结果制作审理计划书，对是否存在认诺或自认、案件及证据之重要争点、有关证据能力之意见、证据调查之范围次序及方法予以充分记载。审理计划书应在庭审前供陪审员审阅，口头辩论主期日即可进行较充分、集中、迅速的证据调查及辩论，从而有利于陪审员形成正确心证。

三、陪审员参审的庭审程序

陪审员参审的运作下，经由准备程序明确争点、精简证据后，口头辩论主期日应进行集中迅速的证据调查及辩论，外行法官仅依口头辩论主期日所示证据获取心证，相关人证等证据调查不宜长篇大论、晦涩难懂，强调在作为核心环节的庭审程序应创造有利于事实认定者形成心证的条件。

（一）准备程序的概括性报告

陪审员未参加准备程序，未能掌握当事人双方请求证据调查的意旨，尤其是书证等非人证的证据调查可能在准备程序进行，陪审员对书证作为证据资料的具体内容及证据价值并不知情，如何补足陪审员与法官的资讯落差并满足直接审理原则要求，需在庭审开始阶段予以解决。德国民事诉讼法的做法是对于调取官方的答复报告、书面证言、鉴定和勘验可在口头辩论主期日前的准备程序进行，但对于这种证据调查不是在受诉法院进行的（德日等大陆法系国家民事诉讼法中所指之受诉法院，在适用合议制时

---

① 参见赵泽君：《民事争点整理程序的合理性基础及其建构》，载《现代法学》2008 年第 2 期。

即为合议庭，合议庭在诉讼中等同于受诉法院，受诉法院往往相对于受命从事准备程序的受命法官而言），当事人应当在庭审开始环节根据有关证据辩论的记录陈述结果，即在准备程序进行证据调查的，当事人应在口头辩论主期日陈述准备程序中证据调查的基本情况。[①] 为使陪审员迅速进入状态，了解准备程序对书证等非人证的调查情况，同时也是基于直接审理原则的要求，在庭审开始环节可参照德国立法例由原被告或其诉讼代理律师首先作出开庭陈述，陈述准备程序之要领，概括讲明准备程序整理的争点，特别表明声请调查之书证等非人证与待证事实的关系。作为替代性措施，在原被告陈述有困难时，职业法官（审判长）也可令书记官朗读准备程序笔录代替。总体而言，概括性报告在量上应尽量简化，在质的方面应提升陈述效率，以通俗易懂的方式保证陪审员能够正确理解。在当事人陈述准备程序的概括性报告或书记官朗读准备程序笔录后，审判长认为仍未全面准确概括准备程序要旨且有碍于陪审员正确理解的，可作适当总结与补充。

（二）庭审的集中高效进行

我国法庭调查、法庭辩论两个阶段的庭审结构存在部分僵化和重复、法庭辩论不够充实、言词辩论效果不佳等问题，一定程度上不利于裁判者尤其是人民陪审员形成良好心证。对我国庭审结构改革路径，我国民诉学者提出法庭调查与法庭辩论合并一体化、位序对调等改革建议。[②] 民事庭审结构改革是一项复杂课题，因非本书主题难以进行深入研究，但无论庭审结构采何种改革方

[①] 参见《德国民事诉讼法》第358-1条、第285-1条。
[②] 参见张卫平：《法庭调查与辩论：分与合的探究》，载《法学》2001年第4期；段文波：《我国民事庭审阶段化构造再认识》，载《中国法学》2015年第2期。

案，均应实现证据调查的集中化以及口头辩论的针对性，促进事实认定主体形成良好心证，这对人民陪审员参审尤其重要。两大法系庭审调查的主要内容均是人证调查，尽管基于不同的制度趣旨，但庭审阶段集中进行人证调查的审理方式与陪审员认知规律高度契合，易于发挥陪审员在认定证人证言可靠性及证明力、判断辩论全趣旨方面的作用。从另一个方面看，陪审员参审对庭审实质化的迫切需求，也会一定程度推进庭审结构优化乃至诉讼结构优化改革。如日本裁判员制度改革的推进，一定程度推进了以庭审集中化、活化为主要内容的诉讼制度改革，在非职业法官参审与诉讼程序改革的良性互动方面取得一定成效。① 尽管陪审员参审适用范围有限使得这种推进作用可能相当有限，但毕竟可对庭审改革及诉讼结构优化形成一种正向推进价值。

在准备程序中进行争点整理和非人证的证据调查后，庭审的核心环节是围绕争点的调查与辩论。尽管事实争点已经准备程序整理，但在庭审中存在进一步明确的需要和变化的可能，职业法官应当在庭审过程中适时、动态进行较准备程序更深入的争点整理，直至争点清晰至利于陪审员裁断为准。陪审员在此过程中的职责主要是聆听人证等证据调查全过程以及诉讼两造对证据调查结果的辩论。争点调查与辩论的组织由法官负责推进，在庭审中妥当行使诉讼指挥权，依据审判前整理程序所规划的审理计划书，借由确实的诉讼指挥对于双方当事人诉讼活动实施适切之引导管控，快速有效处理庭审中的程序争议事项，注意法庭之言词

---

① SA Croydon, *Returning a Verdict on the Jury: How the Japanese Have Reacted to the Introduction of a Lay Judge System*, Asian Journal of Comparative Law, Vol. 7, no. 1, 2011, p. 1 – 17.

或书面陈述有无使陪审员产生预判之虞或偏见之事项，就审理现状与陪审员随时为必要说明与沟通，掌握陪审员理解状况，给予陪审员充分讨论机会，适时调整、确认审理过程及相关证据调查所获心证。对于当事人、证人等诉讼参与人在庭审中表现出来的态度、神情、反应、语气、肢体语言等与身体相关的情态证据，陪审员具有判断优势，应将此作为陪审员在聆听同时的重要任务，法官应有意识地主动提醒陪审员关注当事人及证人等在庭审中表现出的情态。鉴于发问属于诉讼指挥权组成部分，陪审员在庭审中不得主动发问，对事实问题确有疑惑须在庭审中查明且难以通过与法官事后沟通补救的，可以中间讨论方式征得法官同意后由法官发问。为便于陪审员形成新鲜心证，庭审活动原则上以一次期日辩论终结为原则，如不能终结，应连日接续进行，对无法连日继续进行的，应尽可能安排在较近期日进行，以集中审理主义保障陪审员作出正确心证。对一次庭审不能终结辩论的，法官随意将下次庭审设置于较远期日将被科以司法训诫等相应司法行政处罚。

（三）庭审中的心证公开

庭审过程中的心证公开系陪审员参审阶段的重要问题。为保障当事人听审请求权，裁判者公开心证应持接受讨论态度，讨论中的心证是暂时性心证，心证度高低受审理过程中所呈心证形成资料质量等因素左右，具相当之变动可能性，当事人对裁判者所示心证表明观点后，法官应与当事人进行再次讨论。[1] 陪审员的心证对于当事人听审请求权实现具有重要影响，其暂时性心证亦应公开，否则可能形成裁判突袭。陪审员在庭审程序进行中的心

---

[1] 参见廖中洪：《心证公开若干问题研究》，载《法学论坛》2006 年第 3 期。

证公开须以一定语言方式向当事人进行表达，但这种表达与归属于释明权的裁判者发问显然大相径庭。裁判者应在庭审全程根据庭审规则适时、分散地公开心证，陪审员在公开心证的表达技术上可能存在欠缺，但可就暂时形成的心证与法官进行充分沟通，由法官以适当的表达技术向当事人予以开示。法庭辩论终结前事实认定者的暂时性心证由于对心证形成具有预决力，需配置更精细的讨论程序。① 辩论临近终结时，法官在充分听取陪审员意见后应将经庭审查明的事实归纳、证据分析以及法律适用形成的初步心证向当事人适当公开，同时向当事人说明心证的理由，并给予当事人异议机会，当事人可对法官心证内容发表主张和观点，法官可就当事人的回馈意见与当事人进行再次对话交流，直至当事人不能提出新的主张和观点时止。② 即陪审员的心证公开系陪审员首先向法官公开心证，并相互交流、碰撞、校正形成混合性心证，再借由职业法官为合议庭代表向当事人进行心证公开。

四、陪审员参审的评议程序

为保障陪审员心证的新鲜感及准确性，合议庭评议原则上应在口头辩论终结后即时行之，当即评议有困难的，召集评议的审判长应向陪审员说明理由并记录在案，同时还应确定在间隔较近期日内进行评议。审判长无正当理由拒绝即时评议或故意延长评议期日与口头辩论终结期日间隔的，应被科以司法训诫等司法行

---

① 如果公开了暂时性心证，当事人可及时补充证据；反之，当事人可能因为对法官心证的误解而失去进一步提交证据的机会。参见李浩：《民事诉讼程序权利的保障》，载《法商研究》2007 年第 3 期。

② 参见高翔：《民事审判公开对象二元区分论》，载《法商研究》2015 年第 5 期。

政处罚。

（一）评议顺序

在第一轮评议发言顺序上，德国等大陆法系国家一般采年资最浅法官最先发言、审判长最后发言方式，《德国法院组织法》亦规定州法院商事法庭评议时，先由参审员发言，再由职业法官发言，体现将能力较弱者发言顺序前置、能力较强者则靠后发言的特征，其原因在于职业法官具有程序控制权，同时在专业能力和评议技巧上占优，如果其首先展示心证，可能对陪审员心证产生消极影响，陪审员可能基于所处相对被动、弱势地位而屈从于法官心证。我国在设计评议顺序时，可参照大陆法系成熟经验，明确首先由人民陪审员先发言，最后由职业法官发言。适用专门人民陪审时，评议顺序根据人民陪审员专业距离争点事实远近、人民陪审员专业职级等要素，由专业离争点事实较远、专业职级较低的人民陪审员先发言，以免在人民陪审员内部形成专业盲从。第一轮后的发言顺序则可自由进行，法官与人民陪审员间相互交流直至形成接近真实的混合心证。

（二）评议内容

在合议庭评议内容上，陪审员认知优势体现在活化经验法则在事实认定中的运用、辩论全趣旨判断及证明度的合理化、专业知识的补充、公共案件事实认定方面。职业法官指挥控制评议过程时，应引导陪审员主要从以上方面发表评议意见。如根据辩论全趣旨判断证人证言是否应当采信、作为间接推理大前提的经验法则是否经得住社会共识标准检验、以经验法则为大前提间接事实为小前提的事实推定过程是否可行、证明度判断中陪审员与法官不同的思想、自由和经验的耦合方式以及专业类案件中对鉴定意见的评价、公共性案件中对社会公共认知的表达等。如证人在证据调查中的情态，法官在庭审中忙于诉讼指挥等事宜难以随时关注，而当证人证言可信度出现疑问影响其证明力时，法官应引导陪审员重点就证人前后情态等发表评议意见。又如专业事实认定方面，在未有鉴定意见的情形下，专家陪审员应主要发表对专业事实理解方面的评议意见，弥补法官的专业知识空白；对于陪审员就专业事实理解方面的评议意见，法官不可盲从而应提出进一步的质询意见，陪审员再予以回答，据此形成一种平等深入的讨论关系；对于存在鉴定意见的情形，首先可由居于专业知识劣势地位的法官发表关于鉴定意见的审读意见尤其是提出审读上的障碍，陪审员对法官的审读障碍进行释明，法官再将陪审员意见与鉴定意见予以对比，形成新的审读意见后再与陪审员进行平等深入讨论，从而使事实认定者对专业性鉴定意见的自由评价接近科学。

尽管法律适用实非陪审员所长，但事实问题与法律问题难以区分的场合往往亦是法律评价与社会评价交织的场合，陪审员的社会认知与普通人观念对正确判断具有一定作用。以侵权法中的注意义务为例，确定有无过失的注意义务系参照具备一般注意力的自然人根据事物状况所能够达到的通常的注意，只要尽到通常程度的注意义务，即使出现侵害情形也不需承担责任。原本属于纯粹主观要素的过失，在实际运用中以结果回避义务为媒介，渐有规范性内容，并且从判断标准看，已经演化为客观概念，使得违法性与过失判断变得相近，出现违法性判断被过失判断所吸收、过失要件已不具备独立意义、违反作为一般标准人的行为基准（一般抽象基准）三种观点，通说以为一般抽象基准最为合理。[①] 但如何将一般抽象基准与案件具体情事相结合，陪审员与职业法官共同作出的判断可能优于职业法官单独作出的判断。对于此类似问题陪审员可对法律适用提出建议，是否采纳由法官决定，法官不予采纳时应向陪审员说明理由。

（三）意见形成

意见形成规则有简单多数意见制与附条件多数制两种选择路径。简单多数意见制自不待言，附条件多数决是指对多数意见设有陪审员与法官均有人选或陪审员、法官在多数意见中各应达到一定比例等。如《日本裁判员法》要求多数意见中至少分别有一名法官、陪审员，制度旨趣在于防止专业垄断与"民主式暴政"。[②] 考虑到法官之于陪审员知识上的优势地位以及法官对评议阶段的程序进行控制权，在合议意见形成规则上应注重对陪审员评议权利的保护，使陪审员与法官在整体态势上居于均衡。在陪审员参审的合议庭中，法官人数一般少于陪审员，如果强制性要求多数意见中至少需有一名法官同意，实际对陪审员表决权形成一种限制而非保护。考虑到我国存在的人民陪审员审而不议问题以及日本该制度在比较法视角并未形成普遍经验，故我国不宜采之，仍可适用简单多数意见制，以合议庭人数过半数为多数意见。

[①] 参见［日］田山辉明：《日本侵权行为法》，顾祝轩译，北京大学出版社2011年版，第78页。

[②] M Okawara Hiraike, *A Study on Lay Judge Systems and Jury Systems of European Countries*, Studies of Regional Policy, Vol. 17, no. 3, 2015, p. 1 – 17.

第二节　法官对人民陪审员的指示

构建我国法官对人民陪审员指示机制的意义，一方面，由于人民陪审员参审能力不足可能使流程机制运行出现运行障碍，法官的必要指示可消除人民陪审员的理解障碍并提升程序效率，促进人民陪审员参与民事案件事实认定机制有效、高效运行。另一方面，对于解决事实问题与法律问题难以区分的谜团，除了前述概念层面的区分探索，法官对人民陪审员的指示机制是区分事实问题与法律问题的程序保障。前章所言的事实问题与法律问题最低限度的区分以及适宜由其认定的事实问题，均需通过法官指示机制才能融入程序进行中。基于此，法官对人民陪审员的指示制度在具体运行机制构建中的意义极其重大，建立符合我国实际的法官指示体系便成为人民陪审员参与民事案件事实认定程序机制的重要组成部分。

一、法官指示的阶段

作为对民事陪审团事实认定权的重要制约机制，英美法系发展出包括初步指示、中间指示、最终指示与补充指示在内的涵盖庭审全过程的法官指示体系，其中以陪审团评议前的最终指示最为重要。欧陆几国民事参审制中同样注重法官与陪审员之间的沟通交流，主要以陪审员对法官的咨询、法官对陪审员的解释与指示为主进行。日本裁判员制度的法官指示主要适用于评议阶段，《日本裁判员法》规定对于法令解释及诉讼程序判断，三名职业法官经评议后形成的整体判断在必要时，可由审判长决定向裁判员出示，但依《日本裁判员法》第 66 条法官可发起中间讨论。[①]中间讨论的制度设计实际实现了法官指示贯穿于庭审全过程的效果。我国人民陪审员与法官在事实认定上并未实现空间隔离与权限分离，不必照搬英美法系基于陪审员与法官隔离状态而设置的如此精细化的指示装置，可通过法官与人民陪审员随时、灵活的沟通加以解决，但英美法系、日本法官指示制度所体现的全程指示理念有助于陪审员及时消除心证中的疑惑，值得借鉴。我国法官指示机制构建应确立全程指示原则，法官在庭审开始前、庭审过程中以及庭审结束后评议前均可与人民陪审员进行中间讨论，人民陪审员也可根据对案件的认知随时请求法官指示。如果中间讨论事项数量较多或较为复杂，人民陪审员可请求法官暂时休庭进行较正式的中间讨论，法官也可主动休庭进行此种中间讨论，但适用频率不宜过高，以免影响庭审连续性。鉴于庭审结束后是心证定型的重要阶段，可参照英美法系的最终指示，由法官在庭审终结时对人民陪审员进行一次较全面完整的指示。评议表决阶段是人民陪审员心证最终展示的阶段，此阶段的法官指示意义最为重要，将在法官指示的效力部分予以详述。

二、法官指示的启动

在英美法系民事陪审团诉讼模式下，法官指示制度的一项特征是允许当事人及其诉讼代理律师提出法官指示的动议及内容，但应充分陈述理由，由法官判断是否有指示陪审团的必要。赋予当事人及其诉讼代理律师关于法官指示的动议权，并不涉及诉讼

---

① 参见《日本裁判员法》第 6 条、第 66 条。

体制及基本结构，仅是一项增进法官指示制度活性的微观制度，同时与辩论主义及当事人听审请求权保障相一致。我国可予以借鉴。唯一障碍在于英美法系民事陪审制中的法官指示公开进行，当事人可直接了解法官已经指示的内容，而我国法官对人民陪审员的指示体现为混合合议庭的内部行为，当事人未必知晓法官已经指示的内容。但这并不妨碍当事人及其诉讼代理律师根据庭审诉讼两造攻防的具体情事以及诉辩审三方在庭审中的具体状况，向法官提出重点提示人民陪审员的事项。主要包括两类事项：一是当事人认为人民陪审员可能会对某一事实理解有障碍时，需要予以指示使其消除理解障碍，从而补强其事实认定能力，如事实与法律之间的混合问题；二是人民陪审员判断在事实认定中居于重要地位甚至可能发挥主导作用，如专业事实的认定，需要提示专家人民陪审员特别予以注意的事项。如果与法官已作指示重复，法官将其予以排除即可。同时，根据心证公开的要求，法官与人民陪审员构成的混合庭应在庭审中适时动态公开暂时性心证，为当事人有针对性地提出法官指示事项创造有利条件。

三、法官指示的内容

鉴于本书构建的法官指示制度实行庭审全程指示，那么指示内容需与庭审阶段相对应，在适当的阶段进行适当的指示，促进陪审员对案件事实的理解，发挥其认知特征在事实认定中的作用。

其一，诉讼系属后陪审员参审职权的指示告知。陪审员职权明细化的实质是对陪审员事实认定职权作了进一步的限缩，可取之处在于符合陪审员认知规律，找准事实认定中陪审员最擅长的领域，便于陪审员发挥作用，是解决陪而不审的治本之策。但任何一项制度改革均具两面性，不可避免会产生负效应，陪审员事实认定职权精细化后的负效果是可能造成职权的碎片化，从而影响权力行使连贯性，并影响诉讼效率。在适用陪审员参审的民事案件中，应实现一案一告知，诉讼系属后若本案适用陪审员参审，法院立案机构或承审法官应向当事人发送制式陪审员职权明细表，使当事人知悉陪审员在诉讼中的具体职权。随机选择产生参与本案审理的陪审员后，承审法官应向陪审员发送制式职权明细表并详细告知其职权范围、行使职权的方式，尤其应向陪审员告知和解释其可以行使的职权，使之对其在本案审理中的定位、职责与介入方式有相对清晰认知。同时，法官还应提示陪审员忽视各类媒体对本案审理的报道，专注于诉讼程序中提出的事实及证据进行判断。

其二，庭审开始阶段的补充性指示。因陪审员并未参加准备程序，对准备程序中进行的争点整理、庭审计划安排以及书证等非人证证据调查并不知情，对于陪审员在案件事实信息资讯上的空白地带，本书设计了原被告或其诉讼代理律师在庭审开始前陈述准备程序要旨或书记官朗读准备程序笔录两种解决方式。当事人总结的准备程序要旨可能有所遗漏或欠缺中立立场，书记官朗读的准备程序笔录可能过于枯燥生硬，难以满足陪审员对准备程序的资讯需求，对准备程序的信息可能仍存有认知不足，此时可请求法官对准备程序事项进行概括并予以释明。同时，法官还应对庭审计划及安排对陪审员予以指示释明，使其对诉讼活动安排及进度有所了解和判断。

其三，法官裁断事项的请求性指示。程序性争议的裁定、对当事人事实主张及法律观点的释明等事项由法官负责，陪审员无权亦无能力处理，陪审员应集中精力于实质性的事实认定，不宜花费过多精力关注法院职权范围内事项。但在一定情况下，法官职权范围内事项的相关信息对于陪审员认定事实可能也具有一定作用，尤其是与对辩论全趣旨的把握有较密切关联。如果对上述事项存有疑问，陪审员可请求法官予以指示释明，以便对案件整体信息有更准确的把握，法官不得以此系法官司职事项、陪审员无权利知晓为由而拒绝予以指示。在陪审员提出请求后，法官也以较概括方式对法官职权内事项进行简要告知，使陪审员有基本了解，无必要详细论证解释。

其四，法官裁判思路的节点性指示。法规出发型背景下，在当事人提出诉讼请求、主张实体权利并提出支撑其请求的请求权基础规范后，法官的裁判思路基本按"（1）识别请求权基础规范；（2）请求权基础规范的要件分析与解构；（3）争点整理；（4）证明责任分配；（5）争议事实认定；（6）涵摄得出裁判结论"展开。根据陪审员认知规律，陪审员主要在第5阶段即争议事实认定阶段发挥作用，其他阶段由法官负责，其他阶段主要涉及法官释明等实质性诉讼指挥内容，法官不仅应将相关内容使当事人充分知悉，还应将相关情况告知陪审员，陪审员事实认定活动须以对之前裁判思路的了解掌握为前提。具体而言，法官对请求权基础规范进行要件解构并通过准备程序进行争点整理后，应将作为待证事实的争点事实告知陪审员，使陪审员明晰事实认定的对象；证明责任分配属法律问题由法官负责，但法官应将证明责任分配结果向陪审员作出指示，告知陪审员某一争点事实应由原告或被告承担证明责任；证明责任分配后，法官应告知陪审员负证明责任的一方举示的证据要使其形成内心确信时，才能作出负证明责任一方当事人主张的事实为真的认定，使陪审员对证明

度的理解有正确的适用对象及标准；在认定各争点事实时，法官
应将要件事实的法律性不断稀释，与具体案情之间有效关联，使
陪审员根据一般常识便可理解；各争点事实被证为真或伪后，法
官应告知陪审员所有争点均被认定为真后，待证事实方得以证
成，可发生适用实体法规范的法效果；之后的法律适用则由法官
负责。

其五，法官指示应使用便于常人理解的通俗语言。语言应简
明、朴实，使用肯定语态，避免否定表达或双重否定表述，并且
按自然顺序进行说明，对晦涩的专业术语进行重点解释或减少使
用专业术语，如无须使用要件事实术语，可用"需要认定的事
实"等生活术语予以代替。同时可减少"规范性"表达方式，而
多采用"描述性"方式。所谓"描述性"方式，是指可感觉到的
或可体验的方式，而"规范性"则难以简单依循经验或感觉认
知，是只有在规范语境才能理解或想象的"存在"。[①]

四、法官指示的效力

根据作出阶段的不同，法官指示的效力存在明显区别，对于
庭审阶段的法官指示，因陪审员心证尚在形成过程中，主要起消
除疑惑、校正心证效果，并不具有强制力，与其称其为指示，实
则为一种提示；对于评议阶段的法官指示，陪审员是否采纳指示
与事实认定结果直接相关，从而具有一定强制力。

英美法系法官具有民事陪审团裁决方式的选择权，此项选择
权也是法官对陪审团的一种指示。适用总括裁决方式，陪审团具

---

① 参见［德］卡尔·恩吉施：《法律思维导论》，郑永流译，法律出版社 2003
年版，第 134 ~ 135 页。

有高度的事实认定权；而在特别裁决与附有质询书的总括裁决中，法官以指示方式就特定争点裁决极大制约了陪审团的事实认定权。[①] 法国、俄罗斯等欧陆国家在刑事参审制的评议阶段引入问题列表制度，问题列表实际是一种法官指示的具体方式。所谓问题列表，是指法官将案件事实分解为若干问题记载于问题列表，由陪审员就问题列表一一回答是或否，之后由法官和陪审员对每个问题进行票决。近年来，法国问题列表制的发展趋势是将之前的事实是否发生、是否由行为人实施、主观状况三个问题合并为行为人是否实施该行为而受苛责，问题列表构造呈简单化趋势。[②] 反观存在于同一国度的法国社会保障法院、农事租赁法院及劳动法院的民事参审制，并未如刑事诉讼建立问题列表制。

刑事诉讼相对较容易从罪与非罪、罪轻罪重等方面将案件事实予以分解，但在民事诉讼中这种将事实认定对象一一分解的做法可能侵蚀陪审员事实认定权，陪审员对证据原因的整体性判断很难以一个个问题加以解构，尤其是辩论全趣旨的判断。问题列表制的母国法国未将其推广至民事参审制领域的原因，除了民事参审制规模较小外，亦与同民事诉讼裁判规律不相适用相关。在大陆法系事实认定的判断模式中，单项证据的证明力判断无法游离于整体判断，事实认定取决于尚未清晰表达的整体思考以及各种意志因素，问题列表制看似清晰的处理方式实则可能违背民事案件事实认定的基本规律，在事实认定体系化思维下仅依靠几个问题的回答并不能真正发现真实，反可能出现法官借助问题列表

---

① 参见施鹏鹏：《陪审制研究》，中国人民大学出版社 2008 年版，第 170 页。

② 参见施鹏鹏：《法国参审制：历史、制度与特色》，载《东方法学》2011 年第 2 期。

形式侵蚀陪审员事实认定权的问题。若成文法体系完备，法官可将请求权基础规范进行要件分析与解构，并通过争点整理程序将待证对象细化为若干争点事实。但每个争点事实的证明认定，既可能通过证据直接认定，也可能通过间接事实依据经验法则推定，间接事实可能还会产生二级间接事实的回溯性认定问题，这个复杂过程难以用问题列表解决，更毋论还有辩论全趣旨发挥作用，事实认定并非各个证据资料证明力的直接相加，而是通过辩论全趣旨的联结形成整体的证明力。陪审员参审仍应强调陪审员就证据资料与辩论全趣旨进行总括性、整体性的自由心证，法官可以列表形式要求陪审员对若干关键问题进行回答，从而实现"整体判断为主、问题回答为辅"的判断模式。问题回答仅具有参照价值，并不具有强制约束力。"整体判断为主、问题回答为辅"的判断模式与英美法系附质询书的裁决有类似之处。当陪审团的总括性裁决与针对质询书的个别回答冲突时，法官得要求陪审团进一步评议其答复和裁决以及决定重新审理、代替作出裁决等处理机制，实际赋予法官质询书较刚性效力。参审情况下法官与陪审员在同一空间内具有充分的沟通交流可能，对于陪审员整体性心证与个别回答冲突时，法官应对其释明，讲清冲突所在及存在的问题，由陪审员自行决定是否调整其整体性心证或修正个别回答，而不宜照搬英美法系附有质询书的总体裁决方式中的重新审理、代替作出裁决等机制。概言之，作为评议阶段指示方式的问题列表，并非限制陪审员职权、需陪审员一一作答的问题列表，仅是法官对陪审员指示问题的汇总表而已，便于陪审员通过对较为集中信息的审阅加强记忆和理解，以便初步形成心证，促进陪审员理性地整体性思考证据，最终作出合理的事实认定。

五、法官指示的边界

法官指示对于事实认定合理化具有双向效果，一方面，合理、简洁、适度的法官指示有助于解除陪审员疑惑，弥补其事实认定能力不足的缺陷，提升庭审活动效率，促进事实认定合理化；另一方面，法官指示如果逾越边界，将会构成对陪审员审判权的干预，尤其是对陪审员心证的限制，陪审员因法律专业知识不足本就处于弱势地位，如果过度的法官指示僭越甚至代行陪审员审判权，陪审员即成为法官"传声筒"而已。而且是功能欠缺、付出较高制度成本的"传声筒"，陪审员参审将失去制度价值与存在意义。如证明标准的指示是法官指示的重要内容，英美法系对证明标准关注较早、研究较深，正是由于陪审制中法官需就证明标准向陪审团作出指示。在我国采取内心确信为真的证明标准之下，法官应当指示人民陪审员以内心确信为真为标准，并告知其内心确信为真应以本人日常经验为标准，但不能对人民陪审员具体的证明标准判断作出指示。即不得在人民陪审员表示内心确信为真的情况下，以任何形式明示或暗示人民陪审员依据证据原因还未达到内心确信为真的程度，或在人民陪审员形成内心确信前进行方向性引导。对证明度的具体把握以及内心确信的拿捏完全是人民陪审员心证的领域，排斥法官指示的适用。但如果人民陪审员对内心确信为真标准本身的理解出现偏差，如将内心确信为真理解为证据占优，即法官有义务指示人民陪审员正确理解内心确信为真标准。又如证明力的指示应受到严格限制，证明力判断属于自由心证范畴事项，由陪审员根据自身经验及认知独立自由判断各个证据资料的证明力以及全案证据原因整体的证明力，法官不得指示某项证据证明力较低或某项证据的证明力应予以特别关注。唯一例外情形在于违法形式取得的证据，因大陆法系民事诉讼并未对证据能力作出限制，而交由事实认定者自由心证，如前所论，对于个别以重大违法、严重损害社会公共价值的方式取得的证据，职业法官会在准备程序予以排除，但对于一般违法方式取得的证据或证据能力有瑕疵的证据，会进入庭审程序由法官与陪审员共同进行证据价值评价，此时法官应指示陪审员对此类证据作证明力降低的评价，对证据能力存有较严重瑕疵的证据，法官应告知陪审员有权力作出证明力为零的评价，但如何作出证明力降低的评价以及降低的程度为何，仍属陪审员自由心证事项，法官不得指示或干预。

六、法官指示的救济

法官逾越边界作出的法官指示属于违法性指示，应设计一定的救济方式予以补救。英美法系的法官指示尤其是最终指示均以公开方式进行，律师不仅具有启动法官指示的权利，还享有对法官指示的异议权。作为最终的救济方式，当存在"遗漏应当指出的事项、对指示记载的不当事项曾提出异议但仍被记载、作为指示根据的法律说明错误"情形时，上诉审法院可撤销判决。民事诉讼中的救济是对程序中不利益的消解与补救，程序权利依托于具体制度和规则予以实现，当法定制度和规则未能发挥预设功能时，便产生启动救济机制的必要，但救济机制设计与运行应坚持救济力度与权利重要性相适宜、救济方式与救济对象相适应等原则。① 我国法官指示救济机制的构建应遵循救济方式与救济对象相适应原则，主要通过提出异议的方式进行。对庭审过程中的法官指示，主要通过法官与人民陪审员中间讨论的方式进行并不对当事人公开，赋予当事人及其诉讼代表律师异议权即无可能，但可赋予人民陪审员询问权、要求法官进一步解释权及异议权等权利。法官应立即解释指示的正当理由，并决定是否继续进行指示。法官发现指示不当的，应当及时予以变更或说明，消除不当指示对人民陪审员心证形成的影响。评议阶段的法官指示相对更为重要，但如前所论法官指示的法效果主要是影响人民陪审员心证，但心证最终达成何等结果纯属人民陪审员心证范畴，此阶段的法官指示与人民陪审员异议实际也成为合议庭内部平等讨论的一部分，人民陪审员对不当指示的异议可通过与法官的讨论沟通解决，最终形成混合型心证。对于法官指示不当影响人民陪审员心证形成并影响最终评议结果的，人民陪审员在宣判前发现受法官不当指示影响的，如法官将自身对内心确信的理解以法官指示为由强加于人民陪审员等，可考虑赋予人民陪审员向法官申请重新合议一次的权利。当人民陪审员以此为由请求重新合议的，法官原则上应当予以准许，但法官的错误指示应在合议庭评议笔录或问题列表中有据可查。

---

① 潘剑锋：《论建构民事程序权利救济机制的基本原则》，载《中国法学》2015年第 2 期。

第三节　法官对人民陪审员指示的个案演示

一、模拟案例

此模拟案例系 C 市某基层人民法院审理的真实案例，并被 C 市高院审判委员会研究讨论后确定为参考性案例。

（一）基本案情

原告王某系 C 市某区白沙镇红花店村村民，其与原告杨某于 2010 年 7 月登记结婚，婚后双方共同居住在红花店村原项垭二社，紧临原白沙机砖厂。被告某砂石厂成立于 2002 年 11 月，原经营地址为白沙东山村杨家湾。于 2006 年 10 月开始租赁原白沙机砖厂企业部分土地，用于加工、堆放砂石。后搬迁至红花店村，在生产初期存在一定的粉尘污染和噪音扰民问题。2013 年 4 月、2014 年 7 月，江津区环保局对被告进行现场调查后作出《责令改正违法行为决定书》和《行政处罚决定书》，以被告未取得排污许可（临时许可）证排污为由，对其处以 2 万元罚款。后经整改，江津区环保局向其发放《排放污染物许可证》，有效期限为 2015 年 8 月 24 日至 2018 年 8 月 23 日。应执行的污染物排放标准为：厂（场）界点噪声限值昼间 60 分贝、夜间 50 分贝；粉尘（其他颗粒物）无组织排放监控点浓度限值 1.0 mg/m³。2016 年 4 月，因江习高速建设需要，被告在原有生产线的基础上增设一条新生产线。两条生产线之间的距离约为 100 米。该新生产线距离原告家最近的传输带与厂区外围墙的距离为 20.05 米、分筛机与厂区外围墙的距离为 42.6 米；前述外围墙与原告家外围墙的距离为 36 米；新生产线附近厂区堆料处外围墙（彩钢板）与原告家外围墙的距离为 29.2 米。2017 年 7 月，新增的生产线因大风被刮倒后至今未重新启用。

因被告噪音扰民、环境污染等问题，二原告遂向法院提起诉讼，要求被告停止侵害，把粉尘和噪音降到国家规定的标准以下，按每年医疗费用 5000 元、精神损害抚慰金 5000 元标准赔偿 2017 年以前损失 170 000 元，从 2018 年起每年赔偿医疗费用 5000 元、精神损害抚慰金 5000 元至停止侵害时（即把粉尘和噪音降到国家规定的标准以下时止），并赔偿房屋损失 100 000 元等。

审理中，王某、杨某到 C 市某区第二人民医院检查，王某的《门诊诊断证明》载明的诊断及意见为肺部感染；杨某的《门诊诊断证明》载明的诊断及意见为慢性支气管炎、肺气肿。法院依法委托 C 市九升检测技术有限公司进行监测，监测点位于王某、杨某家围墙外 1 米处，废气无组织监测结果为颗粒物 1.40mg/m^3、1.78mg/m^3、1.32mg/m^3；噪声监测结果为昼间 58 分贝。

就案件审理中的专业性问题，法院于 2017 年 11 月 14 日向 C 市法院参与环境资源审判专家库中的专家 C 市医科大学公共卫生与管理学院副教授程淑群、C 市疾病预防控制中心公共卫生安全与监测所所长向新志作了咨询，并制作《专家访谈咨询笔录》。专家程淑群表示：慢性支气管炎是由肺部感染长期反复引起，还有吸烟等都可能引起慢性支气管炎。肺气肿是指终末细支气管的气道弹性减退、过度膨胀、肺容积增大或气道壁破坏的病理状态，主要有老年性肺气肿、阻塞性肺气肿等不同类型。临床上肺气肿病人常伴有慢性支气管炎。肺部感染原因很多，不分年龄阶段，有病毒性感染、细菌性感染、支原体感染、结核感染等。感冒、空气污染都可能诱发肺部感染。从学术上来讲，颗粒物对呼吸系统的影响是肯定的。有研究表明，PM10、PM2.5 和儿童的呼吸道炎症、哮喘的患病率有正相关性。专家向新志表示：慢性支气管炎的病因不明，影响因素很多，可能有病毒、细菌、吸烟、大气污染等原因。肺气肿可能和年龄有关，随着年龄增大，器官功能和身体抵抗力都会相应减弱。颗粒物是有害的，如果一个人本身患有肺部疾病，颗粒物会加重其病情。

（二）裁判结果

C 市某区人民法院于 2017 年 12 月 28 日作出民事判决：一、于本判决生效后三十日内将其排放的粉尘值降低至国家规定标准以下，即颗粒物无组织排放不得超过 1.0 mg/m³。二、于本判决生效后三十日内赔偿王某 2008 年至 2017 年的医疗费 12 000 元、精神损害抚慰金 8000 元。三、于本判决生效后三十日内赔偿杨某 2011 年至 2017 年的医疗费 22 000 元、精神损害抚慰金 8000元。四、驳回王某、杨某的其他诉讼请求。宣判后，被告某砂石厂不服，提起上诉。C 市第五中级人民法院于 2018 年 4 月 25 日作出（2018）渝 05 民终字第 867 号民事判决：驳回上诉，维持原判。

（三）裁判理由

法院生效裁判认为，本案系环境污染责任纠纷，根据《侵权责任法》第 65 条（《民法典》第 1229 条）规定，因污染环境造成损害的，污染者应当承担侵权责任。《最高人民法院关于审理环境侵权责任纠纷案件适用法律若干问题的解释》第 6 条（2020年已修正）规定："被侵权人根据侵权责任法第六十五条规定请求赔偿的，应当提供证明以下事实的证据材料：（一）污染者排放了污染物；（二）被侵权人的损害；（三）污染者排放的污染物或者其次生污染物与损害之间具有关联性。"本案中，对于排放的粉尘超标以及王某、杨某都患有肺部疾病的事实，王某、杨某已举证证明，对此事实无异议。生产线与王某、杨某房屋的最近距离仅为 20 米左右，即使按照日常经验法则，也可得知空气污染有可能会引发肺部疾病。根据法院咨询的专家意见可以证实，粉尘超标与肺病的发病率之间成正比，二者之间存在量与效果的对等关系，即使粉尘超标并不必然导致肺病发生，但粉尘超标是导致肺部疾病发生的风险因子。据此，可确认王某、杨某所患疾病与排放的粉尘超标之间存在关联性，王某、杨某的举证责任已完成。被告提供的证据不足以证明其排放粉尘的行为与原告患上肺部疾病之间不存在因果关系，故法院对涉案粉尘污染与原告患肺部疾病之间存在因果关系予以确认。

关于王某、杨某的损失如何确定问题。根据法律规定，当事人对自己提出的诉讼请求所依据的事实有责任提供证据加以证明，没有证据或者证据不足以证明其事实主张的，由负举证责任的当事人承担不利后果。本案中，被侵权人应就环境污染所造成的损害结果承担举证责任。原告王某请求被告赔偿 2008 年至 2017 年的医疗费共计 50 000 元，原告杨某请求被告赔偿 2010 年至 2017 年的医疗费共计 35 000 元，但二原告均未向法院提供相应证据证明其费用的具体组成及损失的具体数额。由于王某、杨某患有肺病已得到确认，而且也证实所患肺病与排放的粉尘超标之间具有关联性，损害结果已经发生。考虑到疾病的治疗必然会产生相应费用，综合被告生产线的变化情况、生产线与二原告住所的实际距离、二原告在被告附近实际居住的时间、被告的实际生产时间、粉尘超标的数值大小、二原告自身体质及各自所患疾病的具体情况、被告生产行为在二原告所患疾病中的原因力大小等因素，酌情确定被告赔偿原告王某 2008 年至 2017 年的医疗费共计 12 000 元，赔偿原告杨某 2011 年至 2017 年的医疗费共计 22 000 元。由于二原告长期生活在被告生产排放粉尘的环境中，因粉尘影响其身体受损导致精神受到伤害符合日常生活经验法则。故二原告主张精神损害抚慰金，法院予以支持。原告王某请求被告赔偿 2008 年至 2017 年的精神损害共计 50 000 元，原告杨某请求被告赔偿 2011 年至 2017 年的精神损害共计 35 000 元，结合本案实际，综合考虑原告受到的损害程度、当地平均生活水平等因素，酌情确定被告赔偿原告王某精神损害抚慰金 8000 元，赔偿原告杨某精神损害抚慰金 8000 元。此外，二原告要求被告从 2018 年起每年赔偿医疗费用 5000 元、精神损害抚慰金 5000 元至停止侵害时（即把粉尘和噪音降到国家规定的标准以下时止），但从 2018 年起被告是否存在超标排污行为及原告是否存在损害均未确定，故对二原告的该项诉讼请求不予支持。

二、模拟案例中的法官指示

模拟案例并未采人民陪审员制度，在专门事实认定上采取专家咨询方式。在模拟语境中，假设本案由一名法官担任审判长，一位医学专家和一位普通群众担任人民陪审员组成合议庭进行审理。模拟案例审理时《民法典》尚未实施，在模拟语境中以《民法典》及最高人民法院为实施《民法典》修正的司法解释为相关裁判依据。

（一）指示的内容

1. 环境侵权诉讼的实体法规范与构成要件的指示

本案系环境侵权诉讼，其适用的实体法规范是《民法典》及《最高人民法院关于审理环境侵权责任纠纷案件适用法律若干问题的解释》（以下简称《环境侵权责任纠纷司法解释》）相关规定。

《民法典》的具体内容包括：《民法典》第 1229 条（因污染环境、破坏生态造成他人损害的，侵权人应当承担侵权责任）。《环境侵权责任纠纷司法解释》的具体内容包括：第 1 条（因污染环境、破坏生态造成他人损害，不论侵权人有无过错，侵权人应当承担侵权责任。侵权人以排污符合国家或者地方污染物排放标准为由主张不承担责任的，人民法院不予支持）、第 13 条（人民法院应当根据被侵权人的诉讼请求以及具体案情，合理判定侵权人承担停止侵害、排除妨碍、消除危险、修复生态环境、赔礼道歉、赔偿损失等民事责任）、第 15 条（被侵权人起诉请求侵权人赔偿因污染环境、破坏生态造成的财产损失、人身损害以及为防止损害发生和扩大、清除污染、修复生态环境而采取必要措施所支出的合理费用的，人民法院应予支持）。

在这些实体法规范体系中，构成核心的请求权基础规范是《民法典》第 1229 条、第 1230 条与《环境侵权责任纠纷司法解释》第 1 条、第 6 条、第 7 条。其中，《民法典》第 1229 条与《环境侵权责任纠纷司法解释》第 1 条是环境侵权损害赔偿请求权的构成要件条款，其明确了归责原则为无过错责任原则，其构成要件包括：污染环境、破坏生态的行为，损害后果，行为与后果的因果关系。

以此为基础，法官应向人民陪审员指示本案的实体法构成要件，支持原告诉讼请求需同时满足被告实施了污染环境的行为、有实际的损害后果、污染行为与损害后果有因果关系三个构成要件，缺一不可。若其中任一构成要件不具备，则原告诉讼请求所依据的实体法规范难以适用，其诉讼请求将被驳回。只有实体法的三个构成要件在本案中全部符合，原告的诉讼请求才能得到支持。

2. 环境侵权诉讼的证明责任分配规则的指示

根据《最高人民法院关于适用〈中华人民共和国民事诉讼法〉的解释》第 91 条确定的证明责任分配规则，主张法律关系存在的当事人，应当对产生该法律关系的基本事实承担举证证明责任；主张法律关系变更、消灭或者权利受到妨害的当事人，应当对该法律关系变更、消灭或者权利受到妨害的基本事实承担举证证明责任；但法律另有规定的除外。

依通常的证明责任分配规则，原告提出环境侵权损害赔偿的诉讼请求，即应对包括存在因果关系在内的三个构成要件承担证明责任，但《民法典》及《环境侵权责任纠纷司法解释》等实体法规范作出了证明责任倒置的规定。具体如下：

《民法典》第 1230 条规定，因污染环境、破坏生态发生纠纷，行为人应当就法律规定的不承担责任或者减轻责任的情形及其行为与损害之间不存在因果关系承担举证责任。《环境侵权责任纠纷司法解释》第 6 条规定，被侵权人根据《民法典》第 7 编第 7 章的规定请求赔偿的，应当提供证明以下事实的证据材料：（1）侵权人排放了污染物或者破坏了生态；（2）被侵权人的损害；（3）侵权人排放的污染物或者其次生污染物、破坏生态行为与损害之间具有关联性。

根据《民法典》第 1230 条的规定，法官应指示人民陪审员法律对证明责任作出特殊规定，原告仅需证明有污染行为、有损害后果两个构成要件下的要件事实，而无须证明行为与结果有因果关系，因果关系的证明责任由被告负担，由被告证明无因果关系。进而《环境侵权责任纠纷司法解释》作出更具体的解释，尽管法律规定无因果关系由被告负责证明，但原告仍需举示污染行为与损害结果之间具有关联性的初步证据。因此法官需进一步指示人民陪审员，需审查原告提交的初步证据是否能够证明污染行为与损害后果有一定关联性，只有在证明存在一定关联性的前提下，才再由被告就无因果关系承担证明责任。法官还需更明确地指示人民陪审员，如果原告无法证明污染行为与损害后果存在一定关联性，则应驳回其诉讼请求。

在被告就无因果关系进行举证证明后，法官应向人民陪审员指示，可参照《环境侵权责任纠纷司法解释》第 7 条的规定，从排放污染物、破坏生态的行为没有造成该损害可能，排放的可造成该损害的污染物未到达该损害发生地，该损害于排放污染物、破坏生态行为实施之前已发生等方面评价是否能够证明行为与后果无因果关系。但法官同时需要向人民陪审员指示，行为与结果无因果关系不限于第 7 条所列情况，人民陪审员根据生活经验法则与逻辑法则可进行心证。

3. 环境侵权诉讼证明标准的指示

法官应向人民陪审员指示民事诉讼证明标准为高度盖然性，并对何为高度盖然性进行解释。具体而言，法官应向人民陪审员指示，对于原告而言，在污染行为、有损害后果两个构成要件下的要件事实方面，原告举示的证据应证明此要件事实达致高度盖然性。对于污染行为与损害后果之间关联性的认定，其证明标准较低，只要污染行为与损害后果具有一定关联性、可能性，如污染行为是损害后果可能的条件之一，可能加大损害后果发生的可能等，即可视为达到了关联性的证明标准。对于被告而言，其证明污染行为与损害后果无因果关系，应达到高度盖然性证明标准。

4. 对损害赔偿数额认定的指示

有学说认为，在侵权之诉中因果关系的证明与认定存在两个层次，第一层次是侵权责任是否成立因果关系的认定，第二层次是损害赔偿数额的认定。在有的侵权之诉中，第一个层次的因果关系较易证明与认定，但第二层次因果关系的证明与认定则较为困难，即法院可以认定侵权责任成立，但凭借现有证据难以认定损害赔偿数额。在此情况下，学界通说、德日等大陆法系国家立法例以及我国知识产权赔偿的实践做法通常采损害赔偿数额酌定制度，即法官依据经验法则采自由心证方式确定损害赔偿数额。在环境污染侵权之诉中，环境污染民事侵权成立，受害人因环境侵权的长期性、潜伏性对损害后果大小举证不能的，可综合侵权时间、损害后果、关联性强弱、排污严重程度等因素酌定损害赔偿金额。法官应向人民陪审员指示，此时损害赔偿数额的酌定需根据侵权时间、损害后果、关联性强弱、排污严重程度等因素进行心证。具体在本案中，原告王某请求被告赔偿 2008 年至 2017 年的医疗费共计 50 000 元，原告杨某请求被告赔偿 2010 年至 2017 年的医疗费共计 35 000 元，但二原告均未向法院提供相应证据证明其费用的具体组成及损失的具体数额。由于王某、杨某患有肺病已得到确认，而且也证实所患肺病与排放的粉尘超标之间具有关联性，损害结果已经发生，疾病的治疗必然会产生相应费用。法官可具体向人民陪审员指示综合被告生产线的变化情况、生产线与二原告住所的实际距离、二原告在被告附近实际居住的时间、被告的实际生产时间、粉尘超标的数值大小、二原告自身体质及各自所患疾病的具体情况、被告生产行为在二原告所患疾病中的原因力大小等因素，在经验法则指引下酌定被告赔偿二原告 2008 年至 2017 年医疗费的具体数额。人民陪审员的常人认识或专业视角在损害赔偿额酌定方面可以与法官的职业判断相得益彰、互为补充，形成较合理、更为社会所接受的判断。

5. 参审职权及诉讼程序推进的指引

在适用人民陪审员制度的案件中，应实现一案一告知，法官应向人民陪审员发送制式职权明细表并详细告知其职权范围、行使职权的方式，尤其应向人民陪审员告知和解释其可以行使的职权，使之对其在本案审理中的定位、职责与介入方式有相对清晰认知。在宏观上，法官应告知专家陪审员一个完整的诉讼案件，需要经过立案、庭审、合议、判决、执行等程序。在中观上，在专家陪审员参与的庭前会议、庭审、调查、合议等程序中，法官要提示、指引人民陪审员各个程序的主要流程、流程的价值和所要解决的问题、合议庭成员的职责分工以及对事实和法律问题的表决规则、当事人在各个程序中所享有的程序性权利等。同时，法官还应提示人民陪审员忽视各类媒体对本案审理的报道，专注于诉讼程序中提出的事实及证据进行判断。

6. 司法伦理或纪律的指示

《人民陪审员法》第 3 条规定了人民陪审员在参与案件审理中忠实履职、保守审判秘密、注重司法礼仪、维护司法形象之义务，然而司法实践中，人民陪审员规范意识、纪律意识、责任意识参差不齐，有的人民陪审员并未准确认识其参与陪审时在行使国家的判断权，具有法官同等权利也应履行法官应遵守的纪律和应履行的义务，导致审判工作被动或形同虚设的现象也有发生。为此，有必要对人民陪审员进行保守秘密、司法礼仪、司法廉洁、忠实履职的方式方法指引，如着正装，文明礼貌，积极提问和发表意见，不得打听或随意谈论案情等。

（二）对专家陪审员的特别指示

生态环境类诉讼往往涉及专业领域的专业知识、专业技能，普通法官对这类案件的事实认定比较吃力。依本案假设情况，两名人民陪审员中有一位医学专家陪审员，涉及法官针对专家陪审时的特别指引。

在涉及专家证人、专业类司法鉴定意见时，法官应对人民陪审员进行原则性指引，提示专家陪审员从专业知识角度判断专家证人的意见是否成立、司法鉴定意见是否科学等。具体在本案中，专业性事实问题是原告需要证明的污染行为与损害后果间是否有关联性。法官需向专家陪审员指示何为关联性，即对于污染行为与损害后果之间关联性的认定，其证明标准较低，只要污染行为与损害后果具有一定关联性、可能性，如污染行为是损害后果可能产生的条件之一，可能加大损害后果发生的可能性等，即可视为达到了关联性的证明标准。结合本案，法官在庭外进行了专门咨询，专家程淑群对关联性发表了咨询意见："慢性支气管炎是由肺部感染长期反复引起，还有吸烟等都可能引起慢性支气管炎。肺气肿是终末细支气管的气道弹性减退，过度膨胀、肺容积增大或气道壁破坏的病理状态，主要有老年性肺气肿、阻塞性肺气肿等不同类型。临床上肺气肿病人常伴有慢性支气管炎。肺部感染原因很多，不分年龄阶段，有病毒性感染、细菌性感染、支原体感染、结核感染等。感冒、空气污染都可能诱发肺部感染。从学术上来讲，颗粒物对呼吸系统的影响是肯定的。有研究表明，PM10、PM2.5和儿童的呼吸道炎症、哮喘的患病率有正相关性。"专家向新志表示："慢性支气管炎的病因不明，影响因素很多，可能有病毒、细菌、吸烟、大气污染等原因。肺气肿可能和年龄有关，随着年龄增大，器官功能和身体抵抗力都会相应减弱。颗粒物是有害的，如果一个人本身患有肺部疾病，颗粒物会加重其病情。"此时，法官应对专家陪审员进行原则性指示，提示专家陪审员从专业知识角度判断专家咨询意见是否成立、是否科学、是否是学界通说等，为合议庭是否采纳专家咨询意见提出意见，如果专家陪审员意见与专家咨询意见不一致，应进行进一步的事实调查，并将之作为庭审审理与合议庭评议的焦点，进行准确的认定。

第四节　人民陪审员与法官冲突意见的解决

一、冲突意见的解决路径

所谓陪审员与法官冲突意见，是陪审员形成的多数意见可能导致事实认定明确错误，而突破少数服从多数的合议庭评议规则所做的一种特殊制度设计，体现了对陪审员事实认定权的限制。英美法系国家赋予民事陪审团自由认定事实的权力，但即便陪审团作出裁决后，法官仍可以程序错误、陪审团证明度判断明显违反优势证据规则等为由作出无视陪审团裁决的判决和要求陪审团重新审理的判决，要求重新审理的判决对陪审团权力干预较少而更被倾向使用。英美法系关于陪审员与法官冲突意见的解决机制对陪审团职权形成了明显制约，但以陪审团独享事实认定权为前提，法官以监督制约者身份在符合一定情事时予以事后纠正。

我国人民陪审员与法官共同负责事实认定，法官亦是事实认定主体组成部分，从逻辑上讲法官不可能作出无视自己的判决或要求自己重新审理的判决。我国改革试点方案对于法官少数意见与人民陪审员多数意见出现冲突且人民陪审员意见明显不当的解决思路是提交审委会讨论，如前所论这是我国诉讼程序设计中一以贯之的行政化思维的延续，将提交审委会讨论作为破解难题的最终之匙，实则可能形成一种路径依赖。如何求解适合我国的人民陪审员与法官冲突意见解决机制，亟待寻求新的路径。寻求新路径之前，需对冲突的根源进行深入分析。作为普通人认知代表的人民陪审员多数意见与作为司法专业认知代表的法官少数意见发生冲突，实际是常识判断与专业认知的冲突，更深层次则是司法专业化与司法民主化的冲突。对这种代表两种立场的冲突，不宜以行政化方式解决，也不宜以纯粹的专业化或民主化的方式解决，英美法系在无视判决与重新审理判决中倾向于使用重新审理判决，也体现了以司法专业干预司法民主的谨慎。如果以更专业的方式来解决此冲突意见，如将该案移送职业法官组成的合议庭审理，可能引发司法民主被架空的质疑，也可能在实践中被滥用使陪审员不再具有实质意义的事实认定权，因此有必要探寻一种"更广泛的民主＋更精深的专业"的解决方式。

二、以"满席审判"解决冲突意见的制度设计

德法两国最高法院以满席审判制度解决裁决争议的做法具有

"更广泛的民主 + 更精深的专业"的旨趣，尽管仅存在于最高法院，但对我国人民陪审员与法官冲突意见的解决具有一定的参照价值。德法等国设有由院长担任审判长的大法庭、混合法庭旨在解决统一法律适用问题，所审理案件为若干审判庭交叉管辖范围或各审判庭可能对同一问题作出矛盾裁判、某一案件涉及原则性问题且在不同法院间可能产生裁判冲突或在最高法院与下级法院间产生裁判冲突之情形。① 当出现以上情形时，原审判组织应将案件移交院长任审判长的大审判庭或混合庭审理，被称为满席审判。德国联邦最高法院民事大法庭由院长与各民事审判庭代表 1 人组成，刑事大法庭由院长与各刑事审判庭代表 2 人组成，联合审判庭则由院长与民事大法庭、刑事大法庭组成。法国最高法院混合审判庭由院长担任审判长，其他审判组织成员应至少由 3 个审判庭的法官组成，包括审判庭庭长、资深法官等，成员为 3 ~ 13 人；大法庭则由院长主持，成员包括其他 6 位大法官，各审判庭庭长、资深法官以及每个审判庭的 1 名法官，共计 19 人。② 在审理方式上普遍采取合议庭人数众多的满席审判方式，满席审判超越合议庭一般设置，合议庭成员人数众多，可发挥合议制碰撞观点、集中智慧优势。大法庭、混合法庭的人员组成具有中立性、民主性，在成员组成上注重从各审判庭平均选择人员，以保证人员组成的中立与客观。③ 大法庭、混合法庭等满席审判并非以会议形式讨论决定维持或变更一般合议庭的裁判结果，而是

---

① 参见《法国司法组织法》第 131 - 2 条。

② 齐树洁：《德国司法制度》，厦门大学出版社 2010 年版，第 45 页；金邦贵：《法国司法制度》，法律出版社 2008 年版，第 86 页。

③ 参见卢佩：《司法如何统一：以德国联邦最高法院判例为实证分析对象》，载《当代法学》2014 年第 6 期。

如同一般合议庭进行案件审理并作出裁判，并不存在组织上高于一般合议庭之地位，而系以诉讼程序实现对一般合议庭的控制。

德法等国大法庭、混合法庭系为解决两国最高法院各审判庭之间的冲突裁判而设立，但对我国解决法官与人民陪审员意见冲突具有可资借鉴之处。其中，大法庭、混合法庭地位并不高于原审判组织而是平行结构以及大合议制可发挥碰撞观点、集中智慧优势，组成人员的中立性等特征，尤具参考价值。当人民陪审员多数意见与法官少数意见出现明显冲突且人民陪审员意见明显系认定事实错误时，法官可提请将本案移送本院院长任审判长，由相关审判庭庭长、原合议庭内的人民陪审员、新增加的人民陪审员所组成的大合议庭审理。大合议庭人数为 7 人，为避免法官前见对大合议庭审理形成影响，原合议庭内的法官不再参与大合议庭审理，而原合议庭内的人民陪审员仍作为大合议庭成员参审，以充分表达事实认定意见。因法官与人民陪审员的冲突意见与准备程序无关，而在于事实认定的核心判断事项，故变更审判组织后原准备程序视为有效。至于是否需要重新进行主期日口头辩论，则由审判长依情况酌定。对于审理程序的更新原则上应更新审理，但新人民陪审员加入合议庭与职业法官变动时的更新审理有不同考量，应确保人民陪审员能了解争点与已行调查的证据，且不得致其负责过重。除非确有不重开口头辩论则无法消除评价分歧的情形，否则以不重开口头辩论为原则。大合议庭将进行新的评议程序，评议程序应充分听取原合议庭内的人民陪审员与新参与人民陪审员的意见，最终以少数服从多数原则确定最终的事实认定结果。

第六章 保障陪审员事实
认定权的配套制度

陪审员有效行使事实认定权，除了参审机制的优化构建，还应在符合其制度规律的制度环境中运行，相关配套制度的构建亦至关重要。配套制度本体亦是民事诉讼法制现代化的重要组成部分，但又与陪审员参审有效运行密切相关。形成有利于陪审员认定事实的制度环境，既是陪审员参审机制的重要保障，更是民事诉讼法制现代化的题中之义。欠缺配套制度陪审员参与事实认定并非就无法运行，但建立完善配套制度有助于陪审员参与事实认定更好地实现制度目的。

第一节 事实主张的具体化

所谓主张的具体化，是指负主张责任的当事人仅向受诉法院抽象主张某一要件事实存在尚不能视为其已完成主张责任，需向受诉法院作具体陈述。① 如原告主张被告驾车致其损害时，不能仅提出权利受损的概括性事实，而应具体陈述何时、何地、何车将其撞伤以及被撞伤的具体过程。德日在主张责任具体化上积累

---

① 参见占善刚：《主张的具体化研究》，载《法学研究》2010 年第 2 期。

了较丰富经验，我国学者也对主张责任具体化做了初步研究。在言及主张责任具体化的制度价值时，一般认为其在维护法院的审理利益、保障对方当事人的防御利益方面具有积极作用。[①] 在维护法院审理利益方面，如果当事人抽象地主张事实，法院将难以判断此事实主张是否应当进行证据调查，即使勉力为之也难以进行充实的证据调查，证据调查推进过程也较缓慢，这样将可能产生无谓的证据调查或低效率、效果不佳的证据调查。在保障对方当事人防御利益方面，如果负主张责任的当事人攻击方向或目标不明确，对方当事人将难以进行有效防御，从而使攻击防御难以有效展开，将不利于待证事实证明，最终影响事实认定。

在陪审员参审情况下，对当事人主张具体化的需求较职业法官审理制更为迫切。就陪审员认知规律及思维方式而言，抽象思维与概括能力为其薄弱环节，其更擅长对相对具体、清晰、明了的证据资料的判断。可以想象，在当事人抽象概括、含糊不清的事实主张面前，即使职业法官也难以准确判断，遑论不具备法律专业素养的陪审员。当事人主张不具体将损害法院审理利益，在陪审员参审下此损害无疑更加明显。受主张非具体化影响最大的是证据调查的质量与效率，陪审员作出准确心证必须在聆听充分、紧凑、高效的证据调查的基础上，而主张非具体化导致的低效的证据调查显然难以为陪审员心证形成提供充分的资料。同时，主张非具体化可能导致诉讼迟延与审判效率降低，而陪审员参审也是一项可能降低审判效率的制度，如果两者在同一程序中叠加，无疑将是审判效率的一场灾难，故而陪审员参审的制度设

[①] 参见占善刚：《主张的具体化研究》，载《法学研究》2010 年第 2 期；胡亚球：《论民事诉讼当事人具体化义务的中国路径》，载《清华法学》2013 年第 4 期。

计必然天然排斥主张非具体化，其有效适用必须以主张具体化的制度环境为前提。就对方当事人的防御利益而言，与陪审员参审似乎并无关联，但主张非具体化在损害对方当事人防御利益的同时，实际影响的是整个诉讼攻防的质量，这种低质量的诉讼攻防无法在较早阶段确定案件争点，极有可能在证据调查阶段仍在就事实主张及争点问题纠缠不休，导致整个诉讼过程混沌、模糊，将难以为陪审员有效形成心证创造良好的判断前提，实际仍然有损陪审员的审理利益，这从另一视角论证了陪审员参审须以事实主张具体化为前提的判断。当然，当事人事实主张具体化本身即为我国尚待塑形的一项制度，具体化的程度、豁免等问题均需深入研究，而且不可能为人民陪审员量身定做主张具体化制度，因为主张具体化本身是我国民事诉讼法制现代化的一项重要内容，仅是与人民陪审员制度具有内生契合性，人民陪审员更适合在主张具体化前提下活动而已。

第二节　律师强制代理制的引入

面对日益精密的民事诉讼、纷繁复杂的证据资料以及事实与法律的交错，如何将相对清晰的证据资料展现于陪审员面前，使之通过听审形成完整、准确的心证，是陪审员认定事实配套机制建设重点考量的内容，律师参与专业性渐强是案件审理清晰化的路径之一。在陪审员参审情况下，可探索引入律师强制代理制。所谓律师强制代理，是指当事人进行诉讼活动必须由律师担任诉讼代理人，否则诉讼行为归于无效。德国、法国、我国澳门特别行政区等设有律师强制代理制度，以德国最具典型性。德国律师强制代理的设立源于 1877 年《德国民事诉讼法》，是为了理想的言词辩论的需要，理想的口头辩论应在法律专业精深、辩论技巧熟练的法律人间进行，强制律师代理就必不可少。[①] 20 世纪 60 年代的《民事司法改革筹备委员会报告书》指出，律师强制代理对于抑制诉讼突袭问题、从关键争点出发认定法律事实、法院高效裁判、促进当事人利益保护、提高民众对司法的信赖具有价值。[②] 2001 年启动的德国民事司法改革中，律师强制代理制度仍得到广泛认同。罗森贝克认为，律师强制代理有助于将当事人诉讼能力发挥到极致，并确保其被司法权力的运作过程有效吸收，实现诉讼程序社会价值的最大化。[③] 在德国普通法院的四层级体系中，除初级法院审理的 5000 欧元以下的小额案件不适用律师强制代理外，在州法院、州高等法院、联邦最高法院均得以施行，包括州法院商事庭的职业法官与荣誉法官的混合审理制，均适用律师强制代理制。[④] 我国人民陪审员制度需引入律师强制代理甚至可作为我国建立律师强制代理制度的先行试点领域，基于以下理由：

其一，便于人民陪审员合理心证。庭审是人民陪审员认定事实的唯一场所，在庭审活动有限的时空范围内，仅依靠法官的指示与引导人民陪审员对案件事实的理解仍可能不够充分，需要具

[①] 参见段文波：《德国法律适用突袭问题之对策与启示》，载《法律科学》2011 年第 6 期。

[②] 参见丁启明：《德国民事诉讼中的强制律师代理制度》，载《人民法院报》2015 年 9 月 18 日，第 7 版。

[③] 参见 [德] 罗申贝克：《德国民事诉讼法》，李大雪译，中国法制出版社 2007 年版，第 254 页。

[④] 韩国民事诉讼虽未实施参审制，但刑事诉讼观审制需配套实施律师强制代理制度。

有专业知识和诉讼技能的律师参与其中，使当事人在庭审中的诉讼行为更加清晰，更易让人理解。在民事诉讼日益复杂化的背景下，事实的筛选、争点的确定、证据的收集、对审的辩论、辩论主义的落地、均需通过有效的律师参与揭示案件事实，使人民陪审员形成合理的内心确信。在本书设计的法官指示人民陪审员制度中，允许当事人提出法官指示的动议及内容，建议法官如何指示人民陪审员非当事人所能承提，而须由诉讼代理律师代为提出，这从另一个侧面说明了人民陪审员制度引入律师强制代理制的必要性。

其二，便于降低人民陪审员参审的时间成本。律师对程序掌握熟练且具较高诉讼能力，律师参与对于加快诉讼程序具有积极意义，可有效压缩诉讼周期，提高审判效率。而人民陪审员参审的负效果之一正是影响审判效率，造成诉讼迟延，实施律师强制代理后可一定程度抵消诉讼迟延的负效果。当然，引入律师强制代理制度本身也具有制度成本，如当事人金钱的耗费，如使用国家法律援助制度则是国家财政成本的增加，但本书始终坚持将人民陪审员参审民事案件限定在较小的特定范围，那么这种制度成本的增加也就相对较低，可不在考虑之列。

其三，两者均有一定的社会公共性。人民陪审员参审体现的民意某种意义是社会公共性的产物，人民陪审员参与事实认定的案件类型相当数量与社会公益有关；从律师强制代理制度在德国的源起及发展看，也具有民主政治意识萌芽、社会公共观念兴起等因素，就此而言两者在制度文化上具备共生性。在具体适用程序上，对人民陪审员参审范围内的民事案件，法院应在诉讼系属后告知当事人聘请律师代理诉讼，未聘请律师参与诉讼的，不得进行之后的诉讼活动。对于出现当事人经济困难等情形或公共性较强的案件，可参照刑事诉讼死刑案件辩护中的法律援助制度，由具有法律援助义务的律师义务为其代理诉讼活动，待今后公职律师制度建立后，也可将此作为公职律师职责之一。在人民陪审员参审案件中确立律师代理费败方负担原则，由败诉当事人支付胜诉当事人的律师代理费用。

第三节 民事判决说理机制的健全

两大法系裁判文书说理存在较大差异，判决书说理是大陆法系实现事实认定合理化的重要保障，也是事后制约自由心证、经验法则运用以及证明度确定的重要方式，法官应在判决中对心证形成过程进行全面说理。英美法系民事陪审团裁判无须说明理由，以保障陪审团事实认定的独立性。我国民事诉讼正在向规范出发型民事诉讼前行，并未适用民事陪审团，判决书说理是我国民事诉讼法制现代化的应有之义。在陪审员参与事实认定机制下，撰写判决及裁判说理任务由担任审判长的职业法官完成，陪审员与职业法官形成的混合型心证更需要充分说理，判决说理是重要的陪审员事实认定权的保障性制度之一。德国、日本等国家民事判决说理机制对我国具有一定启示意义，德国一审民事判决说理结构适用于所有一审判决，包括普通法院商事庭、劳动法院、社会保障法院，即适用于民事参审制下的民事判决说理，与我国人民陪审员制度下的民事判决说理具有相当类似性。① 日本

---

① 参见《德国民事诉讼法》第 313 条，《德国劳动法院法》第 46 条，《德国社会法院法》第 128 条、第 136 条等。

推进的民事判决说理改革也具有一定的借鉴价值。

　　德日两国一审民事判决主体结构均由主文、本案事实、裁判理由组成。① 本案事实部分主要记载当事人的诉讼请求以及相关攻击防御方法。德日民事判决中的本案事实是未经法院评价认定的事实，是对当事人事实主张的记录与证明，与我国民事判决中的法院查明事实有所不同。德国民事判决的裁判理由部分主要记载争议的诉讼要件、适用（权利发生或消灭）法律规范后的结果、个别争议事实的认定和涵摄。② 裁判理由的第一部分就证明评价进行说理，说理的重点是对事实认定具有关键作用的争点，说理繁简由法官自行掌握，以使社会公众明悉法院为何在证据调查基础上形成结论为标准；第二部分应当解释适用的法律和本案中各个请求权要件的涵摄过程。③ 可见裁判理由第一部分是狭义的事实认定即司法三段论的小前提确定问题，第二部分则是司法三段论的具体适用问题，将小前提归入各要件，当各要件均得以满足时，则产生实体法规范得以适用的法效果。此说理方法不仅能使法律职业人形成同质化思维，即便当事人与社会公众也能直观了解裁判思路。既往的日本民事判决理由部分主要包括案情的确认（包括对无争议或公知的事实进行确认）、证据的列举、争点的认定等。20 世纪 80 年代，东京、大阪法院率先推进民事判决样式改革并得以推广，将事实、理由合并为"事实及理由"，下设原告请求、案件概要、争点判断，改变在事实部分详列当事

---

　　① 　参见《德国民事诉讼法》第 313 条、《日本民事诉讼法》第 253 条。

　　② 　转引自［德］彼得·哥特瓦尔德：《德国司法判决书中的说理：实践与学说》，曹志勋译，载《苏州大学学报（法学版）》2015 年第 4 期。

　　③ 　［德］彼得·哥特瓦尔德：《德国司法判决书中的说理：实践与学说》，曹志勋译，载《苏州大学学报（法学版）》2015 年第 4 期。

人主张的做法。案件概要需区分自认事实与争点事实；争点判断则说明当事人争议的事实并列举证据，体现简洁性要求和着眼于日常生活常识角度进行说理，且便于社会公众理解。[①] 基于德日民事判决说理的启示，在人民陪审员参审情况下，民事判决说理应重点关注以下问题：

其一，主要针对争点事实进行说理。我国民事判决结构将"本院查明事实"与"本院认为"分列，"本院认为"承担说理功能，主要围绕法律适用进行说理。德日民事判决说理的共同特征是事实认定与法律适用共同构成裁判说理，而且揭示证据与事实认定结果的内在联系在说理中居于前提地位，需将本案事实部分的生活事实与裁判说理中要件事实合理联系。这种侧重对事实认定进行说理的裁判文书结构与陪审员参与事实认定的审理结构相一致，我国对于人民陪审员参审的民事案件，在判决说理上应注重对事实认定的说理，方能体现人民陪审员参审的作用与价值。德日民事判决说理的发展趋势均强调围绕争点事实进行说理，以便社会公众更能理解裁判说理的实质。由于陪审员参审的案件原则上将准备程序作为必经阶段，职业法官在准备程序进行争点整理，法官与陪审员共同在庭审中围绕争点进行人证等的证据调查，在整理各项证据调查及辩论结果基础上形成混合型心证，构成适宜陪审员参审的诉讼结构，此诉讼结构的核心阶段是庭审中对争点的审理。民事裁判说理实则是民事诉讼结构的客观反映，故而陪审员参审下的民事裁判说理也应以争点为重心，围绕争点对证据和事实认定结果的内在联系进行详尽解释，面面俱

---

① 参见王亚新：《日本的民事裁判文书：说理的形式和方法》，载《人民法治》2015 年第 2 期。

到、不分详略的裁判说理并不适宜陪审员参审的诉讼结构，也不利于从民事裁判说理方面发挥陪审员参审的作用。

其二，裁判说理与公开不同意见的限制。人民陪审员与法官形成的混合型心证不同于仅由职业法官作出的单一心证，需在判决书中充分说理自不待言，但人民陪审员评议意见是否应在裁判说理中向当事人甚至社会公开，需要审慎研究。众所周知，英美法系民事陪审团裁决无须说理，评议处于秘密状态，大陆法系民事判决虽然强调裁判说理，但一般持评议保密原则，主要针对合议庭整体混合型心证进行说理，而对合议庭成员个人意见、少数意见不予公开。近年来，一些大陆法系国家在宪法法院、最高法院判决书说理中逐渐放于对合议庭少数意见公开的限制，如《德国联邦宪法法院法》第 30 条规定，法官可以提出不同意见书，并公布表决结果比例。《日本法院法》第 11 条规定，最高法院各法官必须在裁判书表示自己的意见。评议保密原则是对评议过程的保密，而非对评议结果的保密，在具备一定情况下裁判结果可以有限度的公开。[1] 但大陆法系在裁判文书中公开不同意见严格限制于宪法法院、最高法院等较高层级法院，在绝大多数法院仍坚持评议保密原则。不同意见在裁判文书中向社会公众公开，难以逃脱评议保密原则的诘难，毕竟社会公众司法知情权的行使应以不妨碍法庭正常审理秩序、不影响裁判者正确判断为限，将不同意见向社会公众公开可能不利于裁判者独立判断并有损司法权威。引入陪审员参审的制度旨趣在于促进事实认定合理化，而非

---

① 参见吕丁旺：《法院组织法论》，我国台湾地区一品出版有限公司 2008 年版，第 254 页；王金寿：《地方法院裁判评议制度之实证研究》，载我国台湾地区《社会研究季刊》第 88 期。

将职业法官的专业审判与陪审员的常情审判对立起来，在裁判文书中向社会公开陪审员与法官的不同意见，可能形成专业审判与常情审判对立的不良后果。但是，评议保密原则可以对抗社会公众的司法知情权，却不能对抗当事人的听审请求权。当事人听审请求权处于优越地位，对裁判结果有影响的因素，均应对当事人公开。因此，作为心证公开延续的合议庭不同意见可向当事人公开，不宜向社会公开。根据民事审判公开机制的另一基本原理，正在形成的、不确定的、不成熟的审判过程中的资料受到公开豁免的特别保护，当事人依据听审请求权仅有权利知晓不同意见的结果情况，合议庭评议过程仍受到评议保密原则的特别保护，不宜向当事人公开。故而，合议庭不同意见不宜在判决书列明，向当事人公开的具体方式，可由法院在合议庭评议后制作评议意见书载明多数意见与少数意见，但不具体指出"某法官认为"或"某人民陪审员"认为，当事人可申请查询评议意见书，但不得复制抄录。①

其三，重点关注间接事实认定的说理。法官认定事实存在依据证据原因认定或依经验法则从间接事实推认要件事实两条路径，与法官事实认定双重路径相对应的是当事人诉讼证明二维路径。当事人通过举示证据直接加以证明的证明活动为直接证明，所涉证据为直接证据；当事人通过证据证明间接事实，之后由法官依经验法则推定主要事实，此举证活动为间接证明，其中所涉证据即间接证据。相对方对于事实推定可通过反证加以否定，具体方式有两种，一是直接证明作为事实推定小前提的间接事实为

---

① 参见高翔：《民事审判公开对象二元区分论》，载《法商研究》2015 年第5 期。

伪，从而妨碍法官的事实推定，证明度只需达到动摇法官内心确信即可；二是证明与作为小前提的间接事实相对立的另一间接事实存在为真，从而妨碍法官的事实推定，此种证明即间接反证，与抗辩有类似性质，证明度要求需达到法官内心确信程度，与仅需动摇法官确信的直接反证有所不同。如前所论，人民陪审员的常理常识在间接事实认定上可发挥作用，人民陪审员参审下的民事裁判的事实说理应将说理重点放在间接事实认定上，从经验法则运用、间接事实推理方面进行详细说理。当然鉴于裁判说理的对象是合议庭的混合型心证，应将人民陪审员心证的合理因素融入混合合议庭的整体心证中予以表达。

第四节　大合议制的运用

本书的立意主旨及设计的程序机制，建立在以人民陪审员认知规律促进事实认定合理化之上，欲实现此目的，面临着职业法官居于专业优势地位、掌控诉讼指挥权等因素的制约，实践中的"陪而不审"更使促进事实认定合理化目标有落空之虞。通过引入大合议制，使人民陪审员在人数上形成一定优势，使本书所论证的人民陪审员在事实认定上的优势得以发挥，可一定程度缓解上述问题。尽管改革试点中适用大合议庭屡有探索，但整体适应率极低，且合议庭组成结构较为混乱。适度扩大大合议制在人民陪审员参审中的运用，应成为人民陪审员参与民事案件事实认定重要的配套制度构建。顾名思义，大合议制的人数应在 5 人以上，合议庭内部法官与人民陪审员的组成结构是最关键问题。为弥补人民陪审员的相对弱势地位以及保障其发挥认知特征，人民陪审员人数应多于法官；在我国仅由法官负责法律适用的改革模式下，法官在合议庭中的人数应为奇数，否则可能在法律适用判断中出现等额意见而无法形成多数意见的情形。基于此，人民陪审员参审的大合议庭可采的人员结构包括"1+4""3+4""3+6"等（加号之前为法官人数，之后为人民陪审员人数），概言之即人民陪审员4人以上与法官组成5人以上的合议庭（含4人与5人）。类似于"3+2"因法官人数多于人民陪审员而不在选择之列，"2+3""4+5"虽然满足法官人数少于人民陪审员要求，但法官人数为偶数可能在法律适用方面难以形成多数意见，亦不在选择之列。

合议庭人数与决策质量的关系是一个复杂命题，就群体决策规律而言，群体规模过大将影响决策效率、增加沟通成本，当成员决策能力较弱时需扩大规模提升决策质量，人数增加有利于提升决策质量，尤其是在组成人员相关性较低时。[1] 大合议制是需付出人力和程序成本的制度，尤其是人数过多可能增加商议成本以及形成共识的成本，加之人民陪审员参审本身增加的程序成本，将使人民陪审员参与事实认定成为一项"昂贵"的制度，在实践中必将被虚置。因此，人民陪审员参审适用大合议制并非全面适用，而应根据案件情事选择适用。一方面，可赋予当事人选择权，一方当事人申请适用大合议制的，由法院酌定是否应予适用，双方当事人均主张适用大合议制的，原则应当许可其申请。另一方面，法院亦可根据案件情事决定是否适用大合议庭审理，如在人民陪审员强制性参审的民事公益诉讼中，可将大合议制作

---

① 参见杨雷：《群体决策理论与应用》，经济科学出版社2004年版，第26～27页。

为一项相对普遍的制度安排，而对于公共型私益诉讼及专业型案件、常规案件，是否适用大合议制，则由法院裁量。此外，本书主张的以"满席审判"解决法官与人民陪审员冲突意见的制度设计，实际是一种更大规模、更具专业性与民主性的大合议制，此方式的引入亦需以大合议制的适用为前提条件。

第五节　陪审员选任制度的完善

本书以事实认定为主线研究陪审员参审民事案件问题，并未涉及陪审员选任、保障、职务豁免等主体类制度的研究。陪审员选任等参审主体制度的构建本身即为一项重要课题，但其属于更广义的司法制度建构范畴，不属本书研究对象。根据本书遵循的"主体—行为"理念以及从认知规律出发探寻参审范围及方式的逻辑，陪审员主体类制度对陪审员能否有效参与民事案件事实认定具有先决作用，其中最重要之处在于陪审员选任，旨在能够选拔出适宜的事实认定主体并作出合理的事实认定。本书主张的陪审员认知规律体现为普通陪审员的常人认知与专业陪审员的专业认知两种路径，两种不同的认知规律应以不同的陪审员选任方式予以保障。

对于普通人民陪审员选任，应保障选任程序最大限度的普遍性、随机性与代表性，使选任出的人民陪审员个体能够代表普通人的一般认知水平。饱受诟病的"驻院陪审""编外法官"正是背离了人民陪审员选任的广泛性要求。首先，保障人民陪审员选任的随机性。改革试点方案确定以两轮随机抽选方式实现人民陪审员选任的广泛性，即从本地居民中以法官员额数 5 倍以上为基数随机抽选产生候选人，经一定程序进行资格审查后作为正式的人民陪审员人选，再在案件审理前随机抽选确定参审的人民陪审员。第一轮随机抽选重在保障人民陪审员选任的民主性，而审理前的第二轮随机抽选更具实际意义。如果此阶段人为选择相对固定的人民陪审员，或者名为随机但实际仍倾向于选择多次参与、陪审经验丰富、相对固定的人选，将使第一轮的随机选择失去意义，形成新的"驻院陪审""编外法官"。相对固定的人民陪审员多次参审，极易形成思维方式与法官的同质化，失去人民陪审员的常人视角与判断的独特性，从而违背陪审制初衷。尽管使用"新手"人民陪审员会因其不熟悉诉讼程序而导致参审成本较高，在实践中有一定的施行难度与困难，但本书将人民陪审员参审案件范围予以限缩后，人民陪审员参审民事案件并非经常性、无限制适用，故而整体成本并不高，而且此成本对于陪审制的制度价值而言属于应当付出之代价。其次，严格限定人民陪审员参审案件数上限。"驻院陪审""编外法官"存在的重要原因在于参审案件数并无上限，从而易成为法院应对人案矛盾的工具。最高人民法院可授权高级人民法院在省级法院区划内核定人民陪审员年度参审数上限，在省级行政区划范围内予以公示，在审理时当告知当事人参与本案审理的人民陪审员的年度参审数。若人民陪审员达此上限后仍参与合议庭审判，应被视为违反法定法官原则的行为，除导致相关法院及法官受司法训诫外，当事人还可以在审理中以违反法定法官原则为由主张审判组织组成违法，申请更换人民陪审员重新审理。如合议庭已作出判决，可作为上诉审发回重审事由，由一审法院重新组成合议庭。若当事人未提出此异议申请，则视为其认可人民陪审员数量超过上限。最后，参审义务化。民众参与审判在我国素来被作为一项权利看待，但参审权实为权利性与义务性兼具的权利，权利是参审权的首要属性，包括公众有资格参与审判以及参审中各项权利得到有效保障，但全球施行非职业法官参审的国家及地区普遍亦将其作为一种义务，如《德国劳动法院法》规定，对于不履行义务尤其是不具备充分理由而未参加或未准时到庭参审的荣誉法官，得课以秩序罚金，以增强公民参审意识。① 我国人民陪审员选任制度构建中，应当强调参审的权利义务兼具性，无正当理由拒绝参审的，除被剥夺人民陪审员资格外还应承担不利法律后果。以参审义务化促进人民陪审员参审后，"驻院陪审""编外法官"等固定式人民陪审员也将失去生存空间。

对于专门人民陪审员选任，应实行不同于普通人民陪审员的选任方式，设立知识产权、金融、海事、医疗等专业领域专门人民陪审员库，根据案件类型在相关专业库中随机选择产生。专门人民陪审员具有资质、能力及身份要求，容易形成对陪审制应有的司法民主价值的悖反，若将专门人民陪审员固定化或限定在较小范围内，易与职业法官形成人身依附关系，进而影响其专业判断，故而在专门人民陪审员选任中应注重在相关专门人士中的民主性，在较广泛范围内建立人数基数较大的专门人民陪审员库，改变专门人民陪审员由法院较为随意指定、相对固定的现状，防止专门人民陪审员"官方化""驻院化"，使专门人民陪审员参审既能补强法官专业事实认定能力，又能体现人民陪审员参审基本的司法民主价值。

---

① 参见《德国劳动法院法》第 28 条。

第六节　法官职业化的养成

陪审员参与事实认定的重要价值在于在将民众朴素认知融入证明力判断、经验法则运用、辩论全趣旨判断、证明度确定之中，以生活经验弥补职业法官专业认知不足，尤其可以校正职业法官阶层长期同社会隔离造成的冷漠与偏差，克服高度职业化造成的法官视野狭窄问题。易言之，在陪审制与法官职业化的相互关系上，陪审制的存在价值是以职业法官阶层存在为先决的，只有存在高度发达的职业法官阶层，可能造成与民众的疏离感，可能在事实认定上存在偏差，陪审制才有存在的基础，才有弥补职业法官视野狭窄的可能，才有发挥制衡作用的空间。西方民事陪审制正是依此逻辑得以建立并发展。反之，如果法官阶层本身就专业化缺失，法律思维未成，思维方式和裁判方法与非法律专业人士无异，本体思维即为常理式思维，本体裁判方式即为平民裁判方式，那自然无引入陪审员参审之必要。即使勉强引入，也易出现形式化、陪而不审等问题。就我国人员陪审员制度既往历史发展看，似乎并未意识到陪审员群体与职业法官群体的互补关系，中华人民共和国成立初期遵循苏制引入人民陪审员制度更是政治民主的需要，中华人民共和国成立之后我国司法专业化建设一直在较低水平徘徊，法官群体并未体现高于普通人的司法理性与技术，思维方式与普通民众无本质区别，把审判活动当成群众工作在相当长时期内成为一项工作要求。20世纪90年代兴起的审判方式改革对诉讼程序的改造推动了作为审判主体的法官的专业化建设，最高人民法院2002年发布《加强法官队伍职业化建设的若干意见》首次明确提出法官职业化，但法官职业化并未在我国真正得以建立。① 21 世纪开端十年期间 "马锡五审判方式" 的回暖、群众工作式审判方法的兴起，使得法官职业化建设暂时处于停滞状态。试想未有职业化的法官阶层，又何来职业偏见可言，更何来以陪审员朴素认知纠正职业偏见，这或许是陪而不审问题长期难以解决的根源所在。

党的十八大之后启动的新一轮司法体制改革以司法责任制为核心、以法官员额制为主要内容，体现了法官职业化、专业化要求。中央全面深化改革领导小组第三次会议通过的《关于司法体制改革试点若干问题的框架意见》提出，法官、检察官应当实行有别于普通公务员的管理制度。②《人民法院第四个五年改革纲要（2014—2018）》指出，审判权是判断权，必须赋予判断裁判者中立性、独立性和专业性，司法裁判是根据证据证明的事实选择法律适用的过程，对法官的教育背景、知识体系和法律素养有着比普通公务员更高的要求。③ 可以预计，新一轮司法体制改革将建立起不同于普通人甚至不同于普通公职人员的职业法官群体，当这个群体经历时间积淀、接受职业砥砺、形成一定传统后将形成我国的职业法官阶层，陪审制存在的基础将悄然生成。职业化建设可能形成的职业偏见也会在一定时期后出现，现在看来无甚必要或者不必那么紧迫地纠正职业法官职业偏见的问题，这或许会成为日后高度职业化的中国司法面临的新的突出问题，而引入人

---

① 参见高翔：《全国审判业务专家制度的生长与走向——兼论司法改革背景下的法官专业化建设》，载《法律适用》2015 年第 3 期。

② 参见《六省市式点司法体制新改革》，载《人民日报》2014 年 5 月 16 日，第 1 版。

③ 参见贺小荣：《人民法院四五改革纲要的理论基点、逻辑结构和实现路径》，载《人民法院报》2014 年 7 月 16 日，第 5 版。

民陪审员参与民事案件事实认定的迫切性将会逐渐突显，这已在诸多法官职业化先行国家及地区得到验证，我国建立人民陪审员参与民事案件事实认定机制的迫切性与必要性将随着法官职业化的深入推进而日渐凸显。

附　件

关于完善人民陪审员参审下
法官指引机制的意见

（建议稿）

为贯彻实施《中华人民共和国人民陪审员法》《最高人民法院关于适用〈中华人民共和国人民陪审员法〉若干问题的解释》，进一步健全人民陪审员参与审判制度，完善法官指引机制，充分发挥人民陪审员参审职能，制定本意见。

一、法官指引的一般规定

1. 法官指引的内容。法官指引的内容包括裁判思路、实体法规范、程序性法律规则、证明责任分配、证据规则、合议庭职权分工、评议规则、司法伦理或纪律等。

2. 法官对裁判思路的指引。法官对请求权基础规范进行要件解构并进行争点整理后，将作为待证事实的争点事实告知人民陪审员，使人民陪审员明晰事实认定对象；法官将证明责任分配结果向人民陪审员作出指引，告知人民陪审员某一争点事实由原告或被告承担证明责任；证明责任分配后，法官应根据诉讼法告知人民陪审员证明标准；各争点事实被证为真或伪后，法官应告知人民陪审员所有争点均被认定为真后，待证事实方算得以证成，可发生适用实体法规范的法效果。

3. 法官指引的阶段。人民陪审员参审的案件，原则上进行审前准备程序，适用七人合议庭审理的案件，应当进行审前准备程序。审前准备程序由法官主持进行；人民陪审员不参加审前准备程序。开庭时，法官助理应向合议庭报告审前准备程序相关情况，重点报告争点整理相关情况，法官在庭审中应适时进行动态的心证公开，并在评议中与人民陪审员进行充分讨论，全面指引相关内容。

4. 庭审阶段的法官指引的效力。庭审阶段人民陪审员心证尚在形成过程中，法官指引主要起消除疑惑、校正心证效果，不具有强制力。

5. 评议阶段法官指引的效力。评议阶段可运用问题列表方式进行法官指引。问题回答具有参照价值，便于人民陪审员通过对较为集中信息的审阅加强记忆和理解，以便初步形成心证。问题列表不具有强制约束力，人民陪审员的最终意见以人民陪审员结合全案证据的整体判断为依据。

6. 法官指引的边界。法官不得对某个证据的证明力大小进行指引，也不得对在案证据是否达到诉讼法规定的证明标准作出具体的结论性指引。

7. 法官指引的救济。人民陪审员认为法官指引不当的，有询问法官进一步解释及提出异议的权利。法官应立即解释指引的正当理由，并决定是否继续进行指引。法官发现指引不当的，应及时变更或说明，消除不当指引对人民陪审员心证形成的影响。

法官指引不当影响人民陪审员心证形成并影响最终评议结果的，人民陪审员在宣判前发现受法官不当指引影响的，可向审判长申请重新合议，由审判长视案件情形予以决定。

二、三人合议庭中的法官指引

8. 刑事诉讼中法官指引的内容。刑事诉讼中，法官对构成要件符合性、违法阻却事由、故意与过失以及目的与动机等积极责任要素、责任能力与违法性认识的可能性等消极责任要素、犯罪形态、共同犯罪、罪数、法定与酌定量刑情节、数罪并罚、缓刑适用等问题进行指引。

9. 民事诉讼中法官指引的内容。民事诉讼中，法官对民事法律概念、请求权基础规范、案涉法律关系、权利类型、诉讼请求与请求权的关系、法官认定的法律关系与当事人主张的法律关系是否一致、证明责任分配规则、高度盖然性的整体理解、证明责任分配之后本案的法律效果等进行指引。

10. 行政诉讼中法官指引的内容。法官根据法律优位与保留原则，剔除不符合上位法的规定后，将本案适用的法律法规、规章、规范性文件的差异向人民陪审员作注明或说明。对于法律法规较完备但存在交互适用的，将法律法规规定转化为行政行为流程向人民陪审员作出指引。法官应对基本事实所涉及的法律后果进行指引。

三、七人合议庭中的法官指引

11. 法官指引的重点内容。法官主要对构成性事实和证据性事实等法律事实认定进行指引，同时向人民陪审员指引对案件审理造成的社会影响进行评估。

12. 重大刑事案件的法官指引。法官指引人民陪审员注意案件的性质，从法理、情理、习惯等角度作出判断，同时对案件审理相关的刑事司法政策进行指引。

13. 公益类案件的法官指引。在公益诉讼与其他涉公益案件中，法官重点对公共利益认定标准、关联性认定、因果关系认定、损害赔偿金额酌定事项等进行指引。

四、专家参审中的法官指引

14. 专家参审中法官指引的原则。法官坚持谦抑性、原则性、侧重性指引，建立法官指引、专家人民陪审员提出意见、法官进一步质询、双方平等对话讨论机制，发挥专家陪审查明专门事实的优点，同时避免法官事实认定权取决于专家陪审意见。

15. 专家参审中法官指引的内容。法官主要对审判流程，专家人民陪审员的权利、义务和责任，实体法要件事实进行指引。

16. 对认定专门事实相关证据的指引。对工程设计图、电路设计图、计算机软件等证据，法官重点对证据的合法性、真实性进行原则指引，然后由专家人民陪审员从证据合法性、真实性、关联性角度进行审查，确定证据的证据能力与证明力。

17. 对审查专家辅助人意见的指引。法官对专家辅助人的性质及专家辅助人意见与鉴定意见的冲突进行指引，便利专家人民陪审员对专家辅助人意见是否能够对抗鉴定意见形成判断，为合议庭是否采纳专家辅助人意见提出意见。

18. 对审查鉴定意见的指引。法官对鉴定意见的性质及鉴定程序是否合法进行指引，专家人民陪审员对是否采纳鉴定意见形成判断，为合议庭是否采纳鉴定意见提出意见。

参考文献

一、著作类（含译著）

1. 常怡：《苏联和东欧国家民事诉讼法学》，西南政法大学诉讼法教研室 1986 年版。

2. 沈达明：《比较民事诉讼法初论（上）》，中信出版社 1991 年版。

3. 张卫平：《诉讼架构与程式》，清华大学出版社 2000 年版。

4. 张卫平、陈刚：《法国民事诉讼法导论》，中国政法大学出版社 1997 年版。

5. 王亚新：《对抗与判定：日本民事诉讼的基本结构》，清华大学出版社 2002 年版。

6. 王亚新：《社会变革中的民事诉讼》，中国法制出版社 2001 年版。

7. 陈刚：《民事诉讼法制的现代化》，中国检察出版社 2003 年版。

8. 陈刚：《社会主义民事诉讼法简读——沿革、诉讼主体及证据制度》，法律出版社 2001 年版。

9. 唐力：《民事诉讼构造研究》，法律出版社 2006 年版。

10. 段文波：《规范出发型民事判决构造论》，法律出版社 2012 年版。

11. 许可：《民事审判方法：要件事实引论》，法律出版社 2009 年版。

12. 邹碧华：《要件审判九步法》，法律出版社 2011 年版。

13. 吴经熊：《法律哲学研究》，清华大学出版社 2005 年版。

14. 彭猗涟：《事实论》，上海社会科学出版社 2005 年版。

15. 王泽鉴：《民法思维：请求权基础理论体系》，北京大学出版社 2009 年版。

16. 王泽鉴：《侵权行为》，北京大学出版社 2016 年版。

17. 黄茂荣：《法学方法与现代民法》，法律出版社 2007 年版。

18. 梁慧星：《民法总论（第四版）》，法律出版社 2011 年版。

19. 段匡：《日本的民法解释学》，复旦大学出版社 2005 年版。

20. 李响：《美国民事诉讼法的制度、案例与材料》，中国政法大学出版社 2006 年版。

21. 毛玲：《英国民事诉讼的演进与发展》，中国政法大学出版社 2003 年版。

22. 王进喜：《美国联邦证据规则条解》，中国法制出版社 2012 年版。

23. 刘春梅：《自由心证制度研究：以民事诉讼为中心》，厦门大学出版社 2005 年版。

24. 张亚东：《经验法则：自由心证的尺度》，北京大学出版社 2011 年版。

25. 吴宏耀：《诉讼认识论纲：以司法裁判中的事实认定为中心》，北京大学出版社 2008 年版。

26. 张榕：《事实认定中的法官自由裁量权：以民事诉讼为中心》，法律出版社 2010 年版。

27. 张海燕：《民事诉讼案件事实认定机制研究》，中国政法大学出版社 2012 年版。

28. 蔡艺生：《情态证据研究》，群众出版社 2014 年版。

29. 金邦贵：《法国司法制度》，法律出版社 2008 年版。

30. 董瑞舆：《日本司法制度》，中国检察出版社 1992 年版。

31. 冷罗生：《日本现代审判制度》，中国政法大学出版社 2003 年版。

32. 最高人民检察院法律政策研究室编译：《支撑 21 世纪日本的司法制度——日本司法制度改革审议会意见书》，中国检察出版社 2003 年版。

33. 王建国：《列宁司法思想研究》，法律出版社 2004 年版。

34. 何勤华、李秀清主编：《意大利法律发达史》，法律出版社 2006 年版。

35. 何家弘《中国陪审制度何处去：以世界陪审制度的历史发展为背景》，中国政法大学出版社 2003 年版。

36. 施鹏鹏：《陪审制研究》，中国人民大学出版社 2008 年版。

37. 任蓉：《英美陪审团审判制度机理与实效研究》，中国社会科学出版社 2010 年版。

38. 刘锡秋：《陪审制度的历史研究》，法律出版社 2011 年版。

39. 胡云红：《陪审制度比较与实证研究》，人民法院出版社 2014 年版。

40. 彭小龙：《非职业法官研究：理念、制度与实践》，北京大学出版社 2012 年版。

41. 丁相顺：《东亚司法制度改革比较研究》，中国法制出版社 2014 年版。

42. 魏文伯：《对于中华人民共和国人民法院组织法基本问题的认识》，上海人民出版社 1956 年版。

43. 谢振民编：《中华民国立法史》，中国政法大学出版社 2002 年版。

44. 韩廷龙、常兆儒：《中国新民主主义革命时期根据地法制文献选编》，中国社会科学出版社 1981 年版。

45. 杨永华、方克勤：《陕宁边区法制史稿（诉讼狱政篇)》，法律出版社 1987 年版。

46. 张希坡、郭延龙：《中国革命法制史》，中国社会科学出版社 2007 年版。

47. 周萃芳：《司法认知论》，中国人民公安大学出版社 2008 年版。

48. 中国人民大学审判法教研室编：《中华人民共和国法院组织与诉讼程序参考资料》（第 1~6 辑），1956 年。

49. 蔡敦铭：《审判心理学》，我国台湾地区水牛出版社 1981 年版。

50. 周叔厚：《证据法论》，我国台湾地区三民书局 1995 年版。

51. 陈荣宗、林庆苗：《民事诉讼法》，我国台湾地区三民书局 1996 年版。

52. 李学灯：《证据法比较研究》，我国台湾地区五南图书出版有限公司 1998 年版。

53. 骆永家：《民事诉讼法 I》，我国台湾地区三民书局 1999

年版。

54. 邱联恭：《司法现代化与程序法》，我国台湾地区三民书局 1992 年版。

55. 邱联恭：《程序制度机能论》，我国台湾地区三民书局 1993 年版。

56. 苏永钦：《司法改革的再改革》，我国台湾地区元照出版公司 1999 年版。

57. 雷万来：《民事证据法论》，我国台湾地区瑞兴图书股份有限公司 1997 年版。

58. 我国台湾地区民事诉讼法研究会编：《民事诉讼法之研讨（四）》，我国台湾地区三民书局 1993 年版。

59. 刘明生：《民事诉讼法实例研习》，我国台湾地区元照出版公司 2015 年版。

60. 姜世明：《法院组织法》，我国台湾地区新学林出版股份有限公司 2012 年版。

61. 姜世明：《民事诉讼法基础论》，我国台湾地区元照出版公司 2009 年版。

62. 姜世明：《证据评价论》，我国台湾地区新学林出版股份有限公司 2015 年版。

63. 姜世明：《民事诉讼法（下册)》，我国台湾地区新学林出版股份有限公司 2015 年版。

64. 林裕顺：《人民参审与司法改革》，我国台湾地区新学林出版股份有限公司 2015 年版。

65. 林裕顺：《基本人权与司法改革》，我国台湾地区新学林出版股份有限公司 2005 年版。

66. 李鸿喜：《民间司法改革白皮书》，我国台湾地区业强出版社 1997 年版。

67. 许世宦：《证据搜集与纠纷解决》，我国台湾地区新学林出版股份有限公司 2005 年版。

68. 陈计男：《程序法之研究四》，我国台湾地区三民书局 2005 年版。

69. 沈冠伶：《民事程序法之新变革》，我国台湾地区新学林出版股份有限公司 2009 年版。

70. ［德］罗申贝克：《德国民事诉讼法》，李大雪译，中国法制出版社 2007 年版。

71. ［德］汉斯－约阿希姆·穆泽拉克：《德国民事诉讼法基础教程》，周翠译，中国政法大学出版社 2005 年版。

72. ［德］奥特马·尧厄尼希：《民事诉讼法》，周翠译，法律出版社 2003 年版。

73. ［德］狄特·克罗林庚：《德国民事诉讼法律与实务》，刘汉富译，法律出版社 2000 年版。

74. ［德］普维庭：《现代证明责任问题》，吴越译，法律出版社 2006 年版。

75. ［德］雷蒙德·瓦尔特曼：《德国劳动法》，沈建峰译，法律出版社 2014 年版。

76. ［德］卡尔·拉伦茨：《法学方法论》，陈爱娥译，商务印书馆 2003 年版。

77. ［德］卡尔·恩吉施：《法律思维导论》，郑永流译，法律出版社 2003 年版。

78. ［法］洛伊克·卡迪耶：《法国民事司法法》，杨艺宁译，中国政法大学出版社 2010 年版。

79. ［日］中村英郎：《新民事诉讼法讲义》，陈刚等译，法律出版社 2001 年版。

80. ［日］ 三月章：《日本民事诉讼法》，汪一凡译，我国台湾地区五南图书出版公司 1997 年版。

81. ［日］ 高桥宏志：《重点讲义民事诉讼法》，张卫平、许可译，法律出版社 2007 年版。

82. ［日］ 高桥宏志：《民事诉讼法制度与理论的深层分析》，林剑锋译，法律出版社 2002 年版。

83. ［日］ 新堂幸司：《新民事诉讼法》，林剑锋译，法律出版社 2008 年版。

84. ［日］ 松冈义正口述：《民事诉讼法》，熊元襄编，李凤鸣点校，上海人民出版社 2013 年版。

85. ［日］ 松冈义正：《民事证据论（上）》，张知本译，中国政法大学出版社 2004 年版。

86. ［日］ 棚濑孝雄：《现代日本的法与秩序》，易平译，中国政法大学出版社 2002 年版。

87. ［日］ 小岛武司等：《司法制度的历史与未来》，汪祖兴译，法律出版社 1999 年版。

88. ［日］ 田山辉明：《日本侵权行为法》，顾祝轩译，北京大学出版社 2011 年版。

89. ［韩］ 孙汉绮：《韩国民事诉讼法导论》，陈刚译，中国法制出版社 2010 年版。

90. ［美］ 杰克·H·弗兰德泰尔：《民事诉讼法（第三版）》，夏登峻等译，中国政法大学出版社 2003 年版。

91. ［美］ 理查德·D. 弗里尔：《美国民事诉讼法》，张利民等译，商务印书馆 2013 年版。

92. ［美］ 柊兰农：《民事诉讼法（第四版）（注译本）》，孙邦清等译，中国方正出版社 2004 年版。

93. ［美］史蒂文·苏本、玛格瑞特·伍：《美国民事诉讼的真谛——从历史、文化、实务的视角》，蔡彦敏、徐卉译，法律出版社 2002 年版。

94. ［美］艾伦：《艾伦教授论证据法（上）》，张保生等译，中国人民大学出版社 2014 年版。

95. ［美］麦考密克：《麦考密克论证据（第五版）》，汤维建等译，中国政法大学出版社 2004 年版。

96. ［美］米尔建·R·达马斯卡：《漂移的证据法》，李学军等译，中国政法大学 2003 年版。

97. ［美］米尔建·R·达马斯卡：《比较法视野中的证据制度》，吴宏耀译，中国人民公安大学出版社 2006 年版。

98. ［美］罗纳德·J. 艾伦：《理性－认知－证据》，王佳等译，法律出版社 2013 年版。

99. ［美］美国联邦司法中心：《复杂诉讼指南（第三版）》，郭翔等译，中国政法大学出版社 2005 年版。

100. ［美］伦道夫·乔纳凯：《美国陪审团制度》，屈文生等译，法律出版社 2013 年版。

101. ［美］美国联邦司法中心：《法官裁判文书写作指南》，何帆译，中国民主法制出版社 2015 年版。

102. ［美］里德·黑斯蒂：《陪审员的内心世界》，刘威、李恒译，北京大学出版社 2006 年版。

103. ［英］麦克埃文：《现代证据法与对抗式程序》，蔡巍译，法律出版社 2006 年版。

104. ［英］克里斯托弗·艾伦：《英国证据法实务指南（第四版）》，王进喜译，中国法制出版社 2012 年版。

105. ［英］马修·黑尔：《英格兰普通法史》，史大晓译，北京大学出版社 2016 年版。

106. ［英］梅兰特：《普通法的诉讼形式》，王云霞译，徐国栋校，商务印书馆 2015 年版。

107. ［苏］C. H. 阿布拉莫夫：《苏维埃民事诉讼》（上、下），法律出版社 1957 年版。

108. ［苏］克列曼：《苏维埃民事诉讼》，刘家辉译，法律出版社 1957 年版。

109. ［苏］A. 克林曼：《苏维埃民事诉讼中证据理论的基本问题》，西南政法学院诉讼法教研室 1984 年翻印。

110. ［苏］维辛斯基：《苏维埃法中的诉讼证据理论》，王之相译，人民出版社 1954 年版。

111. ［苏］莫斯科大学法律系编：《苏联法院和检察署组织》，刘起志译，中国人民大学出版社 1955 年版。

112. ［苏］古谢夫编：《苏联和苏俄诉讼及法院和检察院组织立法史料汇编（1917—1954）》（上、下），王增润等译，法律出版社 1958 年版。

113. ［苏］卡列夫：《苏维埃法院组织》，中国人民大学刑法教研室译，法律出版社 1955 年版。

114. ［苏］加里夫噶尔金：《苏维埃法院的组织与活动的民主原则》，陈汉章等译，新华书店 1950 年版。

115. ［苏］别尔洛夫：《苏维埃法院的工作组织》，乌志雄等译，法律出版社 1955 年版。

116. ［匈］L. 涅瓦伊等：《经互会成员国民事诉讼的基本原则》，刘家辉译，法律出版社 1980 年版。

117. ［匈］L. 涅瓦伊：《匈牙利人民共和国民事诉讼》，刘家辉译，法律出版社 1983 年版。

118. 刘为军译：《瑞典诉讼法典》，中国法制出版社 2008 年版。

119. 米良等译：《越南、泰国民事诉讼法》，云南大学出版社 2010 年版。

二、论文类

120. 张卫平：《民事诉讼法律审的功能及构造》，载《法学研究》2005 年第 5 期。

121. 张卫平：《体制转型与我国民事诉讼理论的发展》，载《清华大学学报（哲学社会科学版）》2001 年第 6 期。

122. 张卫平：《法庭调查与辩论：分与合的探究》，载《法学》2001 年第 4 期。

123. 张卫平：《对民事诉讼法学贫困化的思索》，载《清华法学》2014 年第 2 期。

124. 田平安：《民事诉讼法律关系初论》，载《现代法学》1994 年第 6 期。

125. 李浩：《民事诉讼程序权利的保障》，载《法商研究》2007 年第 3 期。

126. 陈刚：《法系意识在民事诉讼法学研究中的重要意义》，载《法学研究》2012 年第 5 期。

127. 陈刚：《我国民事上诉法院审级职能再认识》，载《中国法学》2009 年第 1 期。

128. 傅郁林：《以职能权责界定为基础的审判人员分类改革》，载《现代法学》2015 年第 4 期。

129. 唐力：《论书证的认证规则》，载何家弘主编：《证据学论坛（第四卷）》，中国检察出版社 2002 年版。

130. 唐力：《证人证言质证原理分析》，载何家弘主编：《证据学论坛（第五卷）》，中国检察出版社 2002 年版。

131. 唐力：《法院诉讼指挥权之法理分析》，载《法律适用》2006 年第 5 期。

132. 唐力：《司法公正实现之程序机制——以当事人诉讼权保障为侧重》，载《现代法学》2015 年第 4 期。

133. 廖中洪：《民事程序立法中的国家本位主义批判》，载《现代法学》2002 年第 5 期。

134. 廖中洪：《心证公开若干问题研究》，载《法学论坛》2006 年第 3 期。

135. 马登科：《民事证据随时提出、同时提出抑或适时提出》，载《西南政法大学学报》2012 年第 3 期。

136. 段文波：《我国民事庭审阶段化构造再认识》，载《中国法学》2015 年第 2 期。

137. 段文波：《一体化与集中化：口头审理方式的现状与未来》，载《中国法学》2012 年第 6 期。

138. 段文波：《德国法律适用突袭问题之对策与启示》，载《法律科学》2011 年第 5 期。

139. 段文波、高中浩：《德国独任法官制度改革与启示》，载《西南政法大学学报》2016 年第 1 期。

140. 赵泽君：《民事争点整理程序的合理性基础及其建构》，载《现代法学》2008 年第 2 期。

141. 封利强：《司法证明机理：一个亟待开拓的研究领域》，载《法学研究》2012 年第 2 期。

142. 吴泽勇：《正义标尺还是乌托邦——比较视野中的民事诉讼证明标准》，载《法学家》2014 年第 3 期。

143. 陈杭平：《论事实问题与法律问题的区分》，载《中外法学》2011 年第 2 期。

144. 占善刚：《主张的具体化研究》，载《法学研究》2010 年第 2 期。

145. 毕玉谦：《试论民事诉讼中的司法认知》，载《中外法学》1999 年第 1 期。

146. 段厚省：《司法中的诠释学循环》，载《南京师大学报（社会科学版）》2012 年第 1 期。

147. 吴洪淇：《边沁、威格摩尔与英美证据法的知识传统——以证据与证明的一般理论进路为核心的叙述》，载《比较法研究》2009 年第 5 期。

148. 汪习根：《陪审制度的比较与评论——以日本、韩国、我国台湾地区模式为样本》，载《法制与社会发展》2015 年第 2 期。

149. 廖永安、刘方勇：《社会转型背景下人民陪审员制度改革路径探析》，载《中国法学》2012 年第 3 期。

150. 彭小龙：《人民陪审员制度的复苏与实践：1998—2010》，载《法学研究》2011 年第 1 期。

151. 刘哲玮：《人民陪审制的现状与未来》，载《中外法学》2008 年第 3 期。

152. 李红海：《英国陪审制转型的历史考察》，载《法学评论》2015 年第 4 期。

153. 蔡琳：《人民陪审员助理角色之实证考察》，载《法学》2013 年第 8 期。

154. 吴英姿：《司法目的论视域下中国陪审制功能定位与改革前瞻》，载《苏州大学学报》2014 年第 3 期。

155. 王卓宇：《精英化或去精英化——扩大社会主义民主语境下我国陪审制度的问题与改良》，载《社会科学研究》2014 年第 5 期。

156. 陈江华：《人民陪审员法官化倾向质疑》，载《学术界》2011 年第 3 期。

157. 姚莉：《中国陪审制度的理论反思和制度重构》，载《法学家》2003 年第 6 期。

158. 叶自强：《窬审制的分权机制与证据法的发展》，载《证据科学》2014 年第 22 卷。

159. 蔡彦敏：《中美民事陪审制度比较研究——兼对中国民事诉讼简易程序扩大化趋向分析》，载《学术研究》2003 年第 4 期。

160. 盛焕炜：《完善我国人民陪审员制度的法律思考》，载《社会科学》2000 年第 9 期。

161. 张泽涛：《陪审制度的缺陷及其完善——以关于完善人民陪审员制度的决定为考察对象》，载《华东政法大学学报》2009 年第 1 期。

162. 郭倍倍：《人民陪审员制度的核心问题与改革路径》，载《法学》2016 年第 8 期。

163. 刘方勇：《人民陪审员角色冲突与调适》，载《法律科学》2016 年第 2 期。

164. 张永宏：《研拟引进参审制度之讨论》，载我国台湾地区《法学杂志》2011 年第 2 期。

165. 孙永红：《陪审制在智慧财产权审判中的作用评析——兼谈专家陪审制的完善》，载我国台湾地区《科技与法律》2008

年第 5 期。

166. 邱琦：《德国专家参审制度简介——以汉堡地方法院商事法庭为中心》，载我国台湾地区《司法周刊》2006 年第 2 期。

167. 何赖杰：《从德国参审制谈人民观审制》，载我国台湾地区《台大法学论丛》2012 年第 41 卷特刊。

168. 林永谋：《德国参审采行之理念上观察》，载我国台湾地区《法令月刊》1995 年第 46 卷第 1 期。

169. 顾立雄：《专家参审之由来》，载我国台湾地区《律师杂志》2000 年第 253 期。

170. 陈昱奉：《中国大陆专家参审制度研究——以智慧财产权案件为例》，载我国台湾地区《政大智慧财产评论》2003 年第 10 期。

171. 金孟华：《人民参与审判如何达成增进人民对于司法信赖之功能——以美国陪审制的政治功能为借镜》，载我国台湾地区《检察新论》2012 年第 5 期。

172. 林佳和：《劳工案件专家参审之问题试探》，载我国台湾地区《律师杂志》2000 年第 252 期。

173. 陈运财：《民众参与审判研究》，载我国台湾地区《月旦法学杂志》2010 年第 5 期。

174. 雷万来：《经验法则在民事诉讼上的性质与作用》，载我国台湾地区《军法周刊》1997 年第 10 期。

175. 刘明生：《自由心证与穷尽原则》，载我国台湾地区《军法周刊》2015 年第 61 卷第 5 期。

176. 吴景钦：《日本裁判员制度之研究》，载我国台湾地区《国会月刊》2010 年第 7 期。

177. 薛永慧：《台商陪审员参审的制度设计与成效分析》，载我国台湾地区《日新司法年刊》2014 年第 1 期。

178. 林裕顺：《民众参审反映人民心声，蕴含多元智慧、洋溢改变力量》，载我国台湾地区《司法改革杂志》2010 年第 76 期。

179. 林裕顺：《日本裁判员制度的观摩与前瞻》，载我国台湾地区《月旦法学杂志》2010 年第 5 期。

180. 林裕顺：《参审法官职权变革研究》，载我国台湾地区《月旦法学杂志》2013 年第 6 期。

181. 曾华松：《丹麦司法制度简介》，载我国台湾地区《律师杂志》1999 年第 5 期。

182. 翟晋夫：《各级法院亟宜采用陪审制度》，载《政治评论》1935 年总第 149 号。

183. 涂怀楷：《欧美各国现行陪审制度述要》，载《法学杂志》1935 年第 8 卷第 2 期。

184. 许鹏飞：《陪审制度的估价》，载《法学丛刊》1935 年第 3 卷第 2 期。

185. 张豁然：《改良商事诉讼办法类议案　请设商事陪审制度案》，载《中华全国商会联合会会报》1916 年第 11 期。

后　记

　　转瞬间博士毕业已近四年，博士求学三年之路仍历历在目。2014 年进入西南政法大学民事诉讼法专业攻读博士学位以来，导师唐力教授的言传身教使我逐渐形成民事诉讼体系，尤其在民事诉讼理论的系统性和学术研究规范性上有所进步。从博士论文选题开始，唐力教授便倾注大量精力，提出决定性指导意见。除了专业的指点迷津，老师的鼓励是我克服工学矛盾、砥砺前行的动力。亦师亦友的马登科教授、段文波教授等也给予我莫大帮助，与同道学人毋爱斌副教授、谷佳杰副教授讨论学术问题亦是在学中乐、乐中学。

　　博士论文答辩通过后，有幸被评为重庆市优秀博士学位论文、陈光中诉讼法优秀博士学位论文。在博士论文研究成果基础上，成功申报司法部国家法学理论与法学建设部级项目"民事诉讼中事实审与法律审的界分"、中国法学会部级课题"人民陪审员法立法研究"，以及因工作原因主研时任重庆市高级人民法院院长、现任最高人民法院副院长杨临萍女士的最高人民法院司法研究重大课题"人民陪审制度下法官指引机制建设"，使我有机会结合《人民陪审员法》颁布实施及人民陪审员制度发展，对博士论文所涉内容进行更进一步的深入、拓展研究。博士论文写作期间对事实认定的初步思考，也对我近年来持续进行的智能司法研究提供了诉讼法层面的理论支撑。

法学系经世致用之学科，感恩时代进入全面依法治国盛世，法学理论与司法实务的良性互动已上升为国家法治政策。作为司法实务部门的研究者，也是一位员额法官，可在理论与实践的桥梁中穿梭、在实体与程序的对话中深思、在制度与技术的交融中徜徉，实乃幸事。作为来自实务部门的民事诉讼制度研究者，深感我国民事诉讼制度现代化除了自身理论体系的中国化，尚需上接司法制度的天线、下通民法典的地气，为法治中国建设贡献"民事诉讼力量"。

这条路，我们一起前行。

高　翔
2021 年 9 月于重庆